互联网＋时代的教育信息化理论

本丛书系教育部－中国移动科研基金"教育信息化理论研究"项目（MCM20121011）成果

规范与发展：
教育信息化标准研究

赵建华　著

高等教育出版社·北京

图书在版编目（ＣＩＰ）数据

规范与发展:教育信息化标准研究/赵建华著.--
北京:高等教育出版社,2018.10
（互联网+时代的教育信息化理论发展丛书/胡钦太
主编）

ISBN 978-7-04-046610-2

Ⅰ.①规… Ⅱ.①赵… Ⅲ.①教育工作-信息化-研
究-中国 Ⅳ.①G52

中国版本图书馆 CIP 数据核字(2016)第 254691 号

Guifan yu Fazhan

策划编辑	王玉衡 崔 灿	责任编辑	崔 灿	封面设计	张 志	版式设计	童 丹
插图绘制	杜晓丹	责任校对	刘丽娴	责任印制	尤 静		

出版发行　高等教育出版社　　　　　　网　　址　http://www.hep.edu.cn
社　　址　北京市西城区德外大街 4 号　　　　　　http://www.hep.com.cn
邮政编码　100120　　　　　　　　　网上订购　http://www.hepmall.com.cn
印　　刷　涿州市京南印刷厂　　　　　　　　　　http://www.hepmall.com
开　　本　787 mm×1092 mm　1/16　　　　　　http://www.hepmall.cn
印　　张　14.5
字　　数　250 千字　　　　　　　　版　　次　2018 年 10 月第 1 版
购书热线　010-58581118　　　　　印　　次　2018 年 10 月第 1 次印刷
咨询电话　400-810-0598　　　　　定　　价　42.00 元

本书如有缺页、倒页、脱页等质量问题，请到所购图书销售部门联系调换
版权所有　侵权必究
物 料 号　46610-00

总　　序

科学技术创新在推动社会发展的同时,也推动着教育的变革。信息技术作为一种基础性、变革性的技术,改变了人类知识创造与传播的方式,改变了整个教育生态,影响着教育的理念、模式以及走向。信息技术在教育中的广泛渗透与应用,将促进人类教育的第三次革命。

教育信息化是教育在信息时代发展与转型的过程,是教育体系发生深层变革的过程。教育信息化既是我国当前教育发展路径的战略选择,也是学校传统教育变革的实践领域,更是当代教育与学习科学研究需要解决的重大课题。

教育信息化作为一个研究领域,需要从宏观、中观、微观多个层次、多个角度去开展研究。在宏观层面,需要解决政府的发展政策、发展路径、资源配置等问题;在中观层面,需要解决如何应用信息技术促进学校的基础性变革,构建信息时代的学校教育教学模式等问题;在微观层面,需要研究学习者在信息技术环境下的认知与学习规律、学习行为,指导并重新设计教学。

"互联网+"战略的提出为教育信息化研究提供了新的思路。在线教育与学校教育的融合,是教育信息化发展的新趋势。"互联网+"教育发展战略的核心是应用互联网的创新思维、创新成果与教育教学的本质规律相结合,形成对教育政策、机制体制、学校、课程与教学等因素的重新定位与思考,探索应用互联网思维改造传统教育的方法与途径。

2012年,教育部-中国移动科研基金启动了教育信息化的专项研究课题,本人有幸作为主持人,负责"教育信息化理论研究(编号:MCM20121011)"课题的研究。其目标是针对"如何构建与应用教育信息化理论,指导和促进中国教育信息化良性发展"这一重大问题,围绕教育信息化的理论框架、发展战略、绩效评价体系、标准体系、学校实践等领域开展系列研究,形成教育信息化的系统理论、方法与实践模式,指导我国教育信息化的实践与创新。

本套丛书是该研究课题成果的梳理与总结,是整个课题组共同努力的结果。丛书围绕着"信息技术对教育具有革命性影响"这一命题,既论述了"互联网+"时代教育信息化发展的基本理论、发展战略、技术规范与绩效评价,又论述了智慧校园、电子书包、信息化环境建设与应用;同时论述了资源建设、新型教育教学模式等内容。丛书由课题的子课题负责人参与撰写。

本课题在研究过程中得到了教育部科技司及课题研究合作单位清华大学、北京大学、中山大学、西北师范大学相关学者的支持,在此一并表示感谢!

胡钦太

2015 年 10 月 28 日

前　　言

"十二五"以来,我国教育信息化建设进入了快速发展期,尤其是伴随着《国家中长期教育改革和发展规划纲要(2010—2020年)》和《教育信息化十年发展规划(2011—2020年)》的颁布实施,教育信息化带动教育现代化、推动教育变革的作用得以凸显,教育信息化在实践领域取得丰硕的成果。教育信息化建设的核心是信息技术在教育中的应用,《国家中长期教育改革和发展规划纲要(2010—2020年)》提出"信息技术对教育发展具有革命性影响,必须予以高度重视",揭示了信息技术教育应用在我国教育政策中的地位和作用。教育信息化研究和实践领域的专题非常多,其中之一是教育信息化指标和标准,它是保障教育信息化实施效率与效益的核心因素。世界上许多国家和国际组织都非常重视教育信息化指标和标准的研究与实践工作,如美国国际教育技术协会(International Society for Technology in Education,ISTE)开发的面向教师、学生和管理者的教育技术标准,联合国教科文组织颁布的教师信息和通信技术能力标准,欧盟制定的中小学信息技术应用标准等。我国在"十二五"期间颁布并实施了多个标准,如《中小学教师信息技术应用能力标准(试行)》《中小学校长信息化领导力标准(试行)》。指标和标准是表征和描述某一实践领域潜在作用或功能方面的关键要素,或者某一系统各要素相互作用时所能够发挥的功能和作用。这些指标和标准能够让我们更深入地了解教育信息化建设成效是如何发挥作用的,判定影响教育信息化效益发挥的要素有哪些;能够让我们在实践中更好地发挥教育信息化的作用。

为了系统说明如何确立教育信息化指标,并在该基础上研制教育信息化标准,本书详细介绍了国内外教育信息化指标和标准的内容、特点、功能及其研制方法,旨在梳理和阐释指标体系构成、指标项确立、标准体系研制的路径与方法。教育信息化领域的指标项,分别属于不同的子领域,指标能够提供说明子领域的基本描述。指标研制通常会根据一定的理念,开发特定的支撑框架,以在该框架的支撑下开展指标项确定工作。采用这种方法能够比较全面系统地、有针对性地获取各维度上的指标项。

本书是依托中国联合国教科文组织全国委员会和教育部科技司委托项目"中国教育信息化指标与标准研制"的研究成果。在该研究成果中,我们研制了一个适应性强、具有国际可比性的教育信息化指标体系,并在该基础上构建了数字化学校标准。实践结果证明,该指标体系和数字化学校标准能够比较好地反映教育信息化的应用成效。随着教育信息化建设事业的持续推进,指标和标准体系也在不断发展和变化。本书针对指标和标准研制的路径和方法,进行了比较详细的介绍。

胡钦太教授十分关心本书编撰工作进展,并做了大量具有建设性和创新性的指导工作;柯清超教授为本书顺利出版发行做了大量的协调与督促工作,在此向他们表示衷心感谢。我的访问学者杨慧娟、颜磊和李俪,博士生孔晶,硕士生位彩红、姚鹏阁、张晓佳、郭光武、郭玉翠、袁芬、刘艳会、汤岚琛、梁嘉浚、苏秀萍等为本书的撰写做了大量资料收集、编撰工作,在此向他们表示感谢。没有他们的付出和贡献,本书的撰写难以完成。同时,还要向参与中国联合国教科文组织全国委员会和教育部科技司"中国教育信息化指标与标准研制"项目的同仁表示感谢,他们是徐福荫教授、穆肃教授、柴少明副教授、刘博副教授和沈映珊副教授等。该项目的基础性工作和研究成果为本书提供了丰富的、具有开拓性的资料和方法。

我国教育信息化工作已经进入"十三五"建设时期。在本书即将付梓之际,教育部正式颁发了《教育信息化"十三五"规划》。我国教育信息化"十三五"时期的主要任务之一是深化信息技术与教育教学的融合发展,从服务教育教学拓展为服务育人全过程。期望本书的出版能够从指标和标准编制方面,为顺利完成教育信息化"十三五"建设任务贡献绵薄之力。

赵建华

2015 年 8 月

目　　录

第一章
国际视野中的教育信息化标准

21世纪是知识经济时代。以多媒体和互联网为代表的信息技术的飞速发展为知识经济提供了重要支撑，而基于"互联网＋"的知识经济形态为人们带来了全新的生活体验，包含日常生活、交通、住宿、饮食和学习。在教育领域，为适应知识经济时代的发展，需要对传统的教育方式进行变革。在这一过程中，世界各国都非常重视信息技术对教育变革的促进作用。美国在2010年国家教育技术计划中提出，技术对学习方式变革产生了重要的影响。我国也在《国家中长期教育改革和发展规划纲要（2010—2020年）》中明确提出，"信息技术对教育发展具有革命性影响，必须予以高度重视"。

以信息技术应用为核心的教育信息化建设，在研究和实践领域面临许多重要选题，如关键技术开发、学习环境建设、技术支持教与学模式、教与学效果评价等。在这些主题中，标准建设对教育信息化发展能够起到保障和规范作用，决定着教育信息化建设的质量和效益。国内外教育信息化研究者和实践者已经对教育信息化标准开展了诸多研究，取得了丰硕的研究和实践成果。教育信息化标准体系具有很强的针对性，能够系统反映信息技术教育应用的基本状况。因此，教育信息化标准体系同特定的实践应用场景联系密切。分析国外教育信息化标准研究过程，包括标准确立的依据、指标确立的方法、标准取样等，对开展标准研制工作具有积极的参考和借鉴价值。

本章分析了一些国家和国际组织在建立教育信息化标准体系时所积累的经验，并对相关研究和实践经验进行了概括和总结。

第一节　美国教育信息化标准

美国教育信息化发展一直处于领先地位，并对世界其他国家教育信息化建设与发展产生了深远影响。1993年，美国前总统克林顿提出建设国家信息基础设施（又称信息高速公路），由此揭开了美国教育信息化建设的序幕。

美国在教育信息化建设领域所取得的经验和成果,深刻影响了世界各国的发展。例如,政府与研究机构开展合作,对教育信息化建设项目进行综合性评价,这对掌握教育信息化发展状况、了解信息技术对教育产生的影响、促进教育信息化快速发展等方面都具有积极而重要的参考价值。美国在教育信息化建设中关注和开展的主题非常多,如基础设施与环境、教与学实践等。这些主题对教育信息化标准建设研究和实践具有较大的影响力,制约和规范了信息化建设发展的过程和方向。美国教育信息化标准主要由协会或研究团体制定,联邦政府及各州也推出特定的教育信息化标准。由美国教育技术首席执行官论坛(简称 CEO 论坛)研制的 STaR 量表和美国国际教育技术协会(ISTE)发布的面向教师、学生和管理者的标准,在教育信息化评价和标准研究领域产生了较大影响,并为世界各国教育信息化实践提供了参考。

一、美国教育信息化发展概况

作为信息化发源地的美国非常重视信息技术在推动教育变革过程中所起的作用,其教育技术的发展也一直走在世界前列。早在 20 世纪 50 年代,美国就开展了一系列有关计算机辅助教学的研究和应用。截至 2016 年,美国联邦教育部教育技术办公室先后 5 次颁布了国家教育技术计划,用以指导国家教育信息化建设。

(一)教育信息化的背景

20 世纪 90 年代,信息技术发展风靡美国,渗透于美国社会的各个方面。面对信息化发展浪潮,美国教育面临巨大挑战——如何提升公民的技术素养。1996 年美国前总统克林顿提出"要建立世界一流教育标准,将美国的教育建设成世界一流的教育"。教育信息化战略计划体现在"实现技术素养的四大目标"——每所学校都接入互联网、每所学校都有良好的教学条件、有适当的内容供教师整合进课程中、教师具备整合技术与课程的必要技能,保证美国的每一个儿童都具备 21 世纪所必需的基本技能。[1]

克林顿政府的教育技术计划,确定了中小学教育技术应用和发展的框架,如表 1-1 所示。

---

① 张进宝,李松,邓文新等.《美国教育技术标准》概要[J].中国教师,2005(3):20~24.

表 1-1　克林顿政府教育行动计划

接入	硬件	资源	专业发展
保证所有学校都与互联网相连	保证学校拥有适当数量的硬件供教学使用	保证有适当的内容供老师整合于课程教学	保证教师具备将技术整合于课程所必需的技能

　　1996 年,美国大部分地区的信息技术还没有在学校得到应用。只有 4% 的学校能为每五名学生提供一台计算机,9% 的学校教室连接了互联网。在这一背景下,美国教育部发布了第一个国家教育技术计划:《帮助美国学生为 21 世纪做好准备:迎接技术素养的挑战》[①]。这一计划提出,技术素养指计算机操作技巧和运用计算机和其他信息技术促进学习、提高生产力和绩效的能力。技术素养和阅读、写作、计算等传统技能一样,是信息时代公民的必备能力。

(二) 教育信息化初见成效

　　美国第一个国家教育技术计划实施效果显著,联邦、州、学区在基础设施、教师专业发展、技术支持、内容开发等方面大量投入,使中小学教师、学生、教育机构、私营企业等从中获益。美国意识到技术在教育中的核心地位,新兴技术能创造新的学习内容、新的教学策略和教学工具,从而帮助学生获得 21 世纪需要的知识和技能。因此,在回顾第一个计划取得成就的基础上,美国教育部于 2000 年发布了第二个国家教育技术计划:《数字化学习:为所有学生提供触手可及的世界课堂》[②]。

(三) 实施《不让一个孩子落伍》法案

　　在教育技术领域,美国信息技术基础设施较为完备,但在学校中的应用却没有得到相应发展,信息技术实验室的使用率低。自称"教育总统"的布什入主白宫后,仅 3 天就宣布要推动《不让一个孩子落伍》(No Child Left Behind,NCLB)的教学改革立法计划。经过近一年的争论,美国参众两院在 2001 年 12 月通过该提案。2002 年 1 月 8 日,经布什签署,该计划正式成为法律。2003 年,美国教育部制订了第三个国家教育技术计划:《迎来美国教育的黄金时代:

---

　　① 　U. S. Department of Education.Getting America's Students Ready for the 21st Century:Meeting the Technology Literacy Challenge[EB/OL].http://files.eric.ed.gov/fulltext/ED398899.pdf,1996.2015-09-28.

　　② 　U. S. Department of Education,Office of Educational Technology.E- Learning:Putting a World- Class Education at the Fingertips of All Children[EB/OL].http://files.eric.ed.gov/fulltext/ED444604.pdf,2000.2015-09-28.

互联网、法律和学生如何变革教育期望》①。这是布什政府《不让一个孩子落伍》法案的延伸,也是对 1996 年克林顿政府颁布的第一个国家教育技术计划的一次大规模更新。②

（四）利用技术优势解决高校毕业率低的问题

虽然经过几十年的发展,美国教育信息化水平显著提高,但是,美国面临高校毕业率低、中小学辍学率高的问题。面临这一严峻形势,2009 年,美国总统奥巴马提出"到 2020 年美国高校毕业率要重新获得全球领先地位"的目标。2010 年,美国教育部发布第四个国家教育技术计划:《变革美国教育:技术推动学习》③。

二、美国教育信息化标准建设概况

教育信息化标准建设是教育信息化的重要组成部分,美国政府对此高度重视。2000 年,美国教育部组织社会各界对美国基础教育信息化的状况进行评估。由美国克莱蒙特大学的肯尼斯·C. 格林（Kenneth C. Green）教授主持的校园信息化项目（Campus Computing Project,CCP）是美国教育信息化评价和研究的主要参考之一。早在 1990 年,肯尼斯·C. 格林就首次提出了"校园信息化"（Campus Computing）的概念,并于同年开始了针对美国高校信息化的研究项目。该项目对美国大学校园中计算机应用的现状提供了详尽的数据,全面反映了美国大学校园信息化的发展历程,是美国高等教育信息化方面最具权威性的研究项目之一。

随着信息技术的广泛应用,对信息技术与课程整合进行客观、明确的评价,使得教师了解如何对自己的教学应用进行评价的需求变得非常迫切。信息技术与学科教学整合应用层次评价体系（Level of Technology Integration,LOTI）就是应这一需求制定的,用以指导教师和决策者对课程整合进行评价。影响美国教育信息化评价的标准有两个,一个是由 ISTE 发布的国家教育技术标准（NETS）;另一个是由美国教育技术 CEO 论坛所发布的 STaR量表。

———————————

① U. S. Department of Education,Office of Educational Technology.Toward a New Golden Age in American Education—How the Internet,the Law and Today's Students Are Revolutionizing Expectations[EB/OL]. http://files.eric.ed.gov/fulltext/ED484046.pdf.2015-09-28.

② 黎加厚.美国第三个国家教育技术计划及其启示[J].远程教育杂志,2005(1):22~26.

③ U. S. Department of Education,Office of Educational Technology.Transforming American Education:Learning Powered by Technology[EB/OL].http://files.eric.ed.gov/fulltext/ED512681.pdf.2015-09-28.

ISTE 的宗旨是在基础教育和教师教育中促进恰当地应用信息技术来支持和改进学习、教学和管理。由该组织负责发布的教育技术标准 NETS 反映了美国教育信息化评价的进展。NETS 大致经历了四个发展阶段:针对学生的全美教育技术标准、信息技术与学科教学整合、各类支持标准、评价和监测的标准。

为配合国家教育规划执行、监督该教育技术行动计划的进展情况,并检查执行效果,对其进行客观合理的评价,CEO 论坛于 1996 年成立。CEO 论坛是一个由众多企业界和教育界领袖人物组成的民间组织。CEO 论坛的任务是针对美国学校的教育信息化水平和教育信息化国家政策提出建议,并每年对全国范围内教育信息化的实施状况进行调查。在研究的基础上,CEO 论坛将连通、硬件、资源、专业发展作为评估美国学校信息化水平的四个维度,并针对这四个方面,提出了著名的 STaR(School Technology and Readiness)评估量表。

三、美国国家教育技术标准

(一) NETS·T 指标内容与结构

从 20 世纪 90 年代初开始,美国政府委托美国国际教育技术协会(ISTE)制订面向全美中小学教师的信息技术能力标准,目的是实现信息技术和教学的整合,并开展中小学教师从业职资格认证。自 ISTE 于 1993 年第一次发布中小学教师信息技术标准以后,几年内各地教育机构和民间组织对标准内容不断改进补充,最终在 2000 年推出较为完善的 NETS·T 并向全国推行。

NETS·T 一共经历了四次修改,到 2008 年的第四版已经较为成熟,在美国全国范围的大学、各州教育部门和学区得到了广泛使用,成为技术在教学中应用的指导框架。该标准定义了教师在教育环境中应用技术需要具备的基本概念、知识、技能、学科融合、评价、实效和道德法律素养。该标准主要用于教师资格认证、培训项目评价和师范类学生评价。

从标准制定的情况分析,因技术在教育中的影响力逐渐增强,故掌握技术且乐于从事教育事业的人也被一并考虑进标准制定范围。从教育的角度,技术教练和计算机科学教员属于教师范畴,由于他们的专长更贴近信息技术且重要性与日俱增,ISTE 在 2016 年最新的版本中提出了技术教练和计算机科学教师标准,较为全面地规范了对中小学教师信息技术能力的要求。同时,对职前和初职教师的信息技术教育划分了培养阶段。该标准保证了对教师信息技术能力要求,并使中小学教师的培训有了依据。

与 2000 年的第一版相比,2008 版在体系上进行了比较大的调整,由原来的 6 个维度 23 个一级指标缩减为 5 个维度 20 个一级指标。尽管从维度和指标数量来看,新版条数的一级指标和维度有所减少,但从各个维度及其相应绩效指标的具体范畴来看,2008 版对于教师的要求较 2000 版更高、更具全球视野,内容上则更加丰富、具体、精致。

2008 版的五个维度分别是:促进学生学习,激发学生创造力;设计、开发数字化时代的学习经验与评估工具;树立数字化时代学习与工作的典范;提高数字化时代的公民意识与素养,为学生树立典范;参与专业发展,提升领导力。

1. 促进学生学习,激发学生创造力

该维度主要将技术视为促进教师自身提高和学生发展的诸多因素之一,强调教师"运用其学科知识,通过教学、学习和技术增强自身在面对面和虚拟学习环境中促进学生学习、激发学生创意与创新能力的经验"。[①] 显然,该观念已经超越原有标准"狭隘的技术观",而通过技术与其他教育要素的整合达到促进学生发展之目的,如表 1-2 所示。

表 1-2   2008 版 NETS·T 标准(一)

维度	促进学生学习,激发学生创造力
指标	a. 能够提升和支持自身的创造性思维与独创能力,并为学生树立典范 b. 能够使学生积极运用数字化工具和资源探究并解决现实世界中的真实问题 c. 能够运用协作工具促进学生反思,从而揭示和澄清学生对概念的理解、思考以及设计、创造的过程 d. 能够与学生、同事及其他人在面对面和虚拟学习环境中合作学习,为学生树立协作知识建构的榜样

2. 设计、开发数字化时代的学习经验与评估工具

该维度整合了 2000 版的"规划并设计学习环境与学习经验"和"评估与评价"两个维度。尽管从类目指标的数量来看有所减少,但就具体内容而言则更强调教师如何通过这些能力更好地满足学生多样化的需求(如满足学生的好奇心、适应学生多样化的学习风格、学习策略与技术水平等),并促进他们的学习能力和创造力得到发展。显然,这一维度更体现了"以学习者为中心""一切为了学生发展"的教育理念,如表 1-3 所示。

---

① ISTE.面向教师的美国国家教育技术标准(2008 版)[EB/OL].http://images.apple.com/education/docs/Apple-ISTE-Teachers.pdf.2015-03-12.

表 1-3　2008 版 NETS·T 标准（二）

维度	设计、开发数字化时代的学习经验与评估工具
指标	a. 能够运用数字化工具和资源设计或调整有关学习经验，以促进学生的学习与创造力的发展 b. 能够开发技术化的学习环境，从而使学生满足他们的好奇心，能够自主设定学习目标、管理学习和评估学习过程，最终成为积极的参与者 c. 能够为学生定制个性化的学习活动，以适应学生多样化的学习风格、学习策略和对不同层次数字化工具与资源的使用水平 d. 能够为学生提供与学习内容和技术标准相一致的多种形成性评价与总结性评价，并能利用评价结果和数据支持教学与学习

3. 树立数字化时代学习与工作的典范

该维度主要突出教师运用数字化工具与学生、同事和家长开展交流协作的必要性和重要性。这不仅是促进学生发展的重要前提，也是教师实现自身专业发展的重要条件。当然，从 2000 年版的"技术操作与概念"到 2008 年版的"树立数字化时代学习与工作的典范"的转变也符合教师信息化的发展规律。美国教师对技术的理解与操作技能已经达到较高的水平。因此，使教师运用技术提升自身的交流与协作能力，应作为新时期教师教育技术能力发展的一项重要指标，如表 1-4 所示。

表 1-4　2008 版 NETS·T 标准（三）

维度	树立数字化时代学习与工作的典范
指标	a. 能够熟练使用技术系统，并能将现有知识熟练地迁移到新技术和新情境中去 b. 能够运用数字化工具和资源与学生、同事、家长以及社区成员展开协作，以促进学生的创新与成功 c. 能够使用多种数字化媒体形式与学生、同事、家长就有关信息和思想展开有效的交流与沟通 d. 能够有效运用现有的和新兴的数字化工具查找、分析、评价和使用信息资源，以支持自身的研究和学习

4. 提高数字化时代的公民意识与素养，为学生树立典范

该维度强调教师对于学生的模范作用，即相信教师的言行会对学生产生一定的影响。它要求教师不仅"理解与技术相关的社会、民族、法律以及人类问题"，还要提升自身作为数字时代公民的意识与责任感。不仅要理解区域性的问题，还要理解全球性的问题。此外，对于这些问题，教师也应该认识到自

身承担的责任,如表 1-5 所示。

表 1-5　2008 版 NETS・T 标准(四)

维度	提高数字化时代的公民意识与素养,为学生树立典范
指标	a. 能够提倡和传授安全、合法的数字化信息技术符合道德、规范地使用数字化信息技术,包括对版权、知识产权和资料来源的尊重,并为学生树立榜样 b. 能够运用以学习者为中心的策略为学生提供平等使用合适的数字化工具和资源的机会,以满足学生的多样化需要 c. 能够提升自身在数字化时代运用信息技术的礼仪和社会交往的责任感,并为学生树立榜样 d. 能够运用数字化时代的交流和协作工具与其他文化背景的同事和学生进行交流合作,以提升自身的文化理解力和全球意识

5. 参与专业发展,提升领导力

该维度强调了教师专业发展以及教师共同体的作用,更强调教师职业的专业化和领导能力。教师作为数字化时代教育发展的中流砥柱,对于其专业化的强调显然是必不可少的。同时,由于数字媒体技术的空前发展,教师更需要参与跨时空的教师共同体,才能不断汲取活力,实现终身学习,确保专业发展的持续性。他们需要借助信息技术同世界各地的同行展开交流与合作,参与区域性或全球性的教师联盟与组织,如表 1-6 所示。

表 1-6　2008 版 NETS・T 标准(五)

维度	参与专业发展,提升领导力
指标	a. 能够参与区域性和全球化的学习共同体以探究技术的创造性应用,进而促进学生学习 b. 能够通过对新技术引入教育的远景预测,参与共同决策、社区构建以及提升他人的领导力和技术水平,展现自身的领导力 c. 能够定期评价和反思当前的研究和专业实践,从而有效地使用已有的和新兴的数字化工具和资源支持学生的学习 d. 能够为教师职业和自己所在学校与社区教育事业的不断发展贡献力量

(二)NETS・S 指标内容与结构

2007 年 6 月 24 日,由 ISTE 主办的第 28 届全美教育信息化年会在美国佐治亚州首府亚特兰大隆重召开。大会正式颁布了《面向学生的国家教育技术标准》(National Educational Technology Standards for Students,NETS・S)第二版 NETS・S-2007,从六个维度对面向学生的教育技术能力标准做了重新分类与界定。具体指标维度如表 1-7 所示。

表 1-7 NETS·S-2007 指标维度内容

维度	指标
创新与变革	学生具有创新思维能力,并能使用技术工具建构知识、开发新的产品与过程: • 能够运用已有知识产生新思想、新产品或新过程 • 能够把原创性行为视为自我和团体的一种表达方式 • 能够使用模型与仿真系统探究复杂系统与问题 • 能够预见未来发展趋势,推测各种可能性
交流与协作	学生能够使用多种媒体与数字化环境,通过与他人交流协作(包括远程协作)促进相互之间的学习: • 能够应用多种数字化环境和媒体与同龄人、专家或其他人进行交互、协作与发表作品 • 能够运用多种媒体和方式与多种受众有效地交流信息与思想 • 能够通过与其他文化背景的学习者交流沟通发展自身的文化理解能力与全球意识 • 能够通过创作原创性作品或解决问题为项目团队贡献力量
熟练运用信息开展研究	学生应具备使用数字化工具搜集、评价和使用信息的能力: • 能够设计相应策略指导问题探究 • 能够应用多种媒体从多种信息源中查找、组织、分析、评价和综合信息,并符合道德规范地使用信息 • 能够根据特定任务恰当地评价、选择信息资源与数字化工具 • 能够处理数据,报告结果
批判性思维、解决问题与决策	学生能够运用批判性思维技能、恰当的数字化工具与资源设计和开展研究、管理项目、解决问题,并做出合理的决策: • 能够发现和确定亟待解决的现实问题与值得研究的重大问题 • 能够设计出一个解决方案或完成一个项目有关活动的管理 • 能够搜集、分析数据资料以确定解决方案或做出合理决策 • 能够通过多种视角和多种手段探究可供选择的解决方案
数字化时代公民的意识与素养	学生能够理解与技术有关的人文与社会问题,其行为要合乎法律和伦理道德规范: • 倡导人们安全、合法与负责任地使用信息与技术,并能付诸实践 • 对技术用于支持协作、学习和提高效率持积极态度 • 对终身学习富有个人责任感 • 具有引领数字化时代的领导能力

维度	指标
技术操作与概念	学生能够表现出对技术的概念、系统和操作的充分理解： ● 能够理解与使用技术系统 ● 能够有效、高效地选择和使用应用软件 ● 能够对技术系统与应用软件进行检修与维护 ● 能够迁移已有知识学习新技术

四、STaR 评估标准

（一）STaR 评估标准概述

STaR 评估量表是在加州大学欧文（Irvine）分校教育学亨利·贝克尔（Henry Becker）博士提出的数据库技术测量指标（Quality Education Data，QED）的基础上设计的二维表格。QED 技术测量指标原有十一项，STaR 评估结合四大支柱分类和教育产出目标，对其加以修改，形成了四个指标类（评估维度），如表 1-8 所示。

表 1-8　中文版 STaR 评估量表框架

学校类型	维度			
	硬件和网络连接	教师专业发展	数字化资源	学生成就和考核
低技术使用水平型学校	—	—	—	—
中技术使用水平型学校	—	—	—	—
高技术使用水平型学校	—	—	—	—
理想级技术使用水平型学校	—	—	—	—

（二）STaR 评估指标维度及具体指标项

STaR 评估指标包括四个维度，各维度包括若干指标项，具体内容如表 1-9 所示。

表 1-9　STaR 量表的核心指标项

维度	具体指标项
硬件和网络连接	学生数与能上网的教学用计算机之比
	技术支持服务的响应时间

维度	具体指标项
硬件和网络连接	联网教室和联网办公室的百分比
	学生上网方式和连接质量
	其他硬件设备拥有和使用情况
教师专业发展	教师培训方式
	教师培训预算占技术预算的百分比
	教师对数字资源的认识和应用情况
数字化资源	所拥有的数字内容的形式
	教师将数字资源整合到教学中的形式
	学生使用数字资源强化学习的形式
	使用数字资源学生的百分比和使用频率
	购买数字资源的经费来源
学生成就和考核	学生成就和 21 世纪所需技能掌握情况
	考核与课程标准吻合度及改进情况
	采用数字化策略进行考核的情况
	机会均等情况
	研究结果运用情况
	管理者使用技术情况
	家长和社区借助技术参与学校管理情况

1. 维度一:硬件和网络连接

指标项:学生数与能上网的教学用计算机之比、技术支持服务的响应时间、联网教室和联网办公室的百分比、学生上网方式和连接质量、其他硬件设备拥有和使用情况。

该维度中的指标项主要同网络连接相关,其中"学生数与能上网的教学用计算机之比"是用于衡量学校网络教学便利性的指标,反映了基础设施对网络学习支撑的基本情况。

2. 维度二:教师专业发展

指标项:教师培训方式、教师培训预算占技术预算的百分比、教师对数字资源的认识和应用情况。

该维度中的指标项"教师培训预算占技术预算的百分比"反映了教师专业发展的重视程度。

3. 维度三:数字化资源

指标项:所拥有的数字内容的形式、教师将数字资源整合到教学中的方式、学生使用数字资源强化学习的形式、使用数字资源学生的百分比和使用频率、购买数字资源的经费来源。

4. 维度四:学生成就和考核

指标项:学生成就和 21 世纪所需技能掌握情况、考核与课程标准吻合度及改进情况、采用数字化策略进行考核的情况、机会均等情况、研究结果运用情况、管理者使用技术情况、家长和社区借助技术参与学生管理情况。

（三）基于 STaR 标准的学校分类

STaR 评估量表在 QED 的七类学校分类基础上,可以根据技术的整合程度将学校分为四类:

（1）低技术使用水平型学校。这类学校技术应用处于起步阶段,相当于 QED 的第一类、第二类学校。

（2）中技术使用水平型学校。该类学校中的技术应用处于应用阶段,相当于 QED 的第三类学校。

（3）高技术使用水平型学校。此类学校中的技术应用处于融合阶段,相当于 QED 的第四类、第五类学校。

（4）理想级技术使用水平型学校。这类学校技术应用处于变革阶段,相当于 QED 的第六类、第七类学校。[①] 学校的技术准备情况与潜在的教育产出之间的关系如表 1-10 所示。

表 1-10   学校技术准备情况与可以达到的教育产出

学校分类	教育产出
低技术使用水平型学校	通过练习和教学软件让学生掌握基本技能
中技术使用水平型学校	通过访问多媒体资源培养学生 21 世纪的高级思维能力 从互联网和光盘上获得大量研究与学习资料

① 汪琼,陈瑞江,刘娜等.STaR 评估与教育信息化研究[J].开放教育研究,2004(4):10~14.

学校分类	教育产出
高技术使用水平型学校	培养 21 世纪所需技能,特别是深入思考、研究、协作和创新能力 大多数老师、学生能够和家长、专家、外校的老师同学交流
理想级技术使用水平型学校	用技术提高学生成绩 培养学生具备在今天的教育环境和明日的工作环境所需要的全部技能 推动以学生为中心的、真实的、基于项目的学习模式 所有老师、学生能够和家长、专家、社区人员、外校的老师交流 在家学习和在校学习能够无缝地衔接在一起

(四) STaR 评估量表的应用

STaR 评估量表是美国用于衡量地区和学校教育信息化发展水平的主要工具。通过近 20 年来的实践检验,获得了全美甚至全球的广泛认同。该评估量表在美国多个州被采用,而在具体使用过程中,各州又根据自己的具体情况,对评估指标体系进行本地化调整。因此,STaR 评估量表属于比较权威的教育信息化发展情况评测工具。

为了鼓励各级教育部门、学校、教师、学生和家长使用这一工具,以监督和规划学校的技术投资,具体使用建议如下:

(1) 在五个维度中选择一个维度。

(2) 从被选维度中找出哪个分类最适合你所在的学校。

(3) 在发现你所在学校所处分类之后,将各项指标与理想技术使用水平型学校的状况进行对比,找出差距。

(4) 根据所发现的差距,再和教师、管理层、技术管理人员、学校董事会成员和社区领导讨论,改进所在学校的教育技术发展规划。

(5) 选择其他维度,重复上述过程。

为了方便对评估结果进行解读,CEO 论坛开发了网上评测问卷,即将所有评估维度作为对应数量题目的题干,将低级水平、中级水平、高级水平和理想水平四个层次各维度的指标描述作为选项,通过网上做选择题的方式,快速判断学校在每个维度上处于何种层次,最后给出评估结果。同时,为了让每个学校在所处现状的基础上确定自己在国内的相对水平,CEO 论坛从

1997 年开始每年根据加州大学欧文分校 QED 数据库,形成年度教育信息化状况统计报表。

CEO 论坛针对 STaR 评估量表提出促进教师信息技术教育应用水平的行动建议:

(1)各州应要求教师教育机构使用 STaR 评估量表或其他工具进行自我评估,作为提供基金支持的参考标准;

(2)各州应该将教师熟练运用适当技术支持学生学习的能力作为教师资格认证的一个关键因素;

(3)公司和联邦政府应该加强对学校、学院和教育学院的资金投入;

(4)投资者应该支持教师教育机构以努力使之达到理想级技术准备的水准。

五、分析与启示

美国针对教育信息化标准的研究与应用,对推动美国乃至世界教育信息化的发展产生了重要作用。由 CEO 论坛发布的 STaR 评估量表有力推动了美国教育信息化建设,其创立、发展和运作的思想及其做法,对我们开展教育信息化标准研究具有很大的借鉴意义。虽然,CEO 论坛从 2001 年起逐渐退出了历史舞台,但是它在推动美国教育信息化发展过程中发挥了重要作用。STaR 提出的解决方案为我国制定教育信息化评估的指标和标准具有积极的指导意义,主要表现在以下三点。

(1)STaR 量表是以科学严谨的方法论为指导建立起来的,而不是制定者根据经验制定的,加之评估过程及数据处理的科学性,评估结果具有较强的信度和效度。

(2)STaR 量表具有较强的可操作性和实用性。不论是处在何种发展阶段的学校,都能够在量表中找到自己所对应的评估指标和标准,能够找出学校自身发展的差距与不足,有利于发挥评估对于现实建设的指导作用,避免出现一刀切的现象。

(3)STaR 充分发挥了学校领导、管理者、教师、学生和家长参与教育信息化建设的主动性。教育信息化不只是国家政府和教育管理部门的事情,它的发展将直接关乎每一位民众的切身利益,决定了一个国家和民族的未来。

为了使更多的中国教师了解和借鉴美国教育信息化标准,了解教师教育技术培训的内容与形式,中央电化教育馆、中国教育技术协会先后组织专家翻译并出版了 NETS 系列标准。对美国教育信息化标准的学习与研究有助于制订中国教育技术标准和深入开展教育技术理论研究。参考美国的教育信息化标准,评价指标的制定应关注如下三点。

（1）评价指标应从"技术为核心"向"以学生能力为核心"转变。对于我国的教育信息化发展而言，无论是中小学信息技术与课程整合还是信息技术课程的开设无不突显了信息技术在教学当中的重要作用，但随着教育信息化自身的深入发展以及社会人才培养的需求，我们应该看到"技术改进教学"并不能成为教育技术界所遵循的唯一法则。当技术与教学的融合达到一定程度时，应当回归时代对培养人才的切实需求。因为，技术促进教与学变革的最终目标是促进创新型人才的培养，所以，评价指标应该随着技术与教学融合程度的变化，逐渐从技术指标过渡到学生 21 世纪能力的培养上。

（2）评价指标应具备全球化教育视野和高度的战略眼光。NETS·S-2007 对学生的每一项教育技术能力的要求已不局限于"学习"本身，还拓展到了学生生活乃至未来工作的各个方面，从对"技术应用技能"的强调转变为对"技术应用目的"的强调，切实为学生的终身学习与高效生活做出长远的规划和准备。因此，NETS·S-2007 不仅强调了信息社会学生学习能力的培养，还突出了学生的生活能力，如跨文化交际能力和全球意识。因此，评价指标应关注全球化教育事业，并且具备高度的战略眼光。

（3）评价指标应体现"阶段性"和"连续性"。国家标准的制定不仅要在一定历史时期发挥其应有的指导意义和价值，同时，随着教育信息化发展阶段的不断变迁，还应对下一阶段教育信息化的发展发挥预期和规划作用，从而有利于标准在教育信息化现阶段作用的充分发挥，并为教育信息化未来的发展提供方向。因此，在研制标准的同时还需考虑将来演进和发展方向，并做出阶段性调整，以适应新形势下教育信息化发展乃至基础教育改革的时代特点和要求。[①]

第二节　韩国教育信息化标准

韩国教育信息化发展规划启动于 20 世纪 80 年代。计算机教育是韩国教育信息化的起源。20 世纪 80 年代，韩国学校对计算机教育的需求不断增强，韩国决定从国家层面推动计算机教育的发展。[②] 经过三个全国性主要计划（Master plan）的出台和实施，韩国教育信息化水平已处于世界领先地位。同时，在有关教育中使用信息和通信技术的指标和标准制订领域，韩国也是国际

---

① 秦炜炜.面向学生的美国国家教育技术标准新旧版对比研究［J］.中国电化教育，2008（3）：1～6.
② 吴砥，尉小荣，朱莎.韩国教育信息基础设施建设经验的启示［J］.现代远程教育研究，2014（5）：86～94.

上最先进的国家之一,积累了丰富的理论和实践经验。

一、韩国教育信息化发展概况

20 世纪 80 年代后期,韩国从国家层面上促进了计算机教育网络事业的发展。20 世纪 90 年代,随着信息技术的迅速普及和应用互联网人数的增加,韩国正式进入了信息化社会。但是,真正意义上的教育信息化事业是从金泳三政府推进教育改革开始的。韩国政府为了解决传统教育体制中存在的问题,设置了总统直属咨询机构——教育改革委员会,并发表了"为建立引领全球化和信息化时代的新的教育体制"的教育改革方案。其中教育信息化事业是在第三次教育改革方案中提出来的,该方案与同期韩国社会各个领域中实施的信息化事业结合在一起,成为实现教育改革的关键。

韩国教育信息化的发展经历了动态的变化过程,根据不同时期教育信息化政策的侧重点,可分为三个阶段:计算机教育阶段、信息与通信技术(ICT)素养教育阶段、ICT 应用教育阶段。不同时期制定了不同的基础教育信息化政策,因此其目标和内容也不同。

(一)计算机教育阶段(20 世纪 80 年代末)

该时期韩国教育信息化的主要目标是培养计算机领域的专门人才,主要特点是强调计算机教育的必要性、在中小学课程中增加了计算机教育相关的内容、对教师进行计算机方面的培训。总结该时期教育信息化的特点,其重点是强化计算机教育,即强调了计算机教育的必要性,课程中增加计算机方面的内容,并对教师进行了计算机方面的培训。为此,该时期的政策内容是围绕如何强化计算机教育展开的。

(二)ICT 素养教育阶段(20 世纪 90 年代初—2000 年)

该阶段教育信息化发展的目标是构建一个有利于开放教育和学习型社会的基础设施,具体内容包括:

(1)建立所有的教师、学生等教育需求者自由使用计算机等多种学习工具的环境;

(2)通过 ICT 提高教学效率;

(3)培养把 ICT 主动、有效地整合于各学科教学的改革势力,并建立其支持方案;

(4)增加依靠 ICT 创造新价值的机会,教育信息化应该履行"知识能够创造价值"的职能。

该阶段韩国教育信息化发展的重点在于应用信息通信技术来提高教与学

的效率。为此,在该时期韩国从国家层面上适时地制定了持续的、有体系的教育信息化政策,如《教育信息化促进实施计划》和《中小学教育信息化综合计划》。① 在该时期,韩国政府普及了教育信息化基础设施,建立了同信息化相关的法律和专业机构,营造了教育综合服务网络系统和学术与研究信息的应用环境。另外,韩国还通过课程改革来强化 ICT 教育,大力支持开发教育软件的活动,持续关注教师信息化方面的培训等。②

(三) ICT 应用教育阶段(2001 年—现在)

该阶段教育信息化的总体目标是培养具有引领知识信息社会的专业能力和解决问题能力的人才,具体目标包括:

(1) 为了培养全体国民应对知识信息社会的能力,建立一个能够开发全体国民信息应用能力的环境,并通过网络空间等来实现不受时间和空间的限制进行学习;

(2) 为了在大学和职场培养持续地创造知识和价值的创新型人才,应建立一种连接"教育—实习—资格证书—职业生涯"的人力资源开发体制,以提高人在职场上的专业能力,强化优秀产业人力方面的培养体制;

(3) 为了让全体国民共同参与信息文化创造的过程,也为了让他们享受其创造所带来的成果,全体国民应具备符合知识信息社会的网络公民意识,支持贫困地区以及低收入家庭的信息文化生活,消除信息差距;

(4) 为了构建一个让全体国民通过 ICT 应用来提高学习和工作效率的综合性支持体制,应该通过建立教育信息化评价体系来提高其教育信息化事业的效率,进而通过改善教育信息化的法律以及制度,升级教育信息化的基础设施,使其达到经济合作与发展组织的平均水平,并通过电子教育行政体制来提高行政的透明度和效率。

总结韩国在该时期的基础教育信息化政策,其重点是应用 ICT 应用来改革教与学的内容、方法、模式等在内的整个教育体制。另外,在该时期,韩国政府为了继续保持教育信息化的世界领先地位,持续地更新教育信息化基础设施,升级了教育信息化相关的服务系统,制定了教育信息化的相关标准,以消除信息差距并提高信息安全度。此外,韩国政府还出台了相关的教育信息化政策,即第二、三阶段的教育信息化综合发展方案。

---

① Ministry of Education.2000 Adapting Education to the Information Age:A White Paper[EB/OL]. http://english.keris.or.kr/whitepaper/WhitePaper_eng_2000.pdf.2018-08-14.

② 崔英玉,孙启林,陶莹.韩国基础教育信息化政策研究[J].中国电化教育,2011(6):48~54.

二、韩国教育信息化标准建设概况

韩国教育研究信息院(Korean Education and Research Information Service,KERIS)对韩国教育信息化标准建设起到了重要推动作用。韩国教育研究信息院成立于 1999 年,旨在推进国家信息教育基础设施建设、完善数字化学习资源和促进教育信息化专业发展。韩国教育信息化标准主要包括两个版本:第一套指标框架(2001 年)和当前指标框架(2010 年)。在针对学生的教育信息化国家标准方面,虽然韩国教育信息化规划纲要中说明了如何评价学生学习效果,但学生不需要根据该纲要接受考试测评。[①] 韩国没有统一的教师教育信息化标准,而是采用指导方针形式。虽然没有对教师进行评估,但韩国政府希望教师应该具备一定的专业水准。[②]

三、韩国教育信息化指标框架的建立

2005 年,韩国教育研究信息院研发了知识封装(Knowledge Package)理论体系。截至 2013 年,韩国教育信息化发展指标经历了多次修改和完善,研制过程可以大致分为四个阶段,即建立框架阶段(2005—2007)、发展阶段(2008—2009)、提升阶段(2010—2011)和集成阶段(2012—2013)。

在建立框架阶段,韩国教育研究信息院开发了知识封装和教育信息化预备指数(Education Information Readiness Index,EIRI)。知识封装是一个建立在韩国教育信息化实践基础上的系统的知识框架。在知识封装体系的基础上,韩国开发了为其他国家提供数字化学习咨询的 EIRI。EIRI 是基于韩国教育信息化的先进经验构建的,仅仅依赖一个国家的经验而开发的"国际指标"受到了人们的质疑。因此,需要开发一个全面的、可测量的且可以实现国际比较的指标体系。

1. 研制目标

建立指标来衡量在中小学教育中 ICT 的使用情况,明确如何使用各项指标衡量学校当前的状态,从学校区域、规模、级别和类型的角度,确定学校与学校之间的信息化发展差异。[③]

---

① Hwang,D.J.,Yang,H.K.,Kim,H.E-Learning in the Republic of Korea[M].Moscow:the UNESCO Institute for Information Technologies in Education,2010.

② 杨勇.韩国教育信息化概览[J].世界教育信息.2012(6 上):23~26.

③ Park,I.Korean Indicators for ICT Use in Education[EB/OL].http://www2.Unescobkk.org/elib/publications/ICT_classroom/country_Korea.pdf.2015-07-19.

2. 研制流程

韩国教育信息化指标体系在研制过程中,共经历了九个阶段,分别是建立教育信息化评价指标模型、教育信息化活动分析、构建如何计算指标、推导出教育信息化临时指标、请专家审查各项指标、到学校进行初步试验、对临时指标进行修订、进行第二轮测试和得出初始的教育信息化指标。其中,指标模型是建立指标体系的基础,具有重要的支撑作用。初始的教育信息化指标则是指标建立的基本成果。

3. 模型与框架

韩国将 ICT 在教育中的应用概括为如图 1-1 所示的模型。①

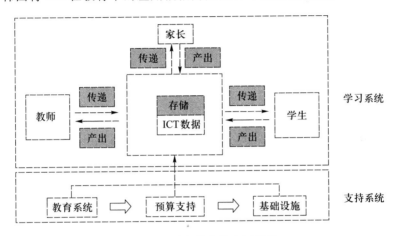

图 1-1 教育信息化应用模型

ICT 主要分为支持和学习两大系统,在支持系统中又区分出教育系统、基础设施和预算支持三个部分。而学习系统中主要涉及教师、学生、家长和他们产出和传递的 ICT 相关数据及其存储。

以上模型反映了 ICT 应用系统所关联的关键要素,各要素之间的关系则由输入(I)—应用(P)—输出(O)理论为支撑,得到如图 1-2 所示的指标领域。②

基于教育中 ICT 应用的范畴,韩国定义了图 1-2 指标框架中各元素的具体要素。教师要素包括教师运用 ICT 的特征和用 ICT 促进学习结果的各种可能性因素;学生要素包括使用信息资源促进协作学习的相关因素;课程要素包括使用 ICT 的国家标准化教育目标、内容和评价相关要素;教育政策要素具体包括教育中 ICT 的一些政策、预算等;教育信息服务要素主要包括有助于教师

① Park,J.ICT for Teacher Training[EB/OL].http://k-learn.adb.org/system/files/materials/2016/201611-ict-teacher-training.pdf.2016-08-11.

② Park,J.ICT for Teacher Training[EB/OL].http://k-learn.adb.org/system/files/materials/2016/201611-ict-teacher-training.pdf.2016-08-11.

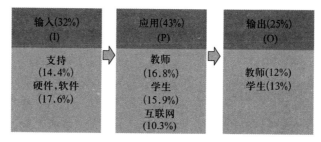

图 1-2   指标领域关系及权重（2001 年）

和学习者间沟通交流、教育资源应用的网络服务系统；基础设施要素包括教学过程中教师和学习者所需要的各种教学设备。

通过对联合国教科文组织提出的 ICT 指标体系（如表 1-11 所示）进行重新分类，得到新的指标框架。该指标框架的一级指标由原来的支持、输入、应用和输出改为人力资源输入、物理资源输入和应用（如表 1-12 所示）。同时将二级指标进行了更加详细的划分和描述。

表 1-11   ICT 框架中各具体指标项的界定①

ICT 指标		ICT 指标构成
支持		校长培训时长
		学校组织的教师培训时长
		教师人均 ICT 应用培训时长
		活动经费预算占总预算的比例
		是否制订了 ICT 使用的年度计划
		是否对 ICT 人员设立了激励制度
输入（基础设施、软硬件）		每台计算机对应的学生数量
		每个教师拥有的计算机数量
		使用时间低于 3 年的计算机比例
		能够连网的计算机比例
		网络连接的速度
		教育软件的数量（CD-ROM）
		装有 5 个基本应用程序的计算机比例
应用	教师	教学中借助互联网使用多媒体资源的课程比例
		使用网络平台的课堂比例
		使用网络平台的课程比例

---

① UNESCO Bangkok. Developing and Using Indicator of ICT Use in Education ［M］.Bangkok：UNESCO Asia and Pacific Regional Bureau of Education. 2003：19-20.

续表

ICT 指标		ICT 指标构成
应用	教师	教师参与 ICT 应用协会的比例
		利用计算机实验室上课的课程比例
		信息系统中被使用的功能比例
		是否使用了电子政务系统
		与家长有关的帖子的数量
	学生	人均使用计算机的时长
		学生在课后参与 ICT 相关项目的比例（小学）
		是否教授计算机（初中）
		教师通过网络平台收作业的课程比例
		搜索图书馆数据库的学生数量
		利用网络环境进行管理的学生社团比例
		是否有互联网使用道德的项目
		每个班级网络社区的数量
	互联网	互联网的使用
		学校网站平均每周访问量
		学校网站更新频率
输出	教师	拥有电子邮箱的教师比例
		拥有个人主页的教师比例
		拥有 ICT 相关资格证书的教师比例
		参与教学软件竞赛的教师比例
	学生	拥有电子邮箱的学生比例
		拥有个人主页的学生比例
		拥有 ICT 相关资格证书的学生比例
		参与教学软件竞赛的学生比例
		完成 ICT 课程（32 小时）的学生比例

表 1-12　2010 版教育信息化标准

类别	指标	权重
人力资源 输入 （0.275）	*校长培训时长	0.035
	*教师人均 ICT 应用培训时长	0.045
	*学校组织的教师培训时长	0.020

续表

类别	指标	权重
人力资源 输入 (0.275)	*ICT 院系教师的比例	0.034
	是否有 ICT 应用部门	0.062
	ICT 应用部门的员工数	0.021
	*拥有 ICT 相关资格证书的教师比例	0.058
物理资源 输入 (0.225)	*学校预算中 ICT 预算所占的比例	0.053
	*生机比	0.019
	配有多媒体设备的教室比例	0.027
	使用的数字化资源的数量	0.034
	*网络连接速度	0.019
	是否有过滤系统确保网络可访问性	0.020
	在 ICT 预算中购买软件资源的预算比例	0.009
	配有 ICT 设备的教室比例	0.014
	ICT 教室数量	0.030
应用 (0.500)	自评有网瘾的学生比例	0.020
	学校是否有网站用于提供教育资源和分享教学材料	0.045
	是否有网络平台用于家长的交流	0.025
	*参加教学软件竞赛的学生比例	0.020
	*互联网道德和版权知识培训的小时数	0.060
	*利用计算机进行教学的小时数 *教师开发的 ICT 教学材料的数量 是否设定了教学中使用 ICT 的恰当比例	0.078
	*拥有 ICT 资格证书的教师比例 *参加 ICT 应用协会的教师比例	0.060
	*课后参加 ICT 相关项目的学生比例(小学)	0.063
	*是否教授计算机(初中)	0.129

说明:表中"*"是必备指标。

人力资源输入维度的指标项包括校长培训时长、教师人均 ICT 应用培训时长、学校组织的教师培训时长、ICT 院系教师的比例、是否有 ICT 应用部门、ICT 应用部门的员工数、拥有 ICT 相关资格证书的教师比例。

　　物理资源输入维度的指标项包括学校预算中 ICT 预算所占的比例、生机比、配有多媒体设备的教室比例、使用的数字化资源的数量、网络连接速度、是否有过滤系统确保网络可访问性、在 ICT 预算中购买软件资源的预算比例、配有 ICT 设备的教室比例和 ICT 教室数量。

　　应用维度的指标项包括自评有网瘾的学生比例、学校是否有网站用于提供教育资源和分享教学材料、是否有网络平台用于家长的交流、参加教学软件竞赛的学生比例、互联网道德和版权知识培训的小时数、利用计算机进行教学的小时数、教师开发的 ICT 教学材料的数量、是否设定了教学中使用 ICT 的恰当比例、拥有 ICT 资格证书的教师比例、参加 ICT 应用协会的教师比例、课后参加 ICT 相关项目的学生比例（小学）和是否教授计算机（初中）。

四、韩国教育信息化标准内容

　　由指标领域结合学校分类和实验认证，韩国教育信息化标准得出初步确认的指标体系和评价标准。学校分类划分标准由四个维度决定，分别是学区维度、类型维度（公立、私立）、规模维度（少于 12 个班级、13~35 个班级、36 个班级以上）和级别维度（基础教育、一般高中、职业中学）。评价结果可以根据这四个维度进行分析比较。根据 2010 年教育信息化标准可以得出该标准中各类指标的数量和所占权重，如表 1-13 所示。

表 1-13　中小学校教育信息化评估的指标领域

类别	权重	指标数量
人力资源输入	27.5%	7
物理资源输入	22.5%	9
应用	50.0%	9

五、分析与启示

　　通过对韩国教育信息化标准的制订过程与内容进行分析，可以得到信息化标准制定的经验和启示，为制订我国教育信息化指标体系提供借鉴。

　　1. 指标内容应关注学生与教师

　　教育信息化的最终目标是促进学生的发展。因此，制定教育信息化指标体系时，应该充分考虑学生使用 ICT 的机会以及利用 ICT 进行学习的能力。另外，教师是教育信息化过程中一个至关重要的因素，教师的 ICT 能力以及利用 ICT 开展教学的能力直接影响着教学效果,所以也应该把教师的 ICT 能力以及利用 ICT 进行教学的程度作为教育信息化的重要指标。

2. 教育信息化指标体系要在实践中不断修订和完善

制定了教育信息化指标体系之后,要进行试用,从而发现一些存在缺陷或不符合实际的指标,通过诊断后,采取相应措施,修订和完善指标。另外,因为教育信息化基础设施更新较快,而指标具有时效性,所以要及时更新。相应地,与教学过程、学校组织或教师技能等相关的指标,也应随着时代的发展不断更新和发展。

3. 教育信息化指标体系应具有导向性

教育信息化的发展具有过程性,指标具有反映某阶段信息化水平的作用。为了推动教育信息化发展,教育信息化指标体系应适当地融入具有时代特征和超前性的指标,在科学、可靠、可行的基础上,具有前瞻性和导向性。

第三节   欧盟教育信息化标准

欧盟委员会(European Commission)激励和支持各成员国教育信息化发展进程,通过制定战略和决策指导各成员国构建教育信息化政策环境。欧盟通过多种项目强化各成员国发展教育信息化的意识,展示教育信息化的潜在优势;促进相关人员参与教育信息化,通过教育信息化为企业创造新的发展机遇,为社会提供新的就业机会。[①]

一、欧盟教育信息化发展概况

欧盟委员会的信息社会构想始于 1993 年的《成长、竞争与就业》白皮书。1994 年 6 月,欧盟委员会提出了信息社会行动计划——"欧洲迈向信息社会之路",该计划的主要目标是加速电信服务产业的自由化,以及整合欧盟有关信息社会的相关政策。

1999 年 12 月 8 日,为了进一步促进信息社会的理想实现,欧盟执委会提出了"电子化欧洲:一个全民的信息社会"(E-Europe:An Information Society for All)方案。该方案提出了包括使欧洲年轻人生活数字化等推动欧洲网络化的10 项重点工作。2000 年 3 月,该项方案在里斯本特别首脑会议上通过,确定

---

① 熊建辉,蓝文婷,秦悦.追踪欧洲教育技术前沿 助推中国教育信息化发展——访英国国家教育技术与标准中心高级研究员、博尔顿大学袁莉博士[J].世界教育信息,2014(20):7~12.

了 2010 年奋斗目标,即把欧盟建成全球最具活力和竞争力的经济体,维持目前的经济繁荣、改善工作环境与增进社会凝聚力。该方案成为基础教育信息化在欧盟国家快速发展的助推器。

欧盟的电子化欧洲 2002 及电子化欧洲 2005 计划皆视"数字化学习"为最优先推动的计划,随后又提出了线上学习计划(E-Learning Programme)2004—2006 以推动 ICT 的发展,提升数字学习的品质。"电子化欧洲"中的"数字化学习"行动计划使学生有效地使用教学资源和服务,交换相关教学信息。整个计划包括四个方面:为学校配备电脑、用数字技术培训教师、开发欧洲的教育服务系统和教育软件、加速学校和教师的网络化发展进程。所需资金由各成员国和欧盟共同承担。该计划历时 7 年(2000—2006 年),花费 40 亿欧元,通过在欧洲教育培训和终身学习中使用数字技术,使 200 万欧洲人(其中大部分是年轻人)掌握新技术和外语,以改善他们的就业状况,加快了学校和其他培训机构进入数字时代的步伐。

到 2003 年底,欧盟完成了教育信息基础设施建设,93%以上的学校接入互联网,平均每台在线计算机的学生使用人数低于 15 人。借助欧洲学校网,在 80 个国家和地区,有超过 500 所学校的学生利用 ICT 合作完成了各种学习项目。欧洲将学习信息化项目转移到提供高质量内容、创新教育实践和培训高素质教师的工作中。到 2005 年底,欧盟各成员学校以及博物馆、图书馆和档案馆都已与互联网连接,并能够实现网上教学和科研。[①]

二、欧盟教育信息化标准建设概况

欧盟委员会于 2008 年 11 月至 2009 年 10 月启动"中小学教育信息化指标"项目。该项目主要针对 27 个欧盟成员国、3 个候选国和欧洲经济区的一些国家,其主要目的是建立影响基础教育信息化的指标体系,通过定量的方法对欧盟各个国家信息技术教育应用情况进行比较,从而对整个欧盟教育系统进行概括描述。[②]

欧盟通过对国际教育成就评价协会(IEA)和经济合作与发展组织开展的国际阅读素养进展研究(PIRLS)、国际学生评价项目(PISA)、国际数学与科学教育成就趋势调查的分析研究,得出与 ICT 相关的数据指标。另外,欧盟还通

---

① 刘宇,张连军.欧盟基础教育信息化的现状与行动计划[J].中小学信息技术教育,2006(12):54~56.

② 卢双奇,赵建华.欧盟中小学教育信息化指标体系分析与启示[J].中国教育信息化,2013(21):14~17,21.

过案例研究,借鉴了欧盟部分成员国以及国际上其他国家在教育信息化评估方面的经验,从中提取和构建可用的教育信息化指标。在此基础上,欧盟通过对学生、教师和学校发放调查问卷,采用多层线性模型对调查结果进行数据分析,诊断存在的问题,采取相应的干预措施,对指标进行修订;最终于 2010 年形成了教育信息化指标体系。

欧盟颁布的中小学教育信息化指标体系,主要是检验 ICT 的应用情况及其效果,关注点是学生利用 ICT 进行学习的机会和学习能力。学习能力主要是针对欧盟提出的五个关键能力,分别为:阅读素养、数学和科学、语言技能、ICT 技能和学习技能。

三、欧盟教育信息化指标构建方法与过程[①]

1. 分析政策文件,构建指标体系的概念模型

欧盟首先从各成员国的共同目标和共同话题出发,通过不同途径收集政策文件,对其进行定性分析,找出与 ICT 相关的主题,并汇总整理成一套与 ICT 相关的政策文件。与 ICT 相关的主题包括基础设施、课程和内容、成果、学校领导、连通性、教师培训、支持、横向主题。欧盟在此基础上构建了中小学教育信息化指标体系的概念模型,如图 1-3 所示。

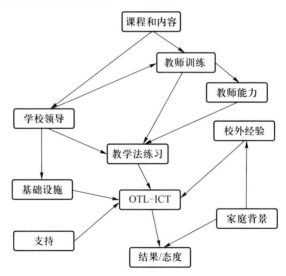

图 1-3　欧盟教育信息化指标体系概念模型

① 以下内容引自卢双奇、赵建华:《欧盟中小学教育信息化指标体系分析与启示》,《中国教育信息化》2013 年第 21 期,第 14~17,21 页。

　　该概念模型认为学生利用 ICT 学习的机会可以影响学生在学习中获得的能力和态度;学生利用 ICT 的学习机会依赖于教师的教学实践、ICT 基础设施的建设应用、学习支持服务和学生校外应用 ICT 的经验;教师培训、教师技能以及学校领导对于 ICT 教学实践的开展具有重要的影响;决策者通过课程来影响各个因素。其中,"结果/态度"和"ICT 的学习机会(OTL-ICT)"是核心主题。成果和态度不止局限于数字素养,而是包含了更广的范围,包括学生有效地使用 ICT 来学习其他学科的能力,以及 21 世纪所需技能(如沟通能力、协作能力、学习能力、自我评价能力等)。

　　欧盟的这一评估方案主要分为国家层面和国际层面,国家层面的评估用于了解随着时间的推移教育系统中发生的变化;国际层面的评估是为解释国家层面变化的状态。另外,还有针对学校的评估,这是国家层面评估的基础。该教育信息化指标从政策视角出发确立了其操作框架,注重对问题的诊断和干预,其过程如图 1-4 所示。

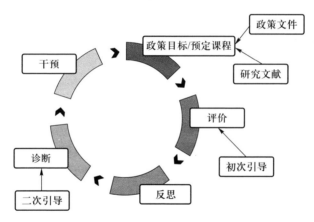

图 1-4　欧盟基于政策评估的操作框架图

　　图 1-4 适用于不同环境下的评估应用,包括国际、国家或区域、学校甚至个人层面。欧盟的评估方案从发展的角度来看,主要关注国际层面的比较分析和研究。评估始于政策目标/预定课程,主要在于建立共同的政策目标和目标的时效性;一旦确立目标,就可以根据目标定义具体的指标。第二步是评价,包括对具有代表性的国家样本数据的收集、指标对应的可统计数据的计算等。第三步是反思,即根据统计数据,对评测结果进行分析,以及预想可能出现问题的潜在原因。后续阶段的工作依次是诊断和干预,诊断是发现教育系统中问题产生的潜在原因;干预是指诊断出问题后,进行积极的应对和调整。该操作框架图是一个循环迭代的过程,有助于理解教育变化,能帮助政策制定

者基于客观数据进行决策。

2. 构建教育信息化指标体系

（1）确定教育信息化的主题

通过分析政策文件，找出与 ICT 主题相关的话题，并初步确定了教育信息化的主题，即基础设施（包括硬件和软件，如能否上网、宽带连接、开源软件等）、课程和内容（如教学方法、内容、评价）、成果（如能力，数字素养）、学校领导（如变革管理）、连通性（如国际或国家的合作、公司合作等）、教师培训（如教师能力，教师资格证）、支持（如技术或教学方法的支持）、横向主题（如公平、筹资、安全等）。

为了分析上述八个主题能否监测和评估教育信息化，以及是否有必要对这些主题进行国际比较，欧盟选取了 54 位 ICT 专家进行网上问卷调查，听取专家的意见。这些专家分别来自 28 个国家，且大部分是欧盟成员国。通过调查得出，绝大部分专家认为非常有必要对中小学的教育信息化进行国际比较和监测。另外，欧盟还对以上八个主题需要程度的高低做了调查，结果显示"课程和内容"和"基础设施"的需要程度相对较低。因此，剔除了后两个主题，剩下六个主题。

（2）确定教育信息化指标领域

确定了教育信息化的主题之后，欧盟分别列出了六个主题的指标领域。通过专家调查法，将需要程度超过 60% 的主题保留下来，反之则被淘汰。又由于欧盟的信息指标体系关注的是学生，因此，最终确定"学习 ICT 和利用 ICT 进行学习的机会""学生的能力和态度"为核心主题，其对应的指标领域和指标也是核心。最后的指标领域如表 1-14 所示。

表 1-14　欧盟教育信息化指标领域[①]

主题	指标领域
A. 学习 ICT 和利用 ICT 进行学习的机会	A1 在欧盟五个关键技能领域（阅读素养、数学和科学、语言技能、ICT 技能和学习技能），学生利用 ICT 进行学习的活动类型
	A2 学生使用 ICT 进行合作与交流的程度
	A3 学生通常在学校使用 ICT 的活动类型
	A4 学生在学校使用 ICT 的程度

① 卢双奇，赵建华.欧盟中小学教育信息化指标体系分析与启示[J].中国教育信息化,2013(21)：14~17,21.

续表

主题	指标领域
B. 学生的能力和态度	B1 在欧盟五个关键技能领域(阅读素养、数学和科学、语言技能、ICT技能和学习技能),学生利用 ICT 完成作业的能力
	B2 学生使用 ICT 学会学习的能力(设立目标、自我评价、学习管理)
C. ICT 支持	C1 ICT 支持教师教学(备课、课堂管理、评估等)的程度
D. 教师培训	D1 教师的 ICT 能力
	D2 教师利用数字资源设计个人或协作学习活动的能力
	D3 教师为实现课程目标选择数字资源的能力
	D4 创新性评价的应用
E. 学校领导力	E1 学校领导创新性管理 ICT 的能力

（3）确定教育信息化数据指标

如前所述,欧盟通过对国际教育成就评价协会和经济合作与发展组织开展的国际阅读素养发展研究、国际学生评价项目、国际数学与科学教育成就趋势调查的分析研究,得出与 ICT 相关的数据指标。这些指标分为"基础设施""学生应用""教师应用""能力"和"支持"五大类。由于现有的数据主要集中在"基础设施"和"ICT 使用情况",并且涉及的学科主要为数学、科学和阅读等,因此,欧盟也参考了其他的国际比较评价,进一步补充和完善数据指标。需要强调的是,欧盟在制定教育信息化指标时,将小学和中学分开,以便更真实地反映教育信息化的情况。

另外,欧盟还分别从国家和国际层面入手,通过案例研究,借鉴了欧盟部分成员国以及国际上在教育信息化评估方面的经验,从中提取和构建可用的教育信息化指标。如英国的"利用技术促进学习战略",荷兰知识网的"巴兰斯监测的竞争者";IEA 开展的"国际计算机和信息素养研究"(International Computer and Information Literacy Study, ICILS),联合国教科文组织的"素养评估和监测计划"(Literacy Assessment and Monitoring Programme, LAMP)和"ICT 在教育中",美国的"技术在教育中的国际经验"(International Experiences with Technology in Education, IETE)以及 OECD 的"新千年学习者"(New Millennium Learners, NML)等。

（4）形成教育信息化指标体系

欧盟将调查问卷分成三类,分别为学生问卷、教师问卷和学校问卷。由于问卷数据具有多层次的特点,如学生层次、教师层次、学校层次,故采用多层线性模型进行数据分析。欧盟在分析和描述调查结果时,对存在的问题进行了诊断,并提出了干预措施。在对指标进行修订后,形成了最终的教育信息化指标体系。

四、欧盟教育信息化指标内容[①]

1. 教育信息化主题

欧盟中小学教育信息化指标体系包括 5 个主题,如表 1-14 所示。从这些主题可以看出,该指标体系主要包含学生、教师、学校领导以及 ICT 支持四个方面。其中,有关学生的指标占据很大的比重,说明在教育信息化过程中,学生是最重要的角色,该教育信息化指标最终目标是促进学生发展。学生学习 ICT 和利用 ICT 进行学习的机会是影响学生 ICT 能力的关键因素,因此欧盟把它作为考察教育信息化的一个重要指标。教师是推进和落实教育信息化的关键因素,而教师培训是促进和提高教师 ICT 能力以及利用 ICT 开展教学活动能力的有效途径,所以应当把"教师培训"作为考察学校教育信息化的一个指标。"学校领导力"是指学校领导管理者在 ICT 方面的专业素养和能力。当前在全球化、信息科技及知识经济的大背景下,学校和教育系统的管理方式面临巨大挑战,学校领导如何应对、如何变革、如何管理 ICT 相关方面显得急迫而重要。欧盟很重视中小学的学校领导力,把它作为教育信息化一项重要指标,说明要实现教育信息化,学校领导力是一个非常关键的因素,应该加以重视和培养。"ICT 支持"不是指硬件方面的支持,而是 ICT 支持教师进行教学的程度,即教学应用的程度。欧盟中小学把 ICT 的教学应用放在重要位置,而不是 ICT 基础设施建设,由此可见,充分利用好 ICT 为教学服务,才是实现教育信息化的有力保障。

2. 教育信息化指标领域

欧盟中小学教育信息化指标体系包括 12 个指标领域,如表 1-14 所示。"学习 ICT 和利用 ICT 进行学习的机会"包含 4 个指标领域,这 4 个指标领域主要包括学生利用 ICT 进行学习的活动类型、学生使用 ICT 进行合作与交流的程度、学生在学校使用 ICT 的活动类型以及其在学校使用 ICT 的程度。从这些指标领域可以看出,学生使用 ICT 的程度和活动类型是考察教育信息化体现在学生方面的重要指标。在"学生的能力和态度"方面,包括 2 个指标领

---

① 以下内容引自卢双奇、赵建华:《欧盟中小学教育信息化指标体系分析与启示》,《中国教育信息化》2013 年第 21 期,第 14~17,21 页。

域,分别为学生利用 ICT 完成作业的能力和学生使用 ICT 学会学习的能力。当今正处在一个科学技术与社会快速发展的时代,一个人若想要在社会上处于有利的地位,就必须成为一个终身学习者,所以,使用 ICT 学会学习的能力,对社会和个人都是至关重要的。值得关注的是,欧盟还为中小学生制定了 5个关键技能,分别为阅读素养、数学和科学、语言技能、ICT 技能和学习技能,要求学生利用 ICT 提高这五方面的能力。关于"教师培训"方面,有 4 个指标领域,主要强调教师利用 ICT 进行教学的能力。"学校领导力"只有 1 个指标领域,主要是指学校领导创新性管理 ICT 的能力。学校领导对教育信息化的重视程度以及他们在 ICT 方面的素养和能力,直接影响学校教育信息化的进程和效果,因此需要把学校领导力作为教育信息化的重要指标。"ICT 支持"也只有 1 个指标领域,主要指 ICT 支持教师教学(备课、课堂管理、评估等)的程度。

总的来说,欧盟中小学教育信息化指标更关注学生,把学生应用 ICT 的相关指标作为核心指标,同时,也十分重视 ICT 在教学中的应用程度。

五、分析与启示

欧盟构建的教育信息化指标体系是较完善和成熟的,且其研究过程科学、具体,值得我们学习。下面是根据分析和研究欧盟教育信息化指标体系得出的一些启示。

1. 确立目标,构建指标的概念模型

教育信息化指标体系的制定是有目的的行为,它支配着教育信息化建设和发展的整个活动。教育信息化指标体系制定目标不同,会有不同的评价内容和评价标准。因此,在构建教育信息化指标体系时,要明确定位好目标,即构建教育信息化指标体系的目的是什么？要达到怎样的效果？另外,建立科学的教育信息化指标体系,首先要构建指导指标制定的概念模型,才能拟定详细的指标。如欧盟是根据分析政策文件,从中抽取出各成员国的共同目标以及与 ICT 相关的主题,从而构建出教育信息化的概念模型,并以该模型为依据,构建出教育信息化的指标。

2. 借鉴已有教育信息化指标的经验,获取可用指标与数据

欧盟分别从国际层面和国家层面,分析与研究有关教育信息化评估的经验,从中获取可用的指标与数据。构建我国教育信息化指标体系,同样可以借鉴国际上或其他地区有关教育信息化指标体系构建的经验和方法,并从中提取可用的指标和数据,为我国所用。

3. 确定核心指标

核心指标是教育信息化指标体系的灵魂,它能够反映教育信息化最重要、最本质的问题。因此,制定教育信息化指标体系时,要在充分分析与研究教育信息化的基础上,确定核心指标。例如,欧盟根据分析政策文件以及专家调查,把关注点落在学生身上,确定了"学生学习 ICT 和利用 ICT 进行学习的机会""学生的能力和态度"为核心指标。

第四节　联合国教科文组织教育信息化标准

联合国教科文组织是各国政府间讨论关于教育、科学和文化问题的国际组织,致力于通过教育、科学和文化来促进国际合作,并为世界和平和安全做出贡献。在教育信息化领域,联合国教科文组织重点关注三个领域,即各国国家相关战略和政策、ICT 基础设施在教育中的应用情况、教师专业发展。联合国教科文组织在这三个领域针对多个项目开展数据收集、统计分析和观察,以便对教育信息化未来发展和标准制定提出建议。

联合国教科文组织统计研究所(UIS)研究并开发的教育信息化指标体系对推动全球教育信息化发展意义重大。亚太地区教育信息化绩效指标体系是联合国教科文组织构建的一整套指标体系,用于测量信息技术对亚太地区教育领域的影响。绩效指标最初产生于 2002 年 8 月在菲律宾召开的专家研讨会。在初步构建完成后,该体系首先在印度、菲律宾和泰国三个国家进行了初步试验,经过进一步完善后,逐步被亚太地区其他国家所应用,取得了良好的效果。①

一、联合国教科文组织推进教育信息化发展概况

联合国教科文组织教育计划中的教育信息化的整体目标是协助成员国充分发挥信息通信技术的潜力,实现全民优质教育。近十年来,依据该目标,联合国教科文组织努力发挥其标准制定者、能力建设者、新教育思想的实验田、新知识分享者和国际合作的催化剂这五个主要功能,如表 1-15 所示。依托其设在全球的网络办事处、机构及合作方,联合国教科文组织致力于为各成员提供制定教育信息化的政策、策略建议,支持成员解决所面临的挑战。

---

① UNESCO.ICT in Education in the Asia-Pacific Region:Progress and Plans[M].Prakanong:UNESCO Asia and Pacific Regional Bureau for Education,2007.

表 1-15　联合国教科文组织推进教育信息化发挥的五项功能

	政策	教师	移动学习	开放教育资源
标准制定	-	-	-	-
能力建设	-	-	-	-
实验新教育思想	-	-	-	-
新知识分享	-	-	-	-
催化国际合作	-	-	-	-

联合国教科文组织在教育信息化领域所关注的重点专题如下。

（1）教育信息化政策

联合国教科文组织重视成员国教育信息化政策的制定和实施。为此，联合国教科文组织在教育部门设立了专门负责研究和推进教育信息化工作的机构——ICT 教育应用部，并依托该部门开展了大量的政策研究和管理工作，极大地推动了成员国教育信息化政策的制定与实施。

（2）教育信息化成果评估

评估工作是信息化实践效果检验的重要阶段和步骤，也是开展国际比较的主要方式。为了促进成员国之间围绕教育信息化开展合作与交流，联合国教科文组织借助评估的桥梁作用，实现对教育信息化成果的应用推广。

（3）教师教育信息技术能力培训

教师是教育信息化建设的中坚力量，也是信息技术教学应用的实践者。因此，教师对信息技术应用的掌握情况，决定了教育信息化建设的成效。世界各国均将教师信息技术应用能力培训作为推进教育信息化建设的重要工作和内容。联合国教科文组织在教师信息技术能力培训方面做了大量工作，制定了教师信息技术能力相关标准，对成员国开展教师培训的经验和成果进行系统总结，并面向成员国，尤其是落后国家和发展中国家开展了大量的教师培训工作。

（4）移动学习

移动学习具有很强的灵活性，不受学习地点和时间的影响。尤其是在手机等智能移动终端的日益普及的条件下，移动学习正在成为一种重要的学习形式。联合国教科文组织在探讨和推进移动学习方面做了大量工作，在巴黎总部每年举办"移动学习周"，推动移动学习在普及教育、终身学习、现代教育中的应用。

（5）开放教育资源

2002 年由休利特基金会赞助、联合国教科文组织举办的开放式课件论坛首次提出了"开放式教育资源"(OER)概念,在 2012 年在巴黎召开的"世界开放教育资源大会"也呼吁各国政府支持 OER 发展并推动 OER 广泛使用。从 2002 年至今,联合国教科文组织与学习联盟通过一系列活动、论坛和发布的倡议等行动引起了世界各个国家和机构层面的关注,并进一步认识到建设 OER 对提升国家整体优质教育的重要性。《高等教育中的开放式教育资源指南》《巴黎开放式教育资源宣言》等文件的发表和宣传获得了他们对 OER 在建立认识,培养能力和制定政策方面的支持,推动了 OER 的建设和发展。

总体来说,联合国教科文组织在教育信息化战略上确立了不同的重点领域,每个领域都有具体的行动计划和成果(如表 1-16 所示)。例如,在不久的将来,国家层面的 ICT 政策应作为新时代政策的重要环节,届时联合国教科文组织将会收到来自各区域的相关报告。在衡量 ICT 对教育的影响方面,许多国家和组织也做过不少的工作和努力:针对"一对一"的教学方法,欧洲委员会开展了积极地分析工作;联合国教科文组织出台了有关移动学习的政策,包括考虑教师如何使用移动电话进行教学,同时也为学生和教师组织一些活动;经济合作与发展组织在儿童使用的安全问题上构建了政策框架。OER 和开放教材在未来十年毫无疑问将吸引决策者的密切注视,因为这方面的材料正在新兴市场蓬勃发展,今后将是不可避免的发展趋势。

表 1-16   联合国教科文组织教育信息化战略:优先领域和主要成果

政策领域	行动路线	成果
政策	1.1 政策讨论 1.2 高级政策论坛 1.3 政策分析 1.4 政策制定者的能力建设	全球和区域论坛 工具包和研讨会 政策分析的发布 计算机时代的教育信息化政策
监督和测评	2.1 教育信息化指标 2.2 区域调查	教育信息化影响的区域报告
教师	3.1 教师的 ICT 能力框架(ICT-CFT) 3.2 支持教师的个人发展 3.3 培养创新	教师教育学院的机构能力建设 一对一的教学法

续表

政策领域	行动路线	成果
移动学习	4.1 移动学习政策 4.2 移动识字 4.3 移动支持教师 4.4 移动阅读	政策指南 全球论坛 教师使用移动设备的模型 移动识字的案例研究
学生的数字化能力	5.1 在 21 世纪技能背景下的数字化能力 5.2 电子安全 & 电子规范	学生的数字化能力框架 电子安全的政策指南
开放教育资源	6.1 OER 政策 6.2 OER 服务于识字 6.3 OER 服务于教师	OER 政策工具包 开放教材

资料引自:苗逢春,章瑚纬.联合国教科文组织教育信息化战略:面临挑战、重点领域和主要成果[J].世界教育信息,2013(19):9~14.

二、联合国教科文组织教育信息化标准建设概况

为了进一步提高亚太地区的教育质量以及促进信息技术在亚太地区教育领域中有效发挥应用,联合国教科文组织于 2002 年推出了教育信息化项目。该项目主要由日本"信托基金"(Funds-in-Trust)资助,历时六年(2002—2008年),涵盖六大领域:教育政策、教师教育、教与学、非正式教育、监控和测量变化以及研究和知识共享。六个领域内各设有一个或多个子项目,教育信息化绩效指标体系就是监控和测量变化领域中的子项目。联合国教科文组织认为,一套有效的教育信息化绩效指标不仅能够对各个国家和地区起到变革催化剂的作用,还能成为政府制定政策的依据,并指导国家或地区在教育信息化方面实现更加全面、快速的发展。

21 世纪初,亚太地区在教育领域实施了信息技术应用项目,但在教育信息化绩效测量方面一直存在一些问题。首先,尽管教育界已经达成教育信息化能够促成教学质量提高的共识,但当时支撑该观点的数据十分有限,已有的一些数据在信度上也存在一些问题。一套科学、标准的测量工具对于检测该观点非常有必要。其次,对于信息技术在什么时间、何种条件下能够最大限度地辅助教育的问题,实证性的数据也为数不多。而这种证据的缺乏在亚太地区显得尤为严重。另外,亚太地区开展的一些教育信息化项目存在一定的盲目

性,没有遵循国际认可的标准、方法和指标,这就使测量绩效的任务变得更加复杂。总之,数据和指导的缺失使教育信息化监测工作变得十分困难,难以为政策制定提供指导及改进建议。因此,针对教育信息化项目推出的绩效指标体系子项目,能够有效地应用在亚太地区信息化对教育影响的监测方面。①

三、联合国教科文组织教育信息化指标研制过程

针对亚太地区教育信息化发展,联合国教科文组织从 2002 年起开展了一个大型项目——"亚太地区创新为发展服务计划",在 2002—2006 年间,完成教育信息化绩效指标项目子项目检测测量变化,制定并完善了教育信息化指标体系。

1. 目标

基于 2006 年亚太地区教育信息化指标成果,在 2007 年测量教育信息化研究项目中,联合国教科文组织教育信息技术研究所为了更好地了解 ICT 教育应用现状、需求与发展,比较联合国教科文组织成员国家的教育进展,考察新的技术在全球教育中的作用,特开展了 ICT 教育应用指标项目,着重考虑以下问题:

(1)满足不同国家的状况;

(2)建立具有国际可比性的指标,收集、产生具有国际比较性的数据;

(3)建立可靠的基础,用以日常监测各个国家教育信息化的发展;

(4)减轻国家的负担。

2. 合适指标的选择

经过前期的项目积淀,研究团队在确定合适评价教育信息化指标时,最先被考虑称为"好指标"的 6 条选择标准,分别是:能够反应政策;数据可靠;数据易收集;指标易计算;指标易理解和使用;设置标准和监测的可信性高。

3. 确定概念模型

联合国教科文组织认为教育信息化学校层面和系统层面对于 ICT 的重视程度和实施力度会直接影响作为学校核心的教师,而教师的信仰和行动又直接体现在信息化教学过程中,影响教学效果和学生 ICT 的水平素养等。同时,信息技术教育应用中基础设施、人力资源、政策管理等的数据依赖于学校的提供,而教学过程中 ICT 使用的信息数据可以从教师和学生层面上获取,ICT 应

---

① 卢丹,解月光,魏国宁.UNESCO 亚太地区教育信息化绩效指标体系的诠释与启示[J].外国教育研究,2013(5):88~94.

用结果的输出数据必须聚集在学生层面上。基于以上共识,联合国教科文组织提出了一个针对教育中 ICT 应用评估的理论框架,如图 1-5 所示,该理论框架为整个评估机制提供了有力的支撑。①

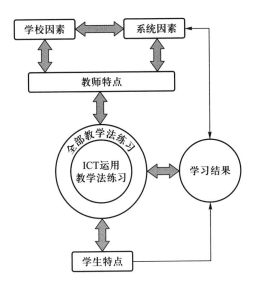

图 1-5 联合国教科文组织关于教育中 ICT 应用评估的理论框架

4. 指标开发的过程

该指标体系主要涉及 ICT 相关政策战略、基础设施利用率和教师专业发展 3 个方面。根据亚太地区国家教育信息化发展的不同程度,将其划分为 4 个阶段,分别是起步阶段、应用阶段、融合阶段和变革阶段。主要指标领域包括:

(1)基于信息技术的政策和策略;

(2)技术结构及其使用;

(3)信息技术课程;

(4)教学及教学支持人员;

(5)学习过程及成果。②

指标开发的过程时间表如表 1-17 所示。

---

① Carstens,R.,Pelgrum,W.J.Second Information Technology in Education Study:SITES 2006 Technical Report[EB/OL].http://www.iea.nl/fileadmin/user_upload/Publications/Electronic_versions/-SITES_2006_Technical_Report.pdf.2015-03-12.

② UNESCO.Proposed Set of Indicators for ICT in Education[EB/OL].http://www.unescobkk.org/?id=999.2015-03-12.

表 1-17　指标开发的过程时间表

时间	过程描述
2006—2007 年	区域协商
2007 年	全球范围的调查
2008 年	在会议上对指标的详细规范进行第一次提议
2009 年	联合国采用其统计研究所提议的核心指标
2009 年	对新的问卷调查原型在 25 个国家进行测试
2009 年	审查、验证并发布指标参考指南
2010 年	在拉丁美洲进行区域调查

四、联合国教科文组织教育信息化指标确定

教育信息化指标制定的最后阶段需要与统计分析紧密结合,以得到一个评价结果,故在设计其构成时有如下一些要素需要考虑并界定明确,以方便执行和实施:

(1)统计定义;

(2)目的;

(3)数据要求及计算方法;

(4)收集方法;

(5)解释;

(6)方法问题及限制。

联合国教科文组织认为信息技术教育应用中基础设施、人力资源、政策管理等的数据依赖于学校;教学过程中 ICT 使用的信息数据可以从教师和学生层面获取;ICT 应用结果的输出数据应聚集在学生层面上。

2009 年,联合国教科文组织正式发布了教育信息化评估指标(标准),用于测量和评价教育中的 ICT 应用情况。在具体指标项构建过程中,联合国教科文组织对每个指标的构成要素进行了详细的界定说明,包括:定义、目的、数据要求及计算方法、收集方法、分析与解释、方法问题及限制等。[1] 联合国教科文组织将教育信息化各指标项目分为八个概念领域,如表 1-18 所示。

---

[1]　UNESCO. Guide to Measuring Information and Communication Technologies (ICT) in Education [EB/OL].http://www.uis.unesco.org/Library/Documents/ICT_Guide_EN_v19_reprintwc.pdf.2015-03-13.

表 1-18　联合国教科文组织教育信息化评估指标框架

概念领域	指标数量
政策承诺（Political commitment）	10
公立-私立学校的参与（Public-private partnership）	5
基础设施（Infrastructure）	20
教师发展（Teaching staff development）	8
教学应用（Usage）	4
参与、技能和输出（Participation, skills and output）	6
结果和影响（Outcomes and impact）	3
公平性（Equity）	2

在每一个概念领域下，联合国教科文组织又提出各个领域的详细测量指标及测量方法，详见附录二。

五、分析与启示

1. 结合实际情况定义信息技术应用的具体形式

由于信息技术是对管理和处理信息所采用的各种技术的总称，它在不同领域甚至是不同区域内的表现形式会存在一定程度的差别。所以只有明确了该概念所包含的具体范畴，才会使我们在确立具体指标尤其是与基础设施相关的指标时做到有据可循。例如，在考察教育信息化绩效的时候，一些只应用于企业管理方面的信息技术表现形式就可以排除在定义之外。即使都在教育领域中考察信息技术所带来的影响，针对不同区域特征，定义也需要有所不同。具体到我国的实际情况，如果考察我国农村区域目前的教育信息化绩效水平，各种手机功能所带来的新技术在目前就没有必要纳入定义中。

2. 确立每个发展阶段的关键指标

联合国教科文组织教育信息化评估指标体系在对各发展阶段进行描述的同时，又指出了每个发展阶段中最值得关注的指标。我们可以把这些指标理解成每个发展阶段的关键指标。该概念在我国现存的指标模型和体系中暂时是缺失的。确立关键指标的意义包括：① 关键指标能够帮助确立评估对象的发展阶段。尽管通常阶段定义中对每个阶段的发展状态都有详尽的描述，但这些描述并没有具体到指标项，这就给评估者为评估对象进行阶段定位的工作造成了一定的困难，而通过考察关键指标的满足情况可以成功地解决该问题。② 关键指标能够帮助评估者对评估对象提出建议和指导。进行教育信息化绩效水平评估的目的之一是引导评估对象成功迈向下一阶段。关键指标能够帮助评估者为评估对象提供指导、指明方向,促进其绩效水平进一步提高。

3. 教育信息化指标体系应具有国际可比性

当前,各国都在紧紧抓住信息高速公路和互联网这一信息技术发展的大好时机,大力推进教育信息化建设工作,教育信息化程度已成为国家竞争力水平高低的重要标志。因此,我国教育信息化水平的测度和指标体系的确定,必须考虑如何同其他国家和地区的教育信息化水平进行比较。

第五节　国际电信联盟信息化发展评估标准

信息化发展指数(Informatization Development Index,IDI),也称信息和通信技术发展指数,是由国际电信联盟(International Telecommunication Union,ITU,简称"国际电联")将两个重要的信息化评价指数综合而成的,一个是国际电联在2005年提出的数字机遇指数(DOI);另一个是国际电联在2005年改进而成的信息化机遇指数(ICT-OI)。该评估标准影响范围大,对推动世界信息化发展进程起到了重要作用,且其研发过程和方法对于我们制订教育信息化指标和标准具有较大的借鉴意义。

一、国际电联推动信息化发展概况

国际电联是联合国机构中历史最长的一个国际组织。国际电联是主管信息通信技术事务的联合国机构。

国际电联的使命是使电信和信息网络得以增长和持续发展,并促进普遍接入,让世界各国人民都能参与全球信息经济和社会并从中受益。自由沟通的能力是建设更加公平、繁荣与和平的世界的必不可少的前提。为使该愿景成为现实,国际电联将帮助各成员国调动必要的技术、财务和人力资源。

国际电联电信发展部门(ITU-D)成立的目的在于帮助普及以公平、可持续和支付得起的方式获取ICT,以此作为促进和加深社会和经济发展的手段。每四年召开一次的世界电信发展大会(WTDC)确定切实可行的工作重点以帮助实现上述目标。

国际电联现有193个成员和700多个部门成员及部门准成员。总部设在日内瓦。我国由工业和信息化部派常驻代表。国际电联使用六种正式语言,即中、法、英、西、俄、阿拉伯文。国际电联是联合国的15个专门机构之一,但在法律上不属于联合国附属机构,它的决议和活动不需联合国批准,但每年要向联合国提交工作报告。联合国处理电信业务的部门通常以顾问身份参加国际电联大会。

二、国际电联信息化标准建设概况

国际电联因标准制定工作而享有盛名,标准制定是其最早从事的工作之一。身处全球发展最为迅猛的行业,电信标准化部门坚持走不断发展的道路,简化工作方法,采用更为灵活的协作方式,满足日趋复杂的市场需求。

来自世界各地的行业、公共部门和研发实体的专家定期会面,共同制定错综复杂的技术规范,以确保各类通信系统与构成当今繁复的 ICT 网络与业务的多种网元实现无缝互操作。

合作使行业内的主要竞争对手握手言和,着眼于新技术,达成全球共识。国际电信联盟-技术标准(ITU-T 标准,又称建议书)是作为各项经济活动命脉的当代信息和通信网络的根基。

对制造商而言,ITU-T 标准是他们打入世界市场的方便之门,有利于在生产与配送方面实现规模经济,因为他们深知,符合 ITU-T 标准的系统将通行全球:无论是对电信巨头、跨国公司的采购者还是普通的消费者,这些标准都可确保其采购的设备能够轻而易举地与其他现有系统相互集成。

现在人们使用的工作方法与传统依靠纸张的工作程序大不相同,传统程序使标准协议的达成过程冗长而烦琐。20 世纪 90 年代末问世的电子工作方法,加上 2001 年对批准程序的重大调整,使通过最终技术文案的时间缩短了 95%。

然而,如果说五年前程序改革是 ITU-T 议程的重心,那么,今天的主旨基调便是合作与协作。

如今人们对 ICT 市场的普遍看法是绝不可特立独行。为此,ITU-T 标准在过去八年间以高屋建瓴的姿态与其他标准制定组织开展了合作,其中包括从大型行业实体到小型技术团体。国际电联作为唯一一家实至名归的全球性 ICT 标准化组织,在召集全球 ICT 标准化团体的资深人士方面发挥着主导作用,它促进了国际组织之间的合作并避免重复工作。

旨在弘扬合作精神的活动通常包括与行业团体合作,定期就行业热点议题举办研讨会等。此类研讨会不仅可以作为加强标准制订协调工作的平台,亦可促进对新技术迅速发展不可或缺的知识共享。ITU-T 标准最近的举措是为了吸引学术界更多参与,并鼓励青年才俊熟悉国际电联工作。

电信标准化部门面临的主要挑战之一是不同产业类型的融合。随着传统电话业务、移动网络、电视和无线电广播开始承载新型业务,一场针对通信和信息处理方式的变革已拉开序幕。

当初的变革使仅有电报的世界诞生了有线电话,随后无线电、卫星系统、光纤网络和蜂窝移动业务相继面世。今天,ITU-T标准在创建新的融合环境中仍一如既往地发挥着核心与关键作用。ITU-T标准负责协调全球开展的工作,促进技术进步与标准制定的公正性,为确保新技术和设备在全球广受青睐并使各方达成共识。

IDI是一个可以监测和评估不同国家ICT发展水平,并进行国际比较的评测工具。2007年,国际电联首次发布衡量信息社会报告。截至2014年,国际电联共累计发布了7次衡量信息社会报告,对推动国际信息化发展发挥了积极作用。

三、国际电联信息化指标研制过程

IDI的研制过程包括4个不同的步骤,分别是建立目的和概念框架、指标选择、指数的计算模型生成、定期改善。

(一)建立目的和概念框架

IDI的目的是为了测量信息和通信技术的发展水平,主要内容包括:

(1)单个国家信息和通信技术的发展水平和发展过程的比较;

(2)发达国家和发展中国家信息化发展过程:指数应该是全球性的,反映的变化应该是发生在不同ICT发展层面的国家;

(3)数字鸿沟,即信息化发展不同层次国家之间的差异;

(4)信息和通信技术的发展潜力,或根据现有的能力和技能,国家可以在多大程度上利用信息通信技术促进增长和发展。

基于上述目的,国际电联建立了一个面向知识社会的国家信息化发展过程框架(如图1-6所示),包括三个阶段。

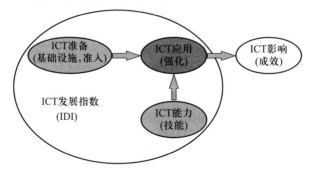

图1-6　国际电联信息化发展模型概念框架

1. 准入阶段

该阶段评估的重点是判断是否有适当的基础设施连接到网络,并且人们能否很方便地利用这些基础设施。

2. 强化阶段

描述一个社会可以利用 ICT 开展各种各样的社会活动。ICT 对社会生活的各个方面产生影响,并成为社会发展的重要支撑。

3. 成效阶段

主要从 ICT 所产生影响的层面对其进行描述。该阶段是信息和通信技术发展的最后阶段,能够有效驱动社会发展。

这三个阶段分别受三个因素的影响:ICT 的准备阶段主要受信息技术的可获得性影响,主要包括 ICT 基础设施的获得便利性和稳定性;ICT 的强化阶段主要受信息技术的应用影响,主要包括对信息技术的熟练使用和高级应用;在第三个阶段,ICT 技能同 ICT 使用整合在一起并指向 ICT 影响阶段。ICT 技能是指熟练使用 ICT 的能力。该框架认为社会的发展将会随着信息技术影响的变化而发生变化。所以,国际电联认为一个指标并不能全面涵盖三个阶段的所有因素,但是一个指数体系可以涵盖所有因素,因为它是一个多指标综合系统。[①]

（二）指标选择

ICT 获取的子指标可以从概念模型框架中抽取出来:ICT 使用和 ICT 技能,分别包含三个一级指标。二级指标主要是基于下面三个准则进行选择和抽取的。

1. 某项指标对于整个 IDI 框架目标和概念的相关性

指该项指标是否同概念框架的目标高度相关。如,选择的指标需要同时测量发达国家和发展中国家 ICT 发展过程,而这一指标能够反映概念框架三个组成部分的任何一个。

2. 数据的可获得性和数据质量

指数据收集的可用性和数据的质量。由于 IDI 是一个全球指标评估体系,所以,需要收集来自全球很多国家的大量数据。但很多与信息通信技术相关的数据在获得时,具有较大难度,尤其是在家庭层面,在发展中国家更是如此。此外,指标还需要包括分项数据中收藏的数据。除非该数据可以直接获取,否则,要采用其他的更易获取的指数项来替代。

[①]　ITU.Measuring the Information Society [R].Geneva:International Telecommunication Union(ITU),2013.

3. 多种统计结果的分析

指对多种测量数据统计结果的分析。数据统计和分析会对各项指标进行检验,其中主成分分析适用于识别数据的特性,并且有助于探讨不同维度之间的指标数据是否平衡。

基于上述三个准则,ITU 对指标进行了选择。随着时间和技术的变化,更多的数据变得可测可用。因此指标项随着时间也会发生相应变化,以反映信息通信技术的发展情况。2013 年共有 11 项指标被包含在 IDI 指标体系中。

(三)指数的计算模型生成

所选择的指标项主要按照如下四个步骤进行计算,然后生成指数计算模型,并以此形成最终结果。

1. 为完整数据集做准备

准备一个可以用来分析的完整数据集,包括利用各种数据分析技术填充缺失值。

2. 数据标准化

将指标数据值标准化为相同测量单位的数字,一般选择使用的标准化方法是等距离相关值测量。距离的基准值是 100 或通过数据分析所得到的触动数值。

3. 重新换算数据

为了比较指标项和子指标项之间的数值,将数据在 0~10 之间进行重新换算。

4. 指标和分指数的权重

主要基于 PCA(主成分分析)的方法确定,通常采用的方法是将 ICT 的可获得性和应用两个维度分别赋权重 40%,而技能维度赋权 20%。

(四)定期改善

虽然最新的版本所采用的基本方法论和第一版报告发布时保持一致,但是监测的指标项每年都在进行小幅调整。由于信息和通信技术产业的发展和数据可获得性的不断变化,各领域专家会定期进行讨论并交换意见。因此,标准体系所包含的维度和分项指标项每年都会调整。同时,如果一个更好的指标可以用于技能分项指数当中的话,该分项指数的权重也可以进行调整。

四、国际电联信息化指标确定

(一)权重的确定

IDI 由三个大的维度组成。这三个维度是从指标研究框架中抽取出来,可以反映国家层面信息化的发展和演化规律。每一个维度都由若干个指标项组成,每一个指标项包含了若干个子指标项,这些子指标项是通过阈值的计算得来的。10分制的总IDI由反映分项指数的权重值计算得出,具体子指标基准值和权重如表1-19所示。

表1-19 IDI信息化标准

	指标	阈值	%	权重
ICT接入				
1	每100位居民的固定电话用户数	60	20	
2	每100位居民中移动蜂窝电话用户数	190	20	
3	每位互联网使用者的平均网络带宽(字节)	100 000	20	40
4	计算机的家庭拥有率	100	20	
5	互联网的家庭接入率	100	20	
ICT应用				
6	个体使用互联网的比例	100	33	
7	每100位居民中有线宽带用户数	60	33	40
8	每100位居民中无线宽带网络用户数	100	33	
ICT技能				
9	成人识字率	100	33	
10	高中阶段教育毛入学率	100	33	40
11	高等阶段教育毛入学率	100	33	

(二)阈值的确定和数据标准化

信息化发展指数的阈值,是根据便于比较各国的差距及每年的变化等因素来确定的;标准化方法的确定,是从观察数字鸿沟的目标出发来选择标准化公式的,如表1-20所示。[①]

表1-20 IDI信息化标准各具体指标阈值和标准化公式

指标	阈值	标准化公式	标准化值	指数计算公式
ICT接入				
每100位居民的固定电话用户数	60	a/60	Z1	Z1 * 0.2
每100位居民中移动蜂窝电话用户数	150	b/150	Z2	Z2 * 0.2
每位互联网使用者的平均网络带宽(字节)	100 000	Log(C)/100 000	Z3	Z3 * 0.2

---

① 国家统计局科研所信息化水平的国际比较研究课题组.国际电信联盟的信息化发展指数(IDI_{ITU})国际比较[J].中国信息界.2010(4):71-76.

续表

指标	阈值	标准化公式	标准化值	指数计算公式
ICT 接入				
计算机的家庭拥有率	100	d/100	Z4	Z4 * 0.2
计算机的家庭拥有率	100	e/100	Z5	Z5 * 0.2
ICT 应用				
个体使用互联网的比例	100	f/100	Z6	Z6 * 0.33
每 100 位居民中有线宽带用户数	60	g/60	Z7	Z7 * 0.33
每 100 位居民中无线宽带网络用户数	100	h/100	Z8	Z8 * 0.33
ICT 技能				
成人识字率	100	i/100	Z9	Z9 * 0.33
高中阶段教育毛入学率	100	j/100	Z10	Z10 * 0.33
高等阶段教育毛入学率	100	k/100	Z11	Z11 * 0.33

（三）总指数与分类指数计算公式

总指数与分类指数计算公式如表 1-21 所示。[①]

表 1-21   IDI 总指数与分类指数的权重和计算公式

指标	指数计算公式	权重
ICT 接入分指数（L）	y1+y2+y3+y4+y5	
y1. 每 100 位居民的固定电话用户数	Z1 * 0.2	
y2. 每 100 位居民中移动蜂窝电话用户数	Z2 * 0.2	
y3. 每位互联网使用者的平均网络带宽（字节）	Z3 * 0.2	0.4
y4. 计算机的家庭拥有率	Z4 * 0.2	
y5. 计算机的家庭拥有率	Z5 * 0.2	
ICT 应用分指数（M）	y6+y7+y8	
y6. 个体使用互联网的比例	Z6 * 0.33	
y7. 每 100 位居民中有线宽带用户数	Z7 * 0.33	0.4
y8. 每 100 位居民中无线宽带网络用户数	Z8 * 0.33	

①   国家统计局科研所信息化水平的国际比较研究课题组.国际电信联盟的信息化发展指数（IDI_ITU）国际比较[J].中国信息界.2010(4)：71-76.

指标	指数计算公式	权重
ICT 技能分指数（N）	y9+y10+y11	
y9. 成人识字率	Z9 * 0.33	
y10. 高中阶段教育毛入学率	Z10 * 0.33	0.2
y11. 高等阶段教育毛入学率	Z11 * 0.33	

五、分析与启示

1. 教育信息化指标应具体、可操作

教育信息化指标体系应围绕评价目标、概念模型,全面完整地反映教育信息化的整体情况,指标含义要清晰。同时,每一具体指标要简便实用,便于收集和统计分析。另外,指标的定义、目的、收集方法、数据源以及计算都要非常明确,可操作性强。如欧盟对指标的计算方法非常简单,只用统计百分比的方法进行计算。

2. 教育信息化指标应反映国家政策

教育信息化是社会信息化的一个重要组成部分。一方面,构建教育信息化指标不仅要考虑国家信息化指标体系及信息化的要素,而且要充分考虑我国国情,要与我国基础教育信息化建设的方针政策相一致,要符合国家信息化评价标准,体现教育信息化活动的实际和特点。另一方面,也要充分考虑我国经济发展的不平衡性,要与各地的教育发展基础相一致。

第二章
我国教育信息化标准建设

信息技术及其应用对教育教学观念、方式、内容等产生深刻影响，在教育面临新要求、新挑战的同时，也为教育变革与发展创造了新的增长点和机遇。以教育信息化促进教育现代化成为教育改革的重要战略，世界各国普遍掀起了教育信息化建设的浪潮。《国家中长期教育改革和发展规划纲要（2010—2020年）》明确提出将"加快教育信息化进程"作为重要内容。《教育信息化十年发展规划（2011—2020年）》则将教育信息化标准的制定完善与推广应用作为我国教育信息化建设与发展的一项重要内容。

本章以国家教育信息化相关标准建设为切入点，首先对国家制定的包括《中小学教师教育技术能力标准（试行）》《中小学教师信息技术应用能力标准（试行）》《中小学校长信息化领导力标准（试行）》在内的部分标准的建设及实施情况进行梳理和分析。在此基础上，对上海市、广东省、江苏省、陕西省的教育信息化标准建设情况进行分析。通过横向、纵向比较分析，得到我国不同区域之间教育信息化标准建设的共同点和差异性。

第一节 我国教育信息化发展概况

自1989年国家正式颁布《国家教育管理信息系统总体规划纲要》以来，中国教育信息化走出了一条具有中国特色的发展道路。其中里程碑式的建设成就包括：从1993年开始建立的中国教育和科研计算机网（CERNET），到2000年开始普及的信息技术教育和全面实施"校校通"工程，再到2001年开始的教育政府信息化；从"十二五"期间的"三通两平台"建设，到"十三五"期间"信息技术与教育教学的深度融合"。二十多年来，中国教育信息化的建设与发展取得了巨大的成就，同时，也面临着重大的机遇和挑战。整体上来说，利用现代信息技术促进教育教学变革，已经成为中国教育信息化建设的主要目标和未来的发展方向。

一、我国教育信息化发展历程

我国基础教育信息化发展，从 20 世纪 80 年代初期至今，经历了"信息技术课程、课程整合、网络教育"三个发展阶段。大多数学校经历了"三步走"的历程：

第一步：购买个人电脑，用于办公和备课；

第二步：建立电脑教室，为学生配备电脑，建设多媒体电脑教室，为各学科教学提供支持；

第三步：建设校园网，接入互联网，共享网上资源。

我国基础教育信息化"三阶段"发展的基本特征及其运行方式如表 2-1 所示。

表 2-1　我国基础教育信息化发展的三个阶段

阶段/时间	基本特征	运行方式	热点领域
第一阶段：20 世纪 70 年代末—80 年代中期	计算机学科教学；让学生掌握信息技术的基础知识和技能；"程序设计是第二文化"	开课年级从高中、初中，再到小学；课程形式从选修课到必修课；课程内容开始主要是程序设计，后来增加了应用软件的操作与使用；课程名称由"计算机课"变成"信息技术课程"	信息技术课程
第二阶段：20 世纪 80 年代中后期—90 年代中期	计算机辅助教学与计算机辅助管理；开发教学、管理软件、课件，计算机作为一种工具；"计算机与基础教育相结合"	教学软件类型向组件、积件发展；教学平台向素材型、工具型、平台型方向发展；计算机辅助教学向强调学生主体性的"课程整合"发展；由教师自己开发课件向教师整合利用各种资源为主；建构主义教学模式成为课程整合的理论基础	课程整合
第三阶段：20 世纪 90 年代中后期	网络教育；网络教学技能、方法，网络资源建设；"建网、建库、建队伍"	建多媒体电子教室；建校园网；天网地网相结合，实施"校校通"工程；对学生开设网络课程；建网上教育资源库；研究基于网络的教学模式；探索基于网络的研究性学习；试验远程教学模式	网络教育

二、我国教育信息化发展的主要成效

"十二五"期间,我国提出了"三通两平台"这一教育信息化建设的核心目标,即推动宽带网络校校通、优质资源班班通、网络学习空间人人通,搭建教育资源公共服务平台和教育管理公共服务平台。经过各级各部门的努力,我国教育信息化建设取得了丰硕的成果,具体表现如下。

(一)教育信息化战略地位确立,各部门协同推进

教育信息化是一项系统而复杂的工程,涉及多个教育领域的多方面复杂因素。科学、规范的体制机制是实现教育信息化可持续发展的根本保障。我国高度重视教育信息化工作,于2011年成立了"教育部信息化领导小组",下设"教育部教育信息化推进办公室",具体负责教育信息化推进工作。[①] 教育部教育信息化推进办公室属于实体工作机构,内设综合组、项目协调指导组和教育管理信息化组,并配备专职工作人员。小组成员包括教育部发展规划司、财务司、科学技术司、科技发展中心、中央电化教育馆、教育管理信息中心等单位的主要负责同志。地方层面,27个省(自治区、直辖市)由行政处室(如科技处、规划处等)作为教育信息化统筹管理机构,3个省(安徽、江苏、浙江)由教育信息化领导小组办公室作为教育信息化统筹管理机构。另外,湖南省将"教育信息化推进办公室"设置为实体性处室,安排专门人员、明确行政职能、落实专项经费。

1. 在管理机构设置方面,我国各个省、市、区(县)按照教育部的要求从上到下逐步贯彻执行,与中央保持高度一致性,实现上下联动。

2. 在协调推进工作机制方面,18个省建立了包括教育、发改、财政、工信、科技等部门在内的厅际协作机制。[②] 例如江苏、辽宁、四川等省成立了教育信息化推进工作厅际协调小组,负责统筹协调,组织推进教育信息化工作。湖南省教育厅建立了"推进教育信息化联席会议"制度,组织相关职能机构作为联席会议成员单位合作推进教育信息化工作。

3. 在专业引领方面,北京、江苏、陕西、重庆、浙江等省市成立了省级教育信息化专家委员会或专家组,河南、内蒙古组建了省级培训专家库,甘肃将省内高校相关教育信息技术专家列为教育信息化领导小组成员。

---

① 教育信息化推进办公室. 教育部成立信息化领导小组及教育信息化推进办公室[EB/OL].http://www.moe.edu.cn/publicfiles/business/htmlfiles/moe/s5889/201204/134102.html.2015-07-19.

② 教育部.全国教育信息化工作专项督导报告[EB/OL].http://www.moe.edu.cn/publicfiles/ business/htmlfiles/moe/s5987/201503/185165.html.2015-07-19.

总体而言,我国教育信息化体制建设采用"五级联动"策略,即国家—省—市—县(区)—学校。各省均在教育行政部门内建立了以主要领导为组长,各业务处室参与的教育信息化领导小组,大多数省还建立了由教育行政部门牵头的跨部门协同推进机制。部分省组建了专家委员会(或专家库),重视专业引领。

(二)"政府主导、多方参与"的多元化投入格局初步形成

《教育信息化十年发展规划(2011—2020年)》指出,要建立经费投入保障机制、鼓励多方投入、加强项目与资金管理。[①] 教育信息化不是一次性投入的建设项目,而是需要持续的推进。在教育信息化建设进程中,要建立多渠道经费投入保障机制,充分发挥国家和各级政府在教育信息化经费投入中的重要作用,鼓励多方投入,加强对农村、偏远地区教育信息化建设项目的倾斜支持。各地在加大投入力度的同时,积极吸引社会团体、企业参与教育信息化建设,逐步形成了"政府主导,多方参与"的多元化投入格局。多数省份安排教育信息化专项经费,弥补经费缺口。大部分省份将教育信息化基础设施建设纳入"全面改薄"计划,给予优先保障。2015年,《全国教育信息化工作专项督导报告》指出,我国有15个省、自治区、直辖市设立了教育信息化专项经费,将信息化基础设施建设纳入"全面改薄"计划,作为重要内容予以优先保障;明确规定将生均公用经费基准定额提高部分用于教育信息化工作;各省初步建立了"政府主导、多方参与"的教育信息化建设机制。[②]

(三)教育信息化在探索中整体有序推进

近年来,随着系列重大工程和政策措施的实施,我国教育信息化建设在探索中整体有序推进,取得了积极进展。例如教育信息化的战略地位得以确立、学校网络教学环境大幅改善、优质教育资源匮乏局面明显好转等。

1. 我国教育信息化发展机制的核心是"创新"。《教育信息化十年发展规划(2011—2020年)》《2014年教育信息化工作要点》《2015年教育信息化工作要点》等政策文件均明确提出了"机制创新"。坚持机制创新是我国教育信息化建设的基本方针,具体工作方式包括明确职责、协同推进、试点引导、应用驱动、依法治信、市场作用、多方参与等。在教育信息化具体建设内容方面,也采纳了一系列推进机制,例如在宽带网络校校通建设方面,探索政府政策支持、企业参与建设、学校持续使用的推进机制;在优质资源班班通建设方面,探索

---

① 教育部.教育部关于印发《教育信息化十年发展规划(2011—2020年)》的通知[EB/OL]. http://www.moe.edu.cn/publicfiles/business/htmlfiles/moe/s3342/201203/133322.html,2015-03-24.

② 教育部.全国教育信息化工作专项督导报告[EB/OL].http://www.moe.gov.cn/jyb_xwfb/gzdt_gzdt/s5987/201503/t20150324_186570.html.2018-08-14.

企业竞争提供、政府评估准入、学校自主选择的推进机制;在网络学习空间人人通建设方面,探索政府规划引导、企业建设运营、学校购买服务的推进机制;在推动信息技术和教育教学深度融合方面,采取试点先行、分层推进的原则等。

2. 我国教育信息化建设阶段性任务明确。《2013 年教育信息化工作要点》部署了 9 个方面的 20 项重点工作,《2014 年教育信息化工作要点》部署了 7 个方面的 23 项重点工作,《2015 年教育信息化工作要点》部署了 8 个方面的 23 项重点工作。我国教育信息化建设呈现出:工作重点明确、任务具体、注重实效的特点,有效地推动了教育信息化建设与发展。

(四)教育信息化发展评估和督导工作逐步推进

自 2013 年 8 月起教育部建立了教育信息化工作月报制度,要求各省级教育行政部门负责人每月底前报送本省(区、市)当月教育信息化重点工作进展情况以及典型案例和成功的做法①。报送内容包括"教学点数字教育资源全覆盖、宽带网络校校通、优质资源班班通、网络学习空间人人通、教育资源公共服务平台、教育管理公共服务平台、教师信息技术应用能力培训、典型案例和好的做法、保障措施"等。截至 2015 年 5 月,教育信息化工作月报已发布 20 期。

教育部在教育信息化建设工作中重视专项督导工作。《2014 年教育信息化工作要点》指出,"将教育信息化工作纳入教育督导范畴,制定《教育信息化专项督导工作方案》,开展教育信息化专项督导,形成专项督导报告,督促指导各地把教育信息化工作落到实处。"②《2015 年教育信息化工作要点》进一步指出,"完成《2014 年教育信息化专项督导报告》,督促指导各地工作;制订《2015 年教育信息化专项督导工作方案》,开展年度教育信息化专项督导,进一步推动各地加快教育信息化进程,完成'十二五'目标任务。"③2015 年 3 月,教育部发布了《全国教育信息化工作专项督导报告》,总结了各地推进教育信息化工作的基本做法和主要成效,分析存在的问题,并提出理顺机制、加大统筹力度,促进信息技术与教学深度融合的督导意见。④

---

① 教育部科学技术司.关于建立教育信息化工作月报和月度视频调度会制度的通知[EB/OL]. http://www.moe.gov.cn/s78/A16/s5886/s5892/201308/t20130821_156100.html.2015-07-19.

② 教育部办公厅.教育部办公厅关于印发《2014 年教育信息化工作要点》的通知[EB/OL]. http://www.moe.edu.cn/publicfiles/business/htmlfiles/moe/s7062/201403/165870.html.2015-07-19.

③ 教育部办公厅.教育部办公厅关于印发《2015 年教育信息化工作要点》的通知[EB/OL]. http://www.moe.edu.cn/publicfiles/business/htmlfiels/moe/s3342/201503/184892.html.2015-07-19.

④ 教育部.全国教育信息化工作专项督导报告[EB/OL].http://www.moe.edu.cn/publicfiles/business/htmlfiles/moe/s5987/201503/185165.html.2015-07-19.

（五）优质教育资源开发、应用和服务机制初步形成

《教育信息化十年发展规划（2011—2020 年）》指出，"实施优质数字教育资源建设与共享是推进教育信息化的基础工程和关键环节"。[①]《2013 年教育信息化工作要点》《2014 年教育信息化工作要点》《2015 年教育信息化工作要点》均把优质教育资源建设作为一项重要工作内容。在数字教育资源共建共享机制方面，《教育信息化十年发展规划（2011—2020 年）》提出，"制订数字教育资源技术与使用基本标准，制订资源审查与评价指标体系，建立使用者网上评价和专家审查相结合的资源评价机制；采用引导性投入，支持资源的开发和应用推广；制定政府购买优质数字教育资源与服务的相关政策，支持使用者按需购买资源与服务，鼓励企业和其他社会力量开发数字教育资源、提供资源服务。建立起政府引导、多方参与的资源共建共享机制。"《构建利用信息化手段扩大优质教育资源覆盖面有效机制的实施方案》指出："建立'基础性资源靠政策、个性化资源靠市场'的资源开发机制；探索'企业竞争提供、政府评估准入、学校自主选择'的机制，组织、鼓励教材出版企业建设并提供教师备课和学生学习的基础性资源；开展'一师一优课，一课一名师'活动，充分发挥学校和教师个性化资源建设的主体作用，研究鼓励优质校本资源广泛共享的政策，形成系统开发基础性资源、有计划开发个性化资源的新格局。"

（六）教育信息化队伍建设全面推进

队伍建设是教育信息化可持续发展的基本保障，教育信息化队伍包括教育信息化管理人员、教师队伍、技术支持人员等。《国家中长期教育改革和发展规划纲要（2010—2020 年）》提出，对中小学教师实行每五年一周期的全员培训。[②] 目前，我国为推动教育信息化队伍建设实施了一系列的工程和项目，主要包括以下两个方面。

1. 2010 年起，教育部、财政部决定实施"中小学教师国家级培训计划"，[③] 包括"中小学教师示范性培训项目"（主要包括中小学骨干教师培训、中小学教师远程培训、班主任教师培训、中小学紧缺薄弱学科教师培训等）和"中西部农村骨干教师培训项目"（主要包括农村中小学教师置换脱产研修、农村中小

①　教育部.教育部关于印发《教育信息化十年发展规划（2011—2020 年）》的通知［EB/OL］.http://www.moe.edu.cn/publicfiles/business/htmlfiles/moe/s3342/201203/133322.html.2015-07-19.

②　国家中长期教育改革和发展规划纲要工作小组办公室.国家中长期教育改革和发展规划纲要（2010—2020 年）［EB/OL］.http://www.moe.edu.cn/publicfiles/business/htmlfiles/moe/moe_838/201008/93704.html.2015-07-19.

③　教育部,财政部.教育部　财政部关于实施"中小学教师国家级培训计划"的通知［EB/OL］.http://www.gov.cn/zwgk/2010-06/30/content_1642031.htm.2015-07-19.

学教师短期集中培训、农村中小学教师远程培训等）两项内容,关注中小学教师特别是农村教师队伍整体素质的提升。① 该计划通过项目形式推进实施,由审批通过的院校承担相关培训工作。

2. 2013 年 11 月,教育部决定实施"全国中小学教师信息技术应用能力提升工程"②(简称"提升工程"),其总体目标和任务包括建立教师信息技术应用能力标准体系、到 2017 年年底完成全国 1 000 多万中小学(含幼儿园)教师新一轮提升培训、开展信息技术应用能力测评、建立教师主动应用机制等。"提升工程"指出,省级教育行政部门组织实施本地区教师信息技术应用能力新一轮全员提升培训。利用信息管理系统,整合本地区项目和资源,建设教师选学服务平台,推动各地按照教师需求实施全员培训;地市及区县级教育行政部门要通过专项培训和专题教研,组织开展区域性教师全员培训。中小学校要将信息技术应用能力培训作为校本研修的重要内容,将教研与培训有机结合,重点通过现场诊断和观课、摩课等方式,帮助教师解决实际问题,促进学用结合。③

（七）信息技术与教育教学有效融合

《2014 年教育信息化工作要点》指出,要以促进深度融合为核心,坚持应用驱动、形成有效模式。④《2015 年教育信息化工作要点》指出,要强化应用驱动,促进深度融合,推动教育变革,⑤鼓励教师利用信息技术开展教学创新,支持学生个性化学习探索,促进信息技术与教育教学的融合创新。在促进信息技术与教育教学融合方面,主要通过试点引领、活动推动、教师激励等方式实施。

1. 在基础教育层面,指导开展中小学教学信息化交流活动,总结、展示、交流信息技术与教育教学融合的新技术、新方法和新成果,推动信息技术在教育教学中的合理有效应用。

---

① 教育部,财政部.教育部　财政部关于实施"中小学教师国家级培训计划"的通知[EB/OL].http://www.gov.cn/zwgk/2010-06/30/content_1642031.htm.2015-07-19.

② 教育部.中小学教师信息技术应用能力提升工程启动——到 2017 年底完成全国 1 000 万教师培训[EB/OL].http://www.moe.gov.cn/publicfiles/business/htmlfiles/moe/s5987/201311/159177.html.2015-07-19.

③ 教育部.教育部关于实施全国中小学教师信息技术应用能力提升工程的意见[EB/OL].http://www.moe.edu.cn/publicfiles/business/htmlfiles/moe/s7034/201311/159042.html.2015-07-19.

④ 教育部办公厅.教育部办公厅关于印发《2014 年教育信息化工作要点》的通知[EB/OL].http://www.moe.edu.cn/publicfiles/business/htmlfiles/moe/s7062/201403/165870.html.2015-07-19.

⑤ 教育部办公厅.教育部办公厅关于印发《2015 年教育信息化工作要点》的通知[EB/OL].http://www.moe.edu.cn/publicfiles/business/htmlfiles/moe/s3342/201503/184892.html.2015-07-19.

2. 在职业教育和继续教育层面,办好全国职业院校信息化教学大赛,推动大赛成果广泛共享;举办全国职业教育信息化教学现场观摩活动。

3. 指导各地和各级各类学校通过教育信息化试点,深入探索推进教育信息化的体制机制和有效模式,培育一批骨干学校、骨干教师、骨干课程,提炼一批典型案例,推广一批典型经验。启动实施"信息技术与教育教学深度融合示范培育推广计划",培育一批能够发挥示范应用、辐射带动作用的骨干学校、教师、课程,并加以推广;鼓励各级教育行政部门积极开展示范点培育推广工作,形成分层推进机制。

4. 鼓励具备信息化条件的地区和部分优质学校大胆创新,形成可示范、可复制的教育教学模式和案例,发挥示范引领作用。

(八) 教育信息化宣传工作卓有成效

营造良好的舆论环境氛围是确保教育信息化顺利建设的一项重要举措。2014 年 11 月,教育部等五部门联合印发的《构建利用信息化手段扩大优质教育资源覆盖面有效机制的实施方案》要求各地各部门要充分发挥新闻宣传稿的先导和服务作用,围绕教育信息化工作的方针政策、重大部署和新进展、新成效,加大宣传广度和深度,通过传统媒体和新媒体开展全方位、多角度、立体化的宣传工作。同时,要加快教育信息化走出去的步伐,积极参与国际教育信息化论坛、研究等活动,分享成功的经验和做法,提升我国教育信息化的国际地位和影响力。《人民日报》《光明日报》《教育部简报》《中国教育报》信息化专版,中国教育新闻网、新华社、中国教育电视台等主流媒体分别刊发和播放了有关教育信息化的系列文章和报道。

第二节　国家教育信息化标准建设

经过十多年的努力,我国教育信息化标准建设工作取得了较大进展,建立了一些具有一定深度和广度的体系框架,研制并颁布了一系列标准,并在应用与推广方面取得了一定成效。2000 年 11 月教育部科技司组织高校专家筹划现代远程教育技术标准化项目,2001 年 1 月成立教育部现代远程教育技术标准化委员会,2002 年 4 月改名为教育部教育信息化技术标准委员会(CELTSC);2002 年 12 月经国家标准化管理委员会批准成立全国信息技术标准化技术委员会教育技术分会,负责建立教育信息化技术类标准。目前,我国已建成较为完整的教育信息化标准体系,包括教育信息化应用类标准和教育信息技术类标准,主要有《中小学教师教育技术能力标准(试行)》

《中小学教师信息技术应用能力标准(试行)》《中小学校长信息化领导力标准(试行)》和《教育管理信息教育管理基础代码》等七个教育信息化行业标准。

本部分主要从标准制定依据、标准内容解读和标准实施情况对教育信息化建设的相关标准进行简要分析。

一、中小学教师教育技术能力标准

为贯彻《2003—2007 年教育振兴行动计划》,配合基础教育课程改革和农村中小学教师现代远程教育培训计划的实施,提高中小学教师教育技术能力水平,教育部于 2004 年 12 月 25 日印发了《中小学教师教育技术能力标准(试行)》。[①]

该标准由教育部师范教育司委托全国教师教育信息化专家委员会组织有关专家研制。北京师范大学、华南师范大学、西南师范大学、中央电教馆等单位承担了具体研究工作。40 余名专家学者,近 20 个单位和机构参与了标准研制工作。其初稿在全国范围内广泛征询意见,并在全国 7 个实验区,共 100 余所中小学进行试验,在此基础上形成了该标准的送审稿,2004 年 8 月,正式通过专家鉴定。[②]

《中小学教师教育技术能力标准(试行)》把引导中小学教师具备应用教育技术的意识与态度、掌握教育技术的基本知识与基本技能、探索教育技术应用与创新的途径及方法、促使中小学教师明确在应用教育技术过程中的社会责任作为中小学教师教育技术能力建设的总体目标。

(一)《中小学教师教育技术能力标准(试行)》制定的依据

教育部实施的《中小学教师继续教育工程方案(1999—2002 年)》将信息技术培训作为教师全员培训的重要内容之一,强调在中小学教育中普及信息技术的基础知识和基本操作技能。据统计,截至 2003 年年底,绝大多数教师已经不同程度地接受过一轮计算机基础知识和基本操作技能的培训,而当时面临的主要问题是如何引导教师掌握教育技术的基本理论和方法,如何把信息技术有效地应用到教学中,进行教学设计,有效利用技术支持教学,从而改进教学方式,优化教学过程,提高教育教学质量,实现信息技术与学科教学的

---

① 王春雁,朱文英.以《标准》为依据,推进全国中小学教师教育技术能力建设计划(TET)——访教育部师范教育司副司长宋永刚[J].中国教育信息化,2005(12):29~31.

② 王春雁,朱文英.以《标准》为依据,推进全国中小学教师教育技术能力建设计划(TET)——访教育部师范教育司副司长宋永刚[J].中国教育信息化,2005(12):29~31.

整合。这个问题不解决,为中小学配备的信息技术设施将难以发挥其作用,教师所接受的信息技术培训也将失去意义。

　　根据中小学教师信息技术培训的实际情况和新的形势要求,有必要在中小学教师继续教育工程中掌握信息技术基本操作培训的基础上,进一步开展以提高中小学教师教育技术能力为主要内容的培训。[①] 因此,制订《中小学教师教育技术能力标准(试行)》能够为提高教师教育技术应用能力提供依据,促进教师专业发展,提高教师信息素养,更好地实现信息技术与学科教学整合。

(二)《中小学教师教育技术能力标准(试行)》内容解读

　　标准分为三部分,分别针对三类人群制定了不同标准,即教学人员标准、管理人员标准和技术人员标准。"教学人员标准"适用对象为中小学学科教师,其主要内容包括教学环境的设计与管理、教学资源的设计与管理、教学活动的组织与开展;"管理人员标准"适用对象为中小学教育教学管理人员,主要内容包括规划与决策、组织与应用、评估与发展、合作与交流;"技术人员标准"适用对象为基础教育系统中从事技术支持的人员,主要内容包括辅助教学人员的教学工作、辅助管理人员的管理工作、维护和管理校内的资源、提供技术支持与服务。

　　每部分又分为四大模块:意识与形态、知识与能力、应用与创新、社会责任。其中,"应用与创新"是整个标准的核心,"意识与形态"是"应用与创新"的前提,"知识与能力"是"应用与创新"的基础,而"社会责任"主要是规范教师使用教育技术的道德。

(三)《中小学教师教育技术能力标准(试行)》实施

　　2005 年 4 月 6 日,教育部正式启动实施全国中小学教师教育技术能力建设计划,旨在以《中小学教师教育技术能力标准(试行)》为依据,以全面提高中小学教师教育技术应用能力为导向,以促进技术在教学中的有效运用为目的,建立中小学教师教育技术培训和考试认证制度,组织开展以信息技术与学科教学有效整合为主要内容的教育技术培训,全面提高广大教师实施素质教育的能力水平。为了加强对该计划实施工作的领导,教育部成立了由袁贵仁副部长任组长,师范教育司、中央电化教育馆和教育部考试中心领导参加的全国中小学教师教育技术能力建设计划实施工作领导小组,并在中央电化教育馆设立了项目办公室。

---

① 李克东,邱玉辉,王珠珠等.《标准》制定的思路与意义[J].中国教师,2005(3):13~15.

2005 年 7 月 19—20 日,全国中小学教师教育技术能力建设计划首批实施地区工作会议在辽宁省沈阳市召开。会议通报了该计划启动实施以来各方面工作的进展情况,确定了辽宁、江苏、广西、海南、河南、重庆、四川、云南、宁夏九省、自治区和直辖市作为首批实施地区,并对下一步推进实施该计划的有关工作进行了了全面部署。该计划实施的目标包括基本目标和具体目标。

1. 基本目标

从 2005 年起,用三年左右的时间制定和完善中小学教师教育技术能力标准。在此基础上形成一套包括"培训、考核和认证"在内的完整的中小学教师教育技术能力培养机制,并依托教师网络联盟和教育部考试中心组织实施,从而为提高广大教师教育技术能力与素质提供有力支持。

2. 具体目标

(1) 依托教师网络联盟和省级教育部门深厚的学术背景以及丰富的培训资源和培训经验,在全国范围内建立几个国家级培训基地。同时各地本着严格筛选的原则建立几个省级培训中心(除香港、澳门、台湾地区外,每省、自治区、直辖市各设一个),并根据实际情况再建立若干个地市级培训中心,以形成完整的培训网络体系。

(2) 通过上述三级培训和大力开展信息技术与学科教学的有效整合,在全国范围内培育一批具有较高应用教育技术能力的骨干教师(其中国家级骨干教师 1 万名,省级骨干教师 10 万名);与此同时,对 1 000 多万中小学教师进行一轮教育技术全员培训,实施教师资格考试,并将应用教育技术能力作为中小学教师任职资格的必备条件之一。

(3) 建立全国性教师教育技术能力考试体系。针对中小学教师的教育技术能力考核,建立全国性教师教育技术能力考试体系。该体系由教育部考试中心在全国范围内组织实施,设立省级、地市级等各级考点,形成规范的考试组织模式;建立丰富的、可动态更新的试题库;考试内容包括传统笔试、上机操作和教学案例设计与实施等。力求通过这种考试,不仅在形式上有突破,更能真实地反映出教师应用教育技术的能力。

二、《中小学教师信息技术应用能力标准(试行)》

2013 年 10 月教育部号召教育界教师、专家等参与研究制定教师信息技术应用能力标准,建立信息技术应用能力标准体系。2013 年 12 月,全国中小学教师信息技术应用能力提升工程标准研制专家咨询研讨会在上海举办,成立了标准研制组。同欧洲等国家一样,标准的制定参考了联合国教科文组织的教师信息和通信技术能力标准。标准研制组经过多轮会议的认真研讨,并开展实地调研,于 2014 年 2 月初步形成了《中小学教师信息技术应用能力标准(试行)》的草案,并于 2014 年 5 月发布了《教育部办公厅关于印发〈中小学教师信息技术应用能力标准(试行)〉的通知》。

(一)《中小学教师信息技术应用能力标准(试行)》制定依据

近年来,我国教育信息化发展突飞猛进,特别是校园信息化的发展越来越受到教育部门重视。教师的信息技术能力在数字化校园发展,促进优化教学、培养创新型人才中发挥着越来越重要的作用。信息技术应用能力标准是衡量教师信息技术能力发展的准则,为教师在专业发展中提供了明确的学习方向,帮助决策者和教师培训者规划教师培训课程。

2004 年 12 月,教育部正式颁布了《中小学教师教育技术能力标准(试行)》。这是我国第一个中小学教师专业能力标准,提出了教师教育技术能力素质维度包括应用教育技术的意识与态度、教育技术的知识与技能、教育技术的应用与创新、应用教育技术的社会责任。但是,该标准没有从更宏观的视角,从经济模式和社会发展的角度思考教育的发展目标与规划。为了全面提升中小学教师信息技术应用能力,解决农村中小学教师信息技术应用意识薄弱、技术能力不足等问题,促进广大中小学教师在教育教学中有效应用信息技术,更好地适应信息化社会,教育部于 2014 年 5 月印发了《中小学教师信息技术应用能力标准(试行)》,旨在帮助教师有效应用信息技术,更新教学观念,改进教学方法,提高教学质量,促进信息技术与学科教学的有效融合。

(二)《中小学教师信息技术应用能力标准(试行)》解读

该标准以教师工作为主线,以促进学生发展为导向,从应用信息技术优化课堂教学和转变学习方式两个方面来描述能力标准指标体系,并将信息技术应用能力区分为技术素养、计划与准备、组织与管理、评估与诊断、学习与发展五个维度。这一指标体系在学习与发展维度具有相同的要求指标,在技术素养、计划与准备、组织与管理、评价与诊断四个维度具有不同的要求指标。[1]

1. 框架结构

《中小学教师信息技术应用能力标准(试行)》的框架结构呈现"5—2—45"的体系结构特征。"5"表示 5 个能力维度;"2"表示 2 个要求标准;"45"表

---

[1] 教育部.教育部办公厅关于印发《中小学教师信息技术应用能力标准(试行)》的通知[EB/OL]. http://www.moe.edu.cn/publicfiles/business/htmlfiles/moe/s6991/201406/170123.html.2016-03-06.

示45项绩效指标。其中,"5"个能力维度分别是技术素养、计划与准备、组织与管理、评估与诊断、学习与发展。"2"个要求标准指基本要求(即应用信息技术优化课堂教学)和发展性要求(即应用信息技术转变学习方式)。其框架体系如表2-2所示。

表2-2　《中小学教师信息技术应用能力标准(试行)》框架体系表

维度	Ⅰ. 基本要求	Ⅱ. 发展性要求
维度 a. 技术素养	5项绩效指标	5项绩效指标
维度 b. 计划与准备	6项绩效指标	6项绩效指标
维度 c. 组织与管理	5项绩效指标	5项绩效指标
维度 d. 评估与诊断	4项绩效指标	4项绩效指标
维度 e. 学习与发展	5项绩效指标	

2. 具体内容

《中小学教师信息技术应用能力标准(试行)》的基本内容如表2-3所示。

表2-3　《中小学教师信息技术应用能力标准(试行)》的基本内容

维度	Ⅰ. 应用信息技术优化课堂教学	Ⅱ. 应用信息技术转变学习方式
技术素养	1. 理解信息技术对改进课堂教学的作用,具有主动运用信息技术优化课堂教学的意识	1. 了解信息时代对人才培养的新要求,具有主动探索和运用信息技术变革学生学习方式的意识
	2. 了解多媒体教学环境的类型与功能,熟练操作常用设备	2. 掌握互联网、移动设备及其他新技术的常用操作,了解其对教育教学的支持作用
	3. 了解与教学相关的通用软件及学科软件的功能及特点,并能熟练应用	3. 探索使用支持学生自主、合作、探究学习的网络教学平台等技术资源
	4. 通过多种途径获取数字教育资源,掌握加工、制作和管理数字教育资源的工具与方法	4. 利用技术手段整合多方资源,实现学校、家庭、社会相连接,拓展学生的学习空间
	5. 具备信息道德与信息安全意识,能够以身示范	5. 帮助学生树立信息道德与信息安全意识,培养学生良好行为习惯

续表

维度	Ⅰ. 应用信息技术优化课堂教学	Ⅱ. 应用信息技术转变学习方式
计划 与准备	6. 依据课程标准、学习目标、学生 特征和技术条件，选择适当的教 学方法，找准运用信息技术解决 教学问题的契合点	6. 依据课程标准、学习目标、学生特征和 技术条件，选择适当的教学方法，确定 运用信息技术培养学生综合能力的契 合点
	7. 设计有效实现学习目标的信息 化教学过程	7. 设计有助于学生进行自主、合作、探究 学习的信息化教学过程与学习活动
	8. 根据教学需要，合理选择与使用 技术资源	8. 合理选择与使用技术资源，为学生提供 丰富的学习机会和个性化的学习体验
	9. 加工制作有效支持课堂教学的 数字教育资源	9. 设计学习指导策略与方法，促进学生 的合作、交流、探索、反思与创造
	10. 确保相关设备与技术资源在课 堂教学环境中正常使用	10. 确保学生便捷、安全地访问网络和利 用资源
	11. 预见信息技术应用过程中可能 出现的问题，制定应对方案	11. 预见学生在信息化环境中进行自主、 合作、探究学习可能遇到的问题，制 订应对方案
组织 与管理	12. 利用技术支持，改进教学方式， 有效实施课堂教学	12. 利用技术支持，转变学习方式，有效 开展学生自主、合作、探究学习
	13. 让每个学生平等地接触技术资 源，激发学生学习兴趣，保持学 生学习注意力	13. 让学生在集体、小组和个别学习中平 等获得技术资源和参与学习活动的 机会
	14. 在信息化教学过程中，观察和 收集学生的课堂反馈，对教学 行为进行有效调整	14. 有效使用技术工具收集学生学习反 馈，对学习活动进行及时指导和适当 干预
	15. 灵活处置课堂教学中因技术故 障引发的意外状况	15. 灵活处置学生在信息化环境中开展 学习活动发生的意外状况
	16. 鼓励学生参与教学过程，引导 学生提升技术素养并发挥其技 术优势	16. 支持学生积极探索使用新的技术资 源，创造性地开展学习活动

维度	Ⅰ. 应用信息技术优化课堂教学	Ⅱ. 应用信息技术转变学习方式
评估与诊断	17. 根据学习目标科学设计并实施信息化教学评价方案	17. 根据学习目标科学设计并实施信息化教学评价方案,并合理选取或加工利用评价工具
	18. 尝试利用技术工具收集学生学习过程信息,并能整理与分析,发现教学问题,提出针对性的改进措施	18. 综合利用技术手段进行学情分析,为促进学生的个性化学习提供依据
	19. 尝试利用技术工具开展测验、练习等工作,提高评价工作效率	19. 引导学生利用评价工具开展自评与互评,做好过程性和终结性评价
	20. 尝试建立学生学习电子档案,为学生综合素质评价提供支持	20. 利用技术手段持续收集学生学习过程及结果的关键信息,建立学生学习电子档案,为学生综合素质评价提供支持
学习与发展	21. 理解信息技术对教师专业发展的作用,具备主动运用信息技术促进自我反思与发展的意识	
	22. 利用教师网络研修社区,积极参与技术支持的专业发展活动,养成网络学习的习惯,不断提升教育教学能力	
	23. 利用信息技术与专家和同行建立并保持业务联系,依托学习共同体,促进自身专业成长	
	24. 掌握专业发展所需的技术手段和方法,提升信息技术环境下的自主学习能力	
	25. 有效参与信息技术支持下的校本研修,实现学用结合	

　　《中小学教师信息技术应用能力标准(试行)》根据我国中小学校信息技术实际条件的不同以及师生信息技术应用情境的差异,对教师在教育教学和专业发展中应用信息技术提出了基本要求和发展性要求,这使《中小学教师信息技术应用能力标准(试行)》的结构在空间维度上由二维转变为三维,同时增强了教师能力建设的自主性与智能性,解决了使用同一标准评价不同信息化发展水平地区、不同年龄结构特征教师的问题。

(三)《中小学教师信息技术应用能力标准(试行)》实施

　　2013 年 10 月 25 日,教育部发布《教育部关于实施全国中小学教师信息技术应用能力提升工程的意见》(简称《提升工程》)。《提升工程》分为总体目标和任务、建立教师信息技术应用能力标准体系、按照教师需求实施全员培训、推行符合信息技术特点的培训新模式、遴选一线教师满意的培训资源、开展教师信息技术应用能力测评、推动教师主动应用信息技术、加强组织保障确保提升工程取得实效八个部分。

《提升工程》的总体目标和任务为建立教师信息技术应用能力标准体系、完善顶层设计明确了方向。通过《提升工程》整合相关项目和资源,采取符合信息技术特点的新培训模式,到 2017 年底完成全国 1 000 多万中小学(含幼儿园)教师新一轮提升培训,提升教师信息技术应用能力、学科教学能力和专业自主发展能力;通过开展信息技术应用能力测评,以评促学,激发教师持续学习动力;建立教师主动应用机制,推动每个教师在课堂教学和日常工作中有效应用信息技术,促进信息技术与教育教学融合取得新突破。

三、《中小学校长信息化领导力标准（试行）》

为全面提升中小学校长信息化领导力,促进信息技术与教育教学深度融合,加快基础教育信息化步伐,2014 年教育部教师工作司发布了我国《中小学校长信息化领导力标准(试行)》。

（一）《中小学校长信息化领导力标准（试行）》制定依据

2012 年 3 月发布的《教育信息化十年发展规划(2011—2020 年)》在充分肯定我国教育信息化发展成果和地位的同时,指出了教育信息化发展存在的诸多不足。该规划指出,校长和管理者作为学校信息化发展的引领者,自身的信息化领导力可持续发展自然成为学校信息化发展的重要因素。因此,加快对信息化领导力标准的制定也变得越来越重要。

（二）《中小学校长信息化领导力标准（试行）》内容解读

《中小学校长信息化领导力标准(试行)》主要从三个方面对校长的信息化领导能力进行描述,分别为"基本理念""基本要求"和"实施要求"。"基本理念"包含三个方面:引领发展,校长是学校信息化工程的带头人;协同创新,校长是学校信息化工作的组织者;提升素养,校长是学校信息化工作的践行者。"基本要求"包括规划设计、规划实施、评价推动三个方面。"实施要求"主要指各级教育行政部门要将《中小学校长信息化领导力标准(试行)》作为中小学校长队伍建设和学校信息化发展的重要依据;培训机构要根据中小学校长的实际需求,结合信息技术发展趋势,完善培养培训方案;校长要增强提升信息化领导力的自觉性,主动参加培训研修,不断提升自身信息素养,该标准的内容如表 2-4 所示。

表 2-4 《中小学校长信息化领导力标准(试行)》内容

维度	内容
基本理念	引领发展,校长是学校信息化工程的带头人
	协同创新,校长是学校信息化工作的组织者
	提升素养,校长是学校信息化工作的践行者
基本要求	规划设计,组织编制信息化发展规划与规章制度;推进信息技术与教育教学的深度融合;组织制订教师信息技术应用能力培训研修计划
	规划实施,开展多种形式的校本课程研究,创新教学模式;组织教师培训,促进教师专业成长;提高利用信息技术服务师生的能力水平;利用信息技术营造校园优良育人氛围;组织建立"家庭—学校—社会"信息沟通系统
	评价推动,组织评估教师的信息技术应用能力等;组织评估学生的信息素养以及利用信息技术进行学习的能力;组织评估学校信息化环境建设状况;组织评估学校信息化相关政策制度、专项经费、队伍建设
实施要求	各级教育行政部门要将《中小学校长信息化领导力标准(试行)》作为中小学校长队伍建设和学校信息化发展的重要依据,有关高等学校和校长培养培训机构要将《中小学校长信息化领导力标准(试行)》作为中小学校长信息化领导力培养培训的重要依据;中小学校长要将《中小学校长信息化领导力标准(试行)》作为促进自身专业发展的重要依据

(三)校长信息化领导力标准实施

为贯彻落实教育规划纲要和《教育部关于进一步加强中小学校长培训工作的意见》精神,全面提高中小学校长信息化领导力,教育部与中国电信集团公司按照战略合作框架协议,决定组织实施"教育部-中国电信-中小学校长信息技术应用能力提升项目",计划从 2014 年到 2015 年采取集中培训和远程培训的方式,对全国 10.1 万名中小学校长进行信息化领导力提升培训,提高中小学校长信息化领导力,促进中小学教育信息化水平提升。其中,每年集中培训全国教育信息化工作基础较好的中小学校长 500 人,远程培训全国中小学校长 5 万人。

第三节 区域教育信息化标准建设

地理位置及自然条件的不同,社会、经济、教育等各方面发展机遇与水平不同,导致各地教育信息化发展存在很大的差别。由于长期以来教育投入不足、基础设施建设薄弱、总体教育水平偏低,西部地区或农村地区教育信息化发展面临着更多困难。而在东部地区或城市地区,由于经济条件、信息环境、人才资源等具有相对优势,其总体教育水平较高,基础教育信息化能够紧跟时代发展。针对上述问题,构建一套适应我国教育国情,全面、系统地反映我国教育信息化发展现状的指标体系显得愈发重要。利用指标体系对不同地区的教育信息化发展水平进行客观的测量,可以加深对本地区教育信息化水平的认识,为评估和考核各地区教育信息化水平提供量化标准,为教育机构的科学决策提供思路和依据。同时,可以及时发现问题并提出相应的改进对策,对促进基础教育信息化的均衡发展,推动基础教育信息化的建设进程具有很大的价值。[①]

　　本部分以区域基础教育信息化指标体系构建为切入点,通过对上海市、广东省、江苏省、陕西省等省(自治区、直辖市)的教育信息化标准建设情况进行梳理和分析,并通过各个地区的横向、纵向比较,深入认识基础教育信息化区域性失衡特征,从而揭示基础教育信息化指标建设的现状和趋势。

一、上海市教育信息化标准建设

　　上海市教育信息化标准建设工作始于 2007 年。2010 年上海市教育委员会发布了《上海市 2010 年教育现代化指标体系及说明》。[②]《上海市 2010 年教育现代化指标体系及说明》根据指标的敏感性和重要性以及国际通用性,分别确定了以 10 项市级一级指标为核心的"市级指标体系"和以 10 项区县级一级指标为核心的"区县级指标体系",分别如表 2-5 和表 2-6 所示。两个指标体系的一级指标内容基本一致,但部分指标的权重比例不一样;二级指标的内容有所变化。如用于衡量教育信息化的指标称为"教育信息化水平建设",属于核心一级指标。在"市级指标体系"中排名第四,权重为 8%;而在"区县级指标体系"中排名第六,权重为 10%。"教育信息化水平建设"这个一级指标在"市级指标体系"下设两个二级指标,分别是"中小学校园网连通率"和"信息技术在教育教学中的使用水平"。而"区县级指标体系"中"教育信息化水平建设"有三个二级指标,分别是"中小学生机比""中小学校园网连通率"和"信息技术在教育教学中的使用水平"。

　　"教育信息化水平建设"指标主要反映教育系统对信息化社会的适应情况以及信息技术和网络资源在教育中的应用情况,表现为教师和学生对教育信

　　① 芦丹丹.区域基础教育信息化指标体系研究[D].金华:浙江师范大学硕士学位论文,2006.
　　② 上海市教育委员会.关于转发《上海市 2010 年教育现代化指标体系及说明》的通知[EB/OL].http://www.shmec.qov.cn/html/xxgk/200904/308062009001.php.2015-07-09.

息资源的开发和使用情况。"中小学校园网连通率"反映教师和学生在学校获取信息的便捷程度。"信息技术在教育教学中的使用水平"主要通过以下几点来衡量信息技术是否得以有效应用：

表 2-5 市级指标体系

一级指标	二级指标	2010 标准
教育信息化水平（参考权重 8%）	中小学校园网连通率	97%
	信息技术在教育教学中的使用水平	——

表 2-6 区县级指标体系

一级指标	二级指标	2010 标准
教育信息化水平（参考权重 10%）	中小学生机比	1∶5
	中小学校园网连通率	97%
	信息技术在教育教学中的使用水平	

（1）学校能充分利用信息技术提高教育教学管理水平和效率；

（2）学生能有效利用信息技术获取、分析和处理信息，完成一定的学习任务；

（3）教师能运用信息技术丰富课程和教学资源，提高教育教学的效率和教育教学的质量。

二、广东省教育信息化标准建设

为进一步加快广东省教育信息化建设，规范中小学校信息化建设行为，促进基础教育信息化均衡发展，提升教育信息化水平，根据国内外中小学教育信息化发展的趋势和广东省教育改革与发展的要求，以及国家和广东省教育中长期发展规划纲要有关教育信息化建设的目标，结合中小学校信息化基础设施建设及应用实际，广东省于 2010 年制定了《广东省中小学校信息化基本标准（试行）》。①

该标准分别从学校信息化的"规划管理""基础建设""应用成效"三个方面进行描述。"规划管理"是学校信息化的保障；"基础建设"是学校信息化的基础；"应用成效"是学校信息化的核心。"二级指标"是对"一级指标"分项的说明，"实施标准"则对二级指标进行细化，分别从学校信息化建设涵盖的内容、范围、要求、程度等方面进行具体描述，如表 2-7 所示。

---

① 广东省教育厅.关于印发《广东省中小学信息化基本标准（试行）》的通知[EB/OL].http://www.law-lib.com/law/law_view.asp？id＝453247.2015-07-19.

表 2-7 广东省中小学校信息化基本标准(试行)

一级指标	二级指标	实施标准
规划管理	发展规划	1. 学校领导有先进、科学的办学理念,高度重视教育信息化,坚持以科学发展观指导学校信息化工作,信息化作为贯彻落实学校办学理念的重要支撑 2. 学校把教育信息化作为一项重要内容纳入学校教育发展整体规划之中
	管理机构	3. 学校成立以学校主要领导和教学骨干参加的信息化领导小组和工作小组,结构合理、分工明确、团结协作
	规章制度	4. 学校建立信息化工作目标责任制,各部门、成员职责明确,各负其责;教育信息化应用纳入教师的绩效考核 5. 学校信息化建设、应用和安全管理,包括计算机网络室管理、多媒体综合电教室管理、信息网络安全管理等规章制度健全;实行信息与网络安全校长负责制;有专人负责场室管理、设备管理、网络与安全管理,有应对各种突发事件和网络安全的应急预案与机制
	经费保障	6. 有与学校规模和发展目标相适应的信息化经费,来源稳定;信息化经费能确保基本条件建设、网络租用、设施设备更新维护、教学资源添置、人员培训和应用研究等费用支出
基础建设	网络设施	7. 镇中心小学以上学校 10 兆以上带宽与省、市、县(区)教育专网连接,其他独立建制学校以 4 兆以上带宽接入互联网;网络信息点基本覆盖教师办公室、教室和主要功能场室,经济发达地区学校实现"班班通"
	场室设备	8. 多媒体教学进班率达 100%,其中镇中心小学以上学校100%班级有多媒体综合电教平台,其他独立建制学校60%以上班级有多媒体综合电教平台 9. 学校行政办公电脑满足省、市、县(区)教育电子政务的要求;独立建制的学校每个学科组办公室配备一台以上教师办公电脑。学校师机比:小学≤6:1、中学≤3:1,生机比:高中≤6:1、初中≤7:1、小学≤10:1;经济发达地区学校师机比:1:1,生机比:高中≤4:1、初中≤5:1、小学≤6:1。设备可用率达到 90% 以上

续表

一级指标	二级指标	实施标准
基础建设	场室设备	10. 计算机室(可兼语音室)不低于:800 名学生以下的小学 1 间、中学 2 间,超过 800 名学生的每增加 600 名学生扩增一个计算机室。农村独立建制小学计算室的计算机数可选配 25+1,其他学校为 60+1;多媒体综合电教室(或多功能报告厅)不低于:中学 2 间、小学 1 间;其他专用场室和广播、电视教学演播系统的配置达到《广东省义务教育规范化学校标准》
	应用系统	11. 根据省、市、县(区)教育电子政务的统一要求,建有或安装校务管理系统(包括会议管理、通知发布、文件发送等)、教务管理系统(包括教学管理、学籍管理、招生管理、考试管理等)、人事管理系统、财务管理系统、设备与校产管理系统等网上办公系统 12. 有教育教学资源管理平台(可共享使用区域教育资源管理平台或学校自主建设),为教师和学生提供资源服务 13. 建有网络教学支持平台,支持网络教学、网上答疑、网络课程管理服务和教育教学资源共享
	教学资源	14. 有经省级教育部门审定推荐的各学科音像教材(包括:CD-R、VCD、DVD、录像带、录音带等) 15. 学校建有内容丰富、与教材配套的体系化学科教学资源库(包括多媒体素材、教学设计、多媒体课件、教学课例、试题练习、扩展学习材料等),主要教材的学科资源覆盖 80% 以上的知识点。学校资源库向广东省基础教育专网内用户免费开放 16. 学校的资源管理平台链接省、市、县(区)教育资源中心等数字化资源服务平台,每年向各级教育部门提供一定数量的名优课例和获得各级奖项的优质教学资源
	教学队伍	17. 学校有一支与教育信息化建设、管理和应用相适应的管理和教师队伍,45 岁以下教师 100% 达到国家《中小学教师教育技术能力标准(试行)》初级要求,60% 以上教师达到中级水平

一级指标	二级指标	实施标准
基础建设	教学队伍	18. 学校按上级核定的编制和任职资格规定,以及学校的信息化建设需要,配备专(兼)职电化教育教师和信息技术教师,镇中心小学以上学校配备 1 名以上专职信息技术教师,兼职教师完成转岗培训 19. 校领导、70%以上的行政管理人员能使用各级教育部门的教育电子政务系统和电子校务系统;45 岁以下的学科教师 100%能使用信息化设施设备进行教学、工作,70%以上能使用计算机进行文字处理、电子备课、辅助教学、制作课件等;专业技术人员能为学校信息化工作提供技术支持,排除常见的网络和设备故障 20. 学校每学期都有对网管员、中青年教师和设备管理人员的校本教育信息技术能力培训计划,有明确的目标和具体措施,并纳入教师个人专业化发展计划。教师每学年参与各级教育部门组织的教育信息技术教研不少于 12 课时
应用成效	教学应用	21. 教师自觉利用信息技术备课,搜集和下载教学资料,自制教学资源或课件 22. 教师积极应用信息技术优化课堂教学,开展课外辅导,应用信息技术开展教学的学科覆盖率不低于 80%,语文、数学、英语等核心学科覆盖率达 100%,课时覆盖率不低于 60%,教师覆盖率不低于 85% 23. 功能场室和综合电教室的使用率每周不少于 12 节;电子阅览室使用率每周不少于 20 人次;教材软件、教育教学资源的利用率达 60%以上 24. 学校利用市、县教育部门的统一平台或自建有网络教学平台、班级网站以及德育平台等,利用网络学习平台、电子邮件等多种方式为学生提供学习辅导 25. 学校积极开展信息技术在德育中的应用,利用学校网站或网络学习社区进行学生学习心理健康教育,针对学生不良网络应用行为如网络沉迷等,学校有积极有效的干预措施

续表

一级指标	二级指标	实施标准
应用成效	学生信息素养	26. 学生信息技术应用的意识和习惯良好,信息技术学业水平达到国家、省规定的有关水平要求 27. 学生能够在学校或家庭自觉应用信息技术开展网络学习,包括查询资料、搜集与下载资料、收发教师和同学的邮件等;自觉访问校园网、班级网站等进行自主学习或完成教师布置的作业 28. 学校开展信息技术相关兴趣小组等课外活动每学期不少于 5 次,提高学生的科技创新能力,积极组织学生参加各级教育部门举办的信息技术类比赛活动,如学生电脑制作、智能机器人竞赛、学生现场网页、手抄报竞赛、信息学奥林匹克竞赛等 29. 学校组织兴趣小组利用校园网开展跨班、跨级或跨校的协作学习项目,培养学生的综合能力
	应用研究	30. 学校开展教育信息技术的应用研究,积极承担上级教育部门的教育技术研究课题,参加课题研究的教师不低于10%,在各学科开展信息技术教学应用研究,教师参与率不低于60%,并将研究成果应用于学校的教育教学、管理实践中,形成信息技术环境下的教与学、管理新模式 31. 每年都有教师的信息化教学应用论文、教学案例和课件等成果公开发表、获奖或在县(区)级教育部门组织的教研活动上交流
	电子校务	32. 学校按照各级教育部门的统一要求实现网上办公,基本实现学校教育管理信息化 33. 学校有门户网站,及时发布、及时更新学校信息、通知,实现校务网上公开 34. 学校充分发挥家校网络互动平台作用,开展基于网络的家校共育,保障家庭、社区的知情权、参与权,信息更新及时 35. 学校在科研、教学质量分析中积极应用信息技术,利用学校网站开展网络教研、校本培训等活动

续表

一级指标	二级指标	实施标准
应用成效	信息化对学校发展的贡献	36. 学校培养了一批信息化教学与科研骨干教师 37. 信息技术应用促进学校教学改革,促学校形成学科教学特色,每学年举办或承办的多媒体环境下的教学研讨活动不低于 10 次 38. 信息技术为学校建立现代学校制度提供有力支撑,优化学校校园环境,提高学校管理效率,大幅度提高教育教学质量,扩大学校社会效应 39. 学校利用网络拓展教育社会服务功能,为社区提供教育服务

三、江苏省教育信息化标准建设

为深入贯彻《教育信息化十年发展规划(2011—2020 年)》精神,扎实推进"三通两平台"建设,全面提升江苏省教育信息化发展水平,江苏省教育厅组织编制了《江苏省教育信息化建设指南(试行)》及《江苏省国家教育信息化达标率评价标准(试行)》①旨在促进信息技术与教育教学深度融合,提高教育教学质量,创新人才培养模式。

《江苏省教育信息化建设指南(试行)》从建设目标、建设原则、建设内容、师生发展、应用服务、数字资源、基础设施、保障机制八个方面对江苏省的教育信息化建设总体目标和具体的建设内容,以及教育信息化如何应用于教学等进行了详细说明。其宗旨就是通过信息技术与教育教学实践的深度融合,优化教学、教研、管理和服务等过程,优化学生的学习方式,构建学习共同体,提高教育教学质量和管理水平,促进师生全面发展。

《江苏省国家教育信息化达标率评价标准(试行)》由省教育厅统一领导,各市、县(区)教育局具体落实,以学校为评价主体组织实施。评价项目共分师生发展、应用服务、数字资源、基础设施、队伍与管理五个一级指标。二级评价指标共 29 项,三级评价指标 243 小项,评价总分值 300 分,达标分值 240 分。其中一级指标"师生发展"占 50 分,包含两个二级指标。"应用服务"占 110

---

① 江苏省教育厅.省教育厅关于印发《江苏省教育信息化建设指南(试行)》及《江苏省国家教育信息化达标率评价标准(试行)》的通知[EB/OL].http://xxjs.qsjy.xze.cn/gjwj/ShowArticle.asp? ArticleID = 881.2015-07-28.

分,包含 14 个二级指标。"数字资源"占 45 分,包含四个二级指标。"基础设施"占 75 分,包含 6 个二级指标。"队伍与管理"占 20 分,包含 3 个二级指标如表 2-8 所示。

表 2-8 《江苏省国家教育信息化达标率评价标准(试行)》示意

评价项目	评价子项	
	子项名称	分值(分)
师生发展(50 分)	学生发展	25
	教师发展	25
应用服务(110 分)	统一认证系统	7
	学校门户系统	14
	网络教学系统	10
	……	……
数字资源(45 分)	数字图书	10
	个性化学习资源	10
	……	……
基础设施(75 分)	校园网建设	20
	数据中心	10
	……	……
队伍与管理(20 分)	机构队伍	5
	人员培训	5
	……	……

四、陕西省教育信息化标准建设

为贯彻落实教育部和省政府信息化有关要求,实现《陕西省教育信息化十年发展规划(2011—2020 年)》的建设目标,指导和规范各类学校信息化建设工作,充分利用信息技术为教学、科研、管理和校园生活提供支持和服务,全面提高学校办学质量和办学效益,在广泛征求意见、充分论证的基础上,结合本省各类学校实际,陕西省于 2014 年 9 月制定了《陕西省高等学校信息化建设标准(试行)》和《陕西省学校信息化建设标准(试行)》。后者又包括《陕西省中小学校信息化建设标准(试行)》《陕西省中等职业学校信息化建设标准(试行)》两套标准。

从每个标准的具体内容来看,《陕西省中小学校信息化建设标准(试行)》

《陕西省中等职业学校信息化建设标准（试行）》两套标准的一级指标是一样的，为"管理体制与机制""基础设施""信息资源""教学应用与推广""工作特色"五个方面，并且将前四个一级指标定义为基本标准，最后一个一级指标作为发展目标。一级指标下，设有 17 个二级指标，42 个三级指标。两套标准的二级指标是一致的，但在三级指标的内容上有所不同。其中，《陕西省中小学校信息化建设标准（试行）》的主要内容，如表 2-9 所示。

表 2-9　《陕西省中小学校信息化建设标准（试行）》主要内容

建设指标		目标要求
管理体制与机制	管理机构	千人以上学校成立信息化技术业务部门（电教中心/信息技术中心），千人以下学校设立信息化业务管理岗位；师生人数千人以下按 1 岗/600 名学生的标准设置，并配备专门的工作室等
	发展规划	
	制度建设	
	资金投入	
基础设施	网络接入条件	基本保证各个接入终端使用时带宽达到农村地区 2 M，城区 4 M；到 2015 年，校园主干网到公网出口带宽每千人不少于 100 M；建设覆盖每个班级的网络多媒体教室等
	教学终端设施	
	网络与信息安全	
信息资源	数字教育资源	建设校本资源建设需要的软硬件环境；实现优质数字教育资源人人通，形成优质数字教育资源的共建共享机制等
	管理数据资源	
教学应用与推广	应用能力	要将信息技术应用能力培训纳入教师和校长培训必修学时（学分），原则上每五年不少于 100 学时；基于信息技术的交互式电子白板、多媒体辅助教学、网络辅助教学等不同应用形式基本覆盖所有课程教学等
	应用推广	
工作特色	数字校园	校内无障碍网络接入，具有完善的运维管理队伍和设施；充分利用校本优质资源，广泛开展远程协作、校际研修等对外交流活动；按照校本教学需要，积极开展创新应用建设；按照现代教学理论，积极探索信息技术与教学的深度融合模式等
	资源均衡配置	
	教学应用创新	
	管理应用创新	
	教学改革创新	
	投入机制创新	

《陕西省高等学校信息化建设标准（试行）》的一级指标与前两套标准基本上保持一致，只是名称稍有变化并且少了"工作特色"这个指标。而二级指

标一共有 14 项,三级指标 45 项,其内容与前两套标准有很大的不同,主要突出了高等教育的特点。高校信息化建设标准要求提供满足师生使用的校园网络接入条件,师生在办公场所、学习场所可方便接入互联网,网络接入覆盖校内所有区域。需要建设能够满足现代教育教学需要的网络多媒体教室。多媒体教室数占全部教室数的比例大于 50%,如表 2-10 所示。

表 2-10　《陕西省高等学校信息化建设标准(试行)》内容示意

建设指标		目标要求
管理体制 与机制	管理机构与岗位	建立或明确学校信息化统一归口管理的行政职能处室;信息化行政职能处室行政人员编制不少于 3 人;制定了教育信息化工作成果认定与奖励办法并实施等
	统筹发展与规划	
	激励与保障制度	
	投入机制	
基础设施	网络接入	校园网主干及出口带宽能够满足需要。主干带宽不小于 1G;全校师生人均出口带宽每千人不少于 0.1G;多媒体教室数占全部教室数的比例大于 50%等
	教学终端	
	网络与信息安全	
信息数据资源	管理数据资源	各类管理信息数字化,并有效实现校内数据共享;形成了校本资源建设的机制,建成数字教育资源建设与应用的服务平台等
	数字教育资源	
应用建设 与推广	信息化管理	形成了支撑教学的信息化环境,并得到广泛应用;建设了科研服务信息化平台并投入使用;建立了校内信息共享平台,实现了统一身份认证与管理;建设了校园一卡通系统;建设了教学资源和科研资源向校外科普教育等
	信息化教学	
	信息化科研	
	信息与服务集成	
	社会服务与文化传承	

第四节　不同教育信息化标准的差异与共性

一、国家教育信息化标准与区域教育信息化标准的差异与共性

教育部已经发布多个教育信息化相关标准,如《中小学教师教育技术能力标准(试行)》《中小学教师信息技术应用能力标准(试行)》《中小学校长信息化领导力标准(试行)》《教育管理信息教育管理基础代码》等,为顺利推进教育信息化建设与发展,发挥信息技术对教育的革命性影响奠定了基础。

国家层面制定的教育信息化标准,所涉及的范围包括教育指导类标准、学习资源类标准、学习环境类标准、学习者信息类标准、教育管理类标准,以及其他与教育信息化相关的领域。教育指导类标准作为教育信息化标准的指导规范,是标准体系中最基本的部分。《中小学教师教育技术能力标准(试行)》《中小学教师信息技术应用能力标准(试行)》《中小学校长信息化领导力标准(试行)》均属于教育指导类的标准,能够为各个省市及各类学校教育信息化建设指明方向。

国家层面的标准与各个省(市)级的标准的评价对象不同,如各省(市)教育信息化评估标准的评价对象主要面向各类学校,而国家教育信息化评估标准定位于宏观层面,包含各类专业标准,如《中小学校长信息化领导力标准(试行)》《中小学教师信息技术应用能力标准(试行)》等。因此需要根据不同的评价目的和评价对象,制定具有针对性和适应性的评价标准和指标体系。

二、区域之间教育信息化标准的差异与共性

通过考察与分析不同省份教育信息化标准建设文献资料可以发现,教育信息化评价是常用的方式。教育信息化评价标准通常采用指标体系的形式呈现,并据此开展针对教育信息化的工作评价。相关省(市)的标准对比见表 2-11。

表 2-11　各省教育信息化标准比较

省、市	一级指标	二级指标	评价标准
上海市	教育信息化发展水平	2 个	定性方式进行评价
广东省	规划管理、基础建设、应用成效三个一级指标	14 个	以定性与定量的方式进行评价
江苏省	师生发展、应用服务、数字资源、基础设施、队伍与管理五个一级指标	29 个	每个指标赋以分值
陕西省	管理体制与机制、基础设施、信息资源、教学应用与推广、工作特色五个一级指标	17 个	以定性与定量的方式进行评价

　　通过表2-11可以得出,上海针对"教育信息化发展水平"一级指标的说明比较简单,评价方式不够细化。而《江苏省国家教育信息化达标率评价标准(试行)》文件中所研制的评价指标中,包括师生发展、应用服务、数字资源、基础设施、队伍与管理五个一级指标,学生发展、网络教学系统、个性化学习资源、校园网建设、人员培训等29个二级指标,以及若干三级指标。就教育信息化要素覆盖面而言,江苏省的评价标准较为全面。其他省份在指标的划分上也比较全面,但是在深入考察其二级指标内容的详细程度后,发现每个二级指标在实际评价时都可能而且必须扩展成一个庞大的指标体系,才有可能获得确切的评价结果。通过对二级指标的研究,可以发现针对每个二级或者三级指标,笼统地以几个数据或一段定性的文字进行描述和评价是各个省份编制教育信息化评价标准时普遍采用的方式,但这并不利于开展规范和严谨的评价。

第三章

从指标到标准：教育信息化标准建设框架

开展教育信息化标准研究，需要一套系统科学完善的方法论作为贯穿整个研究过程的指导方针。方法论是普遍适用于各门具体社会科学并起到指导作用的范畴、原则、理论、方法和手段的总和，是人们用什么样的方式、方法来观察事物和处理问题的指南。概括地说，世界观主要解决世界"是什么"的问题，方法论主要解决"怎么办"的问题。教育信息化标准研究在实施之前，首先要解决整个研究的方法论问题——要构建教育信息化标准建设的理论框架和模型。

本章重点介绍如何在已有教育信息化相关理论模型的基础上，通过逻辑推演研究所使用的教育信息化标准建设的理论框架和模型，并运用构建完成的模型指导指标和标准的构建与应用。

第一节　教育信息化指标建设概述

面对新世纪的信息化浪潮，世界各国都在加强教育信息化建设，把教育信息化作为教育改革的突破口，加大政府投资力度，加快教育信息化步伐。无论是硬件建设，是软件开发，还是在教育教学中的应用，教育信息化已经引发全球范围内教育理念和教育方式的深刻变革。近年来，为了促进我国教育信息化的全面覆盖、快速发展，国家颁布了《教育信息化十年发展规划（2011—2020年）》等政策法规，以保障教育信息化有据可依，有规可循，稳步推进；启动了"校校通工程""农远工程""三通两平台"项目等国家级教育信息化提升计划，同时各省市区也制定了促进教育信息化发展的相关举措，从教育环境、基础设施建设、师资力量、教学理念等方面来衡量和提升教育信息化发展水平。从多个发展维度来看，未来教育信息化将继续保持高速发展的势头。

但在教育信息化发展的过程中，我们按照什么样的标准来建设，发展水平处在一个什么位置上，如何衡量已经取得的成绩，下一步应该如何规划等一系列问题，都需要我们进一步探讨。因此，迫切需要建立适合中国国情的教育信息化参考及评价指标,迫切需要研究中国教育信息化水平与发展状况的衡量方法,以便对国家及各省(自治区、直辖市)教育信息化水平、发展进程进行量化的反映与评价,引导和促进全国及各地区教育信息化健康、快速地发展,从而促进中国教育现代化的发展。通过建立指标,可以了解我国教育信息化发展的状况,可以看到不同地区之间的差距,可以使各项指标在信息化推进过程中协同发展。这些既是教育信息化指标建立的出发点,也是本书研究的重点。

一、指标与标准

在进行教育信息化指标体系的理论研究时,首先应对指标和标准的相关概念进行梳理和澄清,把握信息化指标体系和教育信息化指标体系相关理论的研究现状及其关系。在此基础上构建教育信息化标准框架。

(一)指标

所谓指标,在《现代汉语词典》中的解释是:"计划中规定达到的目标"。指标的特点为:

(1)计量性,可度量;

(2)代表性;

(3)时间性,可度量随时间改变而产生的变化;

(4)具体性;

(5)可靠性和一致性。

指标有不同的分类方法,根据不同的维度可以分为以下几种:客观指标与主观指标;描述性指标与评价性指标;定量指标和定性指标;发展指标和评估指标。本章将所阐述的教育信息化指标体系界定为发展指标体系,是指通过诸多定量或定性的教育信息化发展指标来全面地衡量教育信息化发展水平和质量的一种行之有效的评价方法。指标具有五项基本功能,分别为:

(1)描述功能。对研究对象予以完整客观地描述,如实反映情况。

(2)解释功能。对研究对象进行全面深入地分析,发现问题,并说明问题原因。

(3)评价功能。对研究对象的发展变化进行测量和分析,并进而做出判断和评价。

(4)监测功能。通过监测研究对象,对其发展进行宏观调控,制定相关的政策、决策,研究相应的措施。

(5)预测功能。探索研究对象的发展规律,并对其未来的发展态势做出合理预测。

从目前的研究现状来看,对国家和地区信息化、企业信息化等的评价指标体系的研究已经比较成熟和完善,而对教育信息化指标尤其是基础教育信息化指标体系的研究还处于起步阶段,大多是基于信息化指标体系的研究成果,尚未形成一套被广泛认可的指标体系。

(二) 标准

"标准"在《辞海》中的解释是:衡量事物的准则。在人类生产活动的初始阶段,标准就起着重要的作用。在原始社会时期,原始的语言、符号处于萌芽状态的原始"标准",极大地提高了原始人类的协作能力。语言、象形文字和形状大小趋于标准的工具器物促使起规范作用的原始"标准"又向前迈进一步。而到了工业化时代,人类社会实践的范围和规模都达到了空前的程度。大规模的社会化生产和现代化的社会生活,要求建立相应的社会秩序、经济秩序、技术秩序、生产秩序,于是现代意义的工业标准诞生了。[1]

标准是一种书面的协议,包括技术规范或明确的指标。作为规则、指导方针或特征定义,标准必须得到始终如一的遵守,这样才能保证原料、产品、过程和服务能够达到应有的要求。[2] "标准化"一词,在《中华人民共和国国家标准》(GB/T 20000.1—2014)第1部分中的定义是:"为了在既定范围内获得最佳秩序,促进共同效益,对现实问题或潜在问题确立共同使用和重复使用的条款以及编制、发布和应用文件的活动。"[3]根据该定义,推行教育信息化技术标准的目的,是在现代教育信息化领域的实践中,通过制定、发布和实施各项教育信息化的技术标准,使整个教育信息化应用环境达到和谐统一,获得最佳秩序和效益。[4]

标准的类型按使用范围划分有国际标准、区域标准、国家标准、专业标准、企业标准;按内容划分有基础标准(一般包括名词术语、符号、代号、机械制图、公差与配合等)、产品标准、辅助产品标准(工具、模具、量具、夹具等)、原材料标准、方法标准(包括工艺要求、过程、要素、工艺说明等);按成熟程度划分有法定标准、推荐标准、试行标准、标准草案;按照标准化的对象划分可以分为技术标准、工作标准和管理标准。

---

① 丁婧.功能层面的教育信息化评价标准研究[D].南京:南京师范大学博士学位论文,2011.

② 叶柏林,陈志田.标准化[M].北京:中国科学技术出版社,1988.

③ 国家质量监督检验检疫总局,国家标准化管理委员会.中华人民共和国国家标准[S].GB/T 20000.1—2014.2018-08-10.

④ 杨宗凯,吴砥,刘清堂.网络教育标准与技术[M].北京:清华大学出版社,2003.

　　单一标准无法对具有一定规模的组织机构的生产活动进行全方位的规范。因此,小到单个机构,大到整个地区、行业,都需要一个多层次、多维度的标准体系来对其内部各个层次、各个维度、流程中各点的行为、结果等进行规范。而标准体系,就是一定范围内的标准按其内在联系形成的科学的有机整体。因此,教育信息化技术标准体系就是在现代教育信息化领域的实践中,通过制定、发布和实施各项教育信息化的技术标准,使整个教育信息化应用环境达到和谐统一,获得最佳秩序和效益的系列标准。

二、教育信息化标准体系

　　在《教育信息化十年发展规划(2011—2020 年)》中,教育部明确指出:"大力推进教育信息化应用创新与改革试点","探索教育信息化可持续发展机制",并指出"到 2015 年,形成初步完备的教育信息化标准规范体系"。[1]

　　目前,各类教育信息化标准在评价对象、评价内容、实施强制力等方面都存在很大的区别,但其最终价值在于教育信息化整体目标的实现。这些标准虽然大多相互独立但依然存在着相互依存、相互制约的关系,它们自然构成了一个有机整合的教育信息化标准系统,具备了系统的属性及效应,标准系统的结构将影响系统效应的发挥,并对其中的标准产生影响。[2]

　　教育信息化系统中的标准,按照不同逻辑可以进行多种方式划分,但其中必有一种是关键分类方式,如系统评价理论中的按对客体的要求进行划分,以及标准化理论中的按评价对象属性进行划分。关键分类方式的选择非常重要,因为它代表着对系统观察与思考的角度,如果选择不当,可能导致两种情况出现:一是对系统的评价不够全面,二是使标准系统结构不能清晰呈现。目前,从我们搜集到的资料来看,大多数文献资料从某一方面来说是按照评价主体对客体的要求,将教育信息化标准系统分为条件标准、职责标准、绩效标准。凭借这种划分逻辑对现有教育信息化标准进行分类,有助于掌握教育信息化标准研究与实践的情况,发现问题、弥补不足。

　　一个地区的教育信息化水平是由多种要素组成的综合系统,在对其做定量分析评估时,选择一些涵括和表征该系统的指标非常必要。所谓评价指标是要解决"评什么"的问题,它是将抽象、笼统的评价对象转化成具体、灵活、实

　　① 教育部.教育部关于印发《教育信息化十年发展规划(2011—2020 年)》的通知[EB/OL]. http://old.moe.gov.cn/publicfiles/business/htmlfiles/moe/s3342/201203/xxgk_13322.html.2018-08-14.
　　② 吴永和,祝智庭.基础教育信息化标准建设蓝图与实用导航[J].中国教育信息化,2013(3): 3~7.

在的构成要素进行价值判断。研究者根据不同的研究目标和拟要解决的问题对评价指标采取不同的分类方式,如王珠珠等人将基础教育信息化评价指标分成五大类二十六项[1]:一是基础设施建设(3 个指标),如学生用机比例、教师用机比例、学校接入互联网的比例和方式等;二是信息资源(5 个指标),如学校拥有自制资源的总量、学校拥有网站的比例、信息化教育节目播出时间等;三是信息素养(5 个指标),如信息技术课开课率、学生的平均上机时间、拥有专任教师的比例等;四是信息通信技术的应用(6 个指标),如信息技术在学科教学中的应用、拥有邮箱账号的比例、使用信息技术有信心的师生比例等;五是信息化管理(6 个指标),如学校经费投入比例、有网络安全保障和维护措施的学校比例、有信息化规划的学校比例等。王唯采用信息化发展背景、基础环境、管理环境、ICT 应用四大类十七项来评价中小学教育信息化水平[2],具体包括:一是发展背景(2 个指标),如区域人均国内生产总值、师生家庭计算机联网比例;二是基础环境(5 个指标),如生均计算机数、学校计算机接入互联网的带宽、师生对信息资源需要的满意度等;三是管理环境(5 个指标),如学生应用工学习的时间与学生课程学习时间总量的比例、学校使用时间指数等;四是 ICT 应用(5 个指标),如应用自主学习的学生比例、学生使用时间指数等。熊才平等人在评价基础教育信息化水平时将指标分成三项一级指标和十六项二级指标[3],包括:校园网络建设(5 个指标),如已开通校园网学校比例、开通校园网学校平均拥有服务器数量、拥有独立网站的学校比例等;教育信息化硬件资源配置(7 个指标),如百名学生拥有计算机数量、校均拥有多媒体教室数量、百班多媒体教室拥有量等;信息技术课程开设情况(4 个指标),如开设信息技术课程的学校比例、专职教师占信息技术任课教师比例等。

上述这些指标从人才队伍、财政投入情况、软硬件资源等方面对教育信息化发展现状进行了描述,能够对教育信息化建设水平、结构及其支持条件等进行评价。因此,这些指标属于基础性和结构比例性指标,能够比较全面、客观地描述教育信息化发展现状,为衡量教育信息化建设和发展水平提供重要依据。由于我国的教育信息化指标主要定位于用来测量当前学校教

①　王珠珠,刘雍潜,黄荣怀等.《中小学教育信息化建设与应用状况的调查研究》报告(上)[J].中国电化教育,2005(10):25~32.

②　王唯.中小学学校教育信息化指标构建及价值分析[J].中国教育学刊,2004(6).

③　熊才平,吴瑞华.基础教育信息化城乡均衡发展问题与对策——浙江省台州市的实证研究[J].教育研究,2006(3).

育信息化发展的现状,而用于监测、导向和深入探讨教育信息化发展规律方面的指标比较少,缺乏限定标准,因此需要在实践中尽快建立该方面的指标体系。

第二节　教育信息化标准建设理念

世界各国在发展教育信息化的过程中深刻认识到,学习资源的可共享性和系统的互操作性对于教育系统的实用性和经济性具有决定性意义。因此,国际上有不少标准化组织、企业机构和学术团体致力于网络教育技术标准的研究与开发,并且取得了一定的成果。

一、信息技术应用发展阶段模型

亚太地区教育信息化绩效指标是联合国教科文组织构建的一整套指标体系,用于测量信息技术对亚太地区教育领域的影响。这套评估体系对信息技术应用发展阶段的描述采用了信息发展阶段的诺兰模型,将信息技术在教学中应用的发展情况划分为四个阶段。这四个发展阶段分别为起步阶段、应用阶段、融合阶段和变革阶段(如图3-1所示),并且对在每个发展阶段中应特别关注的问题进行描述。

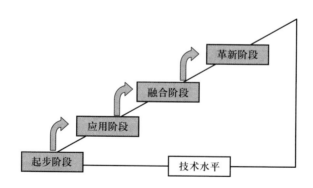

图3-1　联合国教科文组织教育信息化发展阶段划分

(一)发展阶段的确立

联合国教科文组织在建立指标的过程中为我们提供了很好的示范。它首先确定了评估的内容,然后进行指标的建立。在建立指标的过程中制定了一系列的原则以保证指标的科学性。联合国教科文组织提出的指标体系包括五个大类:基于信息技术的政策、策略;信息技术基础设施及使用;课程与教材;专业人员使用及教学;学生使用及学习。通过分析这五类指标的情况可以帮助评估者确定评估对象所处的发展阶段[①],并且从指标类别的角度对每个阶段的主要特征进行逐层递进的描述(如表 3-1 所示)。这种描述有助于国家、地区以及学校通过与此对照,对自己的发展阶段进行判断。

表 3-1　联合国教科文组织教育信息化发展阶段描述

阶段	描述
起步阶段	意识到信息技术对教育的益处,制定了相应的国家政策并进行拨款,而且提出了实施的准则,开始进行基础设施的准备
应用阶段	信息技术并没有被整合到课程当中,学校开始受益于信息技术对教育管理带来的便利。学校并没有充分配备好设备,生机比依然较低。教师大部分在接受计算机使用方面的培训,而不是在教学中如何使用信息技术的培训,教师在教学中对信息技术的使用一般局限于讲解
融合阶段	信息技术的使用被纳入标准的课程中,而且制定出了学生和教师对信息技术使用的标准。信息技术在教学中更多的是一种工具,而不仅仅是一门学科。教师在教学当中习惯使用信息技术,学生在课堂活动和课后作业中也能够应用信息技术
革新阶段	信息技术成为教学和管理中不可缺少的一部分,而且被有效地应用到教学、解决问题、交流和合作中。传统学习已经被线上学习(E-Learning)所取代。学生完全掌握各种信息技术的使用

1. 起步阶段

该阶段意味着学校处于 ICT 使用的开始阶段,主要表现为学校开始购买计算机硬件设备和软件。在该阶段,管理者和教师开始探讨学校管理中应用 ICT 的可能性,并且将 ICT 添加到课程中。处于起步阶段的学校仍然采用传统的、以教师为中心的教学实践。教师在课程教学中对 ICT 的应用在基本技能方面呈现出提高趋势。如果教师逐渐习惯和适应 ICT,就将进入下一个阶段。在教学实践中,起步阶段的典型特征是 ICT 在教学中使用的"有"和"无"。教

[①] 卢丹,谢亚南.信息化发展阶段论对教育信息化评估体系的启示——以联合国教科文组织亚太地区教育信息化评估体系为例[J].现代情报,2013(3):6~9.

师在起步阶段的任务是学习和掌握 ICT 使用技能。

2. 应用阶段

当教师形成针对 ICT 促进学习的全新理解后,就表明他们已经进入应用阶段。管理者和教师在学校管理和课程教学中利用 ICT 完成任务。教师会较大的受制于学习环境。专门的 ICT 工具和软件会应用在不同的课程教学中。应用阶段的最大特点是 ICT 在教学中使用的"多"和"少"。教师基本掌握了 ICT 使用技能,在教学中的使用频率会逐渐加大。教师更加关注如何将 ICT 同学科教学整合,即如何用技术解决课程和学科问题。教师会逐渐掌握利用 ICT 支持教与学的方法和策略。

3. 融合阶段

该阶段是在课程中整合与嵌入 ICT。在学校中的实验室、教师和管理者办公室中均配置基于计算机的技术设备。教师习惯于探讨如何使用 ICT 提高教学效率和专业发展。在课程教学中采用基于真实世界的应用,学科之间的界限逐渐模糊。融合阶段的典型特点是解决 ICT 在教学中应用的"好"和"坏"的问题。教师重点掌握运用 ICT 的教学方法。ICT 支持的教与学同传统教学相比,其教学流程会发生改变(再造)、教学模式发生转变(以学为中心)。

4. 革新阶段

学校按照创新途径利用 ICT 反思和重建学校组织。借助 ICT,让老师日常不可见的生产率和专业实践成为完整的统一体。课程的核心是以学习者为中心,实现课程领域和真实世界应用的整合。在专业层次上,ICT 仍然是一个独立的学科,但可以同所有的职业领域相融合。学校成为社区学习中心。变革阶段的典型特征是 ICT 在教学应用的"新"和"旧"。"新"代表了"以学为中心"的范式,"旧"则是"以教为中心"的范式。变革阶段也可以看成是融合阶段的常态化,融合阶段是变革的基础。

(二) 关键指标的解读

联合国教科文组织在对教育信息化发展每个阶段的描述中都提到了特别关注的内容,可以把这些指标项理解为信息技术教育应用的关键指标。对每一个阶段的描述都可以整理出十几个甚至是几十个指标(如表 3-2 所示),评估者可以根据这些指标了解被评估对象所处的阶段,更重要的是可以据此提出具有针对性的策略。这些关键指标不仅能在评估中发挥作用,它们也能够为教育信息化迈向下一个阶段指明方向。

表 3-2　联合国教科文组织特别关注指标项

阶段	关键指标项
起步阶段	基础设施建设;政策、机构、经费等
应用阶段	信息技术是否具备并被应用;学生、教师和计算机的比例;网络连接情况;教师培训成果;以及教师对信息技术的使用情况等
融合阶段	教学过程和结果,以及信息技术在交流和提供网络资源方面中使用的成效
革新阶段	对前阶段出现的如带宽,设施建设一些指标的更高要求;关注信息技术在E-Learning、远程合作和交流中的使用;基于网络的教师职业发展;教师培训的广度和深度;信息技术如何促进学生的创造性思维、批判性思维的发展和解决问题能力的提高等

二、教育目的演化的知识阶梯模型

考斯马(Kozma)提出教育信息化发展,从知识掌握层面分析,学习者应达到的目标可以划分为四个阶段,又称知识阶梯理论,包括普及教育、知识获取、知识深化、知识创建。每个阶段,教育信息化的应用均具有明显特征指标。这四个阶段的特征指标如图 3-2 所示。

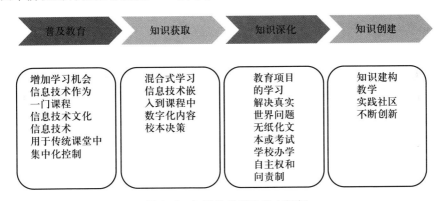

图 3-2　知识阶梯理论基本框架

1. 普及教育

该阶段教育政策的目标是提高进入学校接受正式教育的人数,主要针对如何提高人们的读写和计算能力。社会发展的目标是为人们提供生活能力、增加人们对社会事务的参与性、提高人们的健康和福利水平。提高普通基础教育水平是该阶段的重点,如提高女童的入学率等。该阶段的教师应具备基本的学科知识和教学技能。通常，该阶段的生师比非常高，因此讲授式教学模式在该阶段占据主导地位。对大众教育来讲，社会体制具有比较明显的层阶性。教师自主性少，课程督导员通过繁忙的课程表完成监督过程。学校教学设施非常少，仅能满足基本的教学需求。在可能的条件下，计算机主要用于教育管理，仅可以提供从本地进入的数字化资料。互联网可能会被用于管理和支持，也可能用于远程获取教学资源，专家可能会通过远程方式支持教师专业发展。通过互联网获取的资源可以在本地得到分发。概括说来，该阶段的典型特征是提高学生的参与性、将 ICT 作为一门学科、重视学生信息素养培养、在传统教学中采用 ICT、采用以教师为中心的集中控制式教学。

2. 知识获取

知识获取阶段将教育作为通过提高生产力而促进经济增长的重要途径。因此，该阶段的政策目标是通过培养劳动者具有更多知识、技能和利用新技术的能力，以实现经济生产力的提高。教育目标则是在提高入学率的基础上，提高教育质量、提升数学和科学技能（包括技术素养）。该阶段采用不同方式将技术叠加到传统教育系统中，但所引发的变革比较少。在课程中将 ICT 单独作为一门学科提供给学生学习，或者将 ICT 整合进其他课程中。课程体系继续按照传统学科进行分类，测试内容包括记忆事实性知识，或者是简单地、仅用一步就能解决的问题。教学法实践包括运用不同的技术、工具为班级一部分、小组和个体活动提供补充性电子内容。ICT 为远程学习者提供了机会。教师实践则包括在课堂利用技术组织活动和讲解、任务管理，获得基于传统学科的专业发展。教学法知识包括教师传递供学生接受的信息。从社会结构上看，需要螺旋式替换和将技术整合于学校中。通常，将计算机放置于不同的实验室中，因为 ICT 是作为课程提供的，技术并没有整合进课程中。该阶段的典型特征是在教学中采用混合式学习、将 ICT 嵌入课程中、运用数字化内容、采用基于学校的决策，并且利用知识管理系统等。

3. 知识深化

知识深化阶段的政策目标是增加劳动者的能力，以提高经济输出的价值。通过学校学习课程知识，实现在现实工作和生活中解决复杂问题。采用该种方式所设置的课程，重点是加强对核心概念、原则和过程的深入理解，掌握观点组织方法和它们在学科领域间的互相联系，以形成复杂的知识体系。在该情境中的协作性教室活动、项目和调研，为学生提供了可拓展的、开放的、面向真实世界问题的方案，是该阶段的重要组成部分。技术将在其中扮演重要角色，同时学生将采用可视化和模拟方式探讨、理解和应用复杂知识。因此，可以将 ICT 整合在课程中,也可以将其整合进日常课堂实践中。网络能够帮助教师和学生与课堂活动和外部世界建立联系。拓展性评价通常包含学生在真实世界中遇到的不同部分和平行的复杂任务。这种类型的学习更加负责,教师既需要深度理解课程领域的知识,也要处理学生拥有的认知和社会加工过程,还包括学生在这种学习类型中所遇到的问题。学校课程和实施中的灵活性能够支持这些在课堂教学中所体现的能力。该阶段的典型特征是在教学中采用基于项目的学习、面向真实世界的问题解决、无纸化文本和测试,以及基于学校的自治和责任。

4. 知识创建

政策目标是通过持续参与知识创建、革新和学习过程,开发劳动力和公民意识。该阶段意味着所发生的教育转变是深刻的。如果学生处于一个创造的、分享的、使用新知识的经济和社会中,那么文化贡献对持续发展而言是最基本的,他们的教育准备必须超越面向已经存在的知识的学习。知识创建不会同知识深化冲突,而建立深度理解学校课程的基础。除了深入理解学生在过去所形成的解决复杂问题的核心概念和原则,他们参与在当前知识和文化作品上的持续和协作的过程,以实现创建和分享新的贡献。贡献的价值由社区用户做出判断。知识创建能力包括使用多种技术工具的能力;搜索、组织和分析信息的能力;在多种形式下进行有效沟通的能力;与拥有不同能力和背景者进行协作的能力;批判性、创新性和创造性思考的能力。但是在知识创建技能中最重要的能力是帮助学生形成在今后的生活中继续学习的能力。在知识创建阶段,由教师设计学习社区,学生们具有持续参与创建他们自己的和相互之间的知识和学习的能力。因此,学校将转变为学习组织,所有成员将参与学习过程。师生将使用不同的电子设备、数字资源和社会知识网络,设计为知识创建和批判性思维能力提供支持的、基于 ICT 的学习资源和工具;持续性支持、反思性学习过程;持续支持克服时间和地点限制的知识社区中的互动。按照知识创建的观点,教师自己成为持续性参与教育实验过程的学习者;同拓展至同事和专家的网络开展合作,以产生关于学习和教学实践的新知识;进而为他们的学生模拟学习过程。知识创建阶段的特征是在教学过程中采用自下而上的知识建构教学论、采用实践社群组织教与学过程和实现持续性教学革新。

知识阶梯中的四个阶段同 ICT 演化过程的四个阶段具有相互对应关系。普及教育阶段对应起步阶段、知识获取阶段对应应用阶段、知识深化对应融合阶段、知识创建阶段对应革新阶段。如果仅从分析 ICT 与教学融合来看,在教学中需要采用基于项目的学习、基于真实世界的问题解决、无纸化教学内容、无纸化测试、学生学习在自治性基础上形成自我责任。在教学法上，这些指标可以看成是 ICT 与教学融合的基本条件。

三、21世纪学习

早在 20 世纪 90 年代，一些国家和国际教育组织就开始讨论 21 世纪所必需的技能。作为教育强国的美国，2002 年在联邦教育部的主持下成立了"21 世纪技能合作组织"（Partnership for 21st Century Learning）。该组织将 21 世纪应具备的基本技能进行整合，编制了《21 世纪技能框架》。2007 年 3 月，该组织发布了《21 世纪技能框架》的更新版本，全面、清晰地将各种技能以及它们之间的相互关系呈现出来，并设计了系统的方案来保障计划的实施（如图 3-3 所示）。

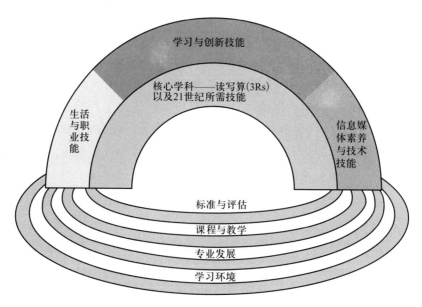

图 3-3　21 世纪所需技能图示

（一）《21世纪技能框架》内容概述

《21 世纪技能框架》以美国目前的核心课程能力和 21 世纪需求的时代主题意识为基础，具体包括三大技能，即学习与创新技能（Learning and Innovation Skills）、信息媒体素养与技术技能（Information，Media and Technology Skills）、生活与职业技能（Life and Career Skills）。其中，学习和创新技能包括创新能力、评判性思维和问题解决能力以及交流和合作能力等；信息媒体素养与技术技能包括信息素养、媒体素养和 ICT 素养;生活与职业技能包括灵活性与适应性、主动性和自我驱动能力、社交和跨文化交流能力、领导力和责任感以及创造力和价值判断能力。

从图 3-3 可以形象地看到,在"三大技能"垂直的下方,有一个底座承托着上半部分。该底座是一个支持系统,包括标准与评估、课程与教学、专业发展、学习环境。支持系统是一个学校教学统一体中相互影响和相互制约的必要组成部分,共同构成了"21 世纪技能"计划的支持系统。

(二)《21 世纪技能框架》关键指标解读

《21 世纪技能框架》主要以"以学习者为中心"的理念为出发点,运用系统分析法,从新环境下学习者学习能力的递进发展角度,结合"三大技能"的具体要求,提炼出 21 世纪学习者学习能力评价维度及关键指标,即"基本能力——综合能力——高阶能力"(如表 3-3 所示)。[①]

表 3-3 《21 世纪技能框架》关键指标解读

学习者学习能力的递进发展阶段	一级指标	二级指标	对应的学习技能
基本能力	学会学习的能力	学习感知	记忆、理解、体会
		学习策略	
		学习情感控制	
综合能力	处理问题的能力	知识的习得能力	搜索、运用、合作、讲解呈现
		信息处理能力	
		问题解决能力	
	与人沟通的能力	自我表达与沟通能力	
		协作能力	
		跨文化交流能力	
高阶能力	学习者通过长期复杂的学习而获得的能够创造性应对生活、工作中问题的综合能力	元认知能力	审核、加工、创造
		批判性思维能力	
		创新能力	
		学习素养	

---

① 蔡慧英,顾小清.21 世纪学习者能力评测工具的框架设计研究[J].中小学信息技术教育,2013(7):126~131.

四、教师专业能力发展的 TPACK 框架

(一) TPACK 的提出及基本框架

1986 年,舒尔曼(Shulman)提出了教师专业能力构成的学科教学知识(Pedagogical Content Knowledge,PCK),强调教师要具备某个学科的专业知识,即学科内容知识和教学法知识。随着技术进入教育领域,学者开始关注信息技术在学科教学过程中的作用以及它与其他知识之间的动态关系。米斯拉和科克勒(Mishra,Koehler,2006)在舒尔曼学科教学知识的基础上增加了技术知识,提出了整合技术的学科教学知识(Technological Pedagogical and Content Knowledge,TPACK)概念,并在《整合技术的学科教学知识:教师知识的一个框架》一文中指出,TPACK 是教师使用技术进行有效教学所必须具备的知识。同时对 TPACK 框架中的七个元素进行了详细论述。

　　TPACK 框架包含三个核心要素,即学科内容知识(CK)、教学法知识(PK)和技术知识(TK);四个复合要素,即学科教学知识(PCK),整合技术的学科内容知识(TCK),整合技术的教学法知识(TPK),整合技术的学科教学知识(TPACK)。这七个元素构成了 TPACK 框架中最核心的部分(如图 3-4 所示)。

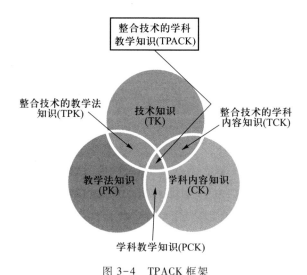

图 3-4　TPACK 框架

(二) TPACK 框架的关键指标

　　在详细阐述 TPACK 概念的内涵时,米斯拉和科克勒将文章的标题改为《一个教师知识框架》。TPACK 不仅认为教师知识具有多面性、复杂性和情境

性,还强调将技术整合到学科教学中是教师在教学中会随时随地必须运用到的一种知识形式。因此,TPACK 的提出引出了教师教育研究领域中的新议题,如测量教师的 TPACK 水平等。

测量教师 TPACK 水平的方法是设计和提炼出与框架中七个元素相对应的评估指标,形成一份量表,让教师对自己的水平进行自我评估。当前,影响力和权威性较大的测量工具是由美国爱荷华州立大学(Iowa State University)丹妮丝·A. 施密特(Denise A. Schmidt)等人联合 TPACK 的提出者米斯拉和科克勒等人设计的,它是一种面向学前教育和小学教育专业的职前教师的评估问卷。该问卷包含三个部分,第一部分是 9 道基本信息题;第二部分为量表,共 58 题;第三部分是 3 道开放式问题。

量表部分分为技术知识(共 7 题)、学科内容知识(数学、社会科学、科学、文学各 3 题,共 12 题)、教学法知识(共 7 题)、学科教学知识(共 4 题)、整合技术的学科内容知识(共 4 题)、整合技术的教学法知识(共 5 题)、整合技术的学科教学知识(共 8 题)、TPACK 示范(共 11 题)八个子部分。其中,前七个部分分别体现了 TPACK 框架中的七个元素,均为五级程度判断题(非常同意、同意、既不同意也不反对、不同意、非常不同意)。TPACK 示范部分用于调查其他教师（大学教师）在 TPACK 方面的表现。这一部分又分为两个小部分,前 8 题和其他题目一样,也是五级程度判断题,后 3 题是 4 级百分比判断题(25% 或者更少、26%~50%,51%~75%,76%~100%)。[①] 以量表部分为基础抽出部分指标,组成 TPACK 关键指标,如表 3-4 所示。

表 3-4　TPACK 关键指标

指标	题目	评价标准
技术知识 （TK）	当我遇到技术问题时,我能够自己解决这些问题	非常同意、同意、既不同意也不反对、不同意、非常不同意
	我具备我所使用的技术所必需的技能	
	我有充足的机会在学习、工作中使用不同的技术	
学科内容知识 （CK）	我具备充足的学科知识	非常同意、同意、既不同意也不反对、不同意、非常不同意
	我能使用学科知识进行思维	

---

① 詹艺.培养师范生"整合技术的学科教学知识"(TPACK)的研究[D].上海:华东师范大学硕士学位论文,2011.

续表

指标	题目	评价标准
教学法知识（PK）	我知道如何对学生的课堂表现进行评价	非常同意、同意、既不同意也不反对、不同意、非常不同意
	我能够在课堂中使用多种教学方法	
	我能够根据学生当前的知识理解状况对我的教学进行调整	
学科教学知识（PCK）	我知道不同的学科主题需要采用不同的教学方法	非常同意、同意、既不同意也不反对、不同意、非常不同意
	我知道如何选择有效的教学方法,引导学生进行学习和思考	
整合技术的学科内容知识（TCK）	我能选择合适的表征技术如多媒体、可视化等来呈现具体的学科概念,从而使学生能够更好地理解这些概念	非常同意、同意、既不同意也不反对、不同意、非常不同意
	我了解并能使用可以促进本学科教学内容学习的技术	
整合技术的教学法知识（TPK）	我能选择一项技术,用于提升课堂教学方法的成效	非常同意、同意、既不同意也不反对、不同意、非常不同意
	我能选择一项技术,用于增进学生的课堂学习	
	我能批判性地思考如何在课堂中使用技术	
整合技术的学科教学知识（TPC）	我能够使用我所学的策略,整合学科内容、技术和教学方法	非常同意、同意、既不同意也不反对、不同意、非常不同意
	我能恰当地将学科内容、技术和教学方法整合到课堂教学中	
	我能够在帮助我的学生等其他人协调使用学科内容、技术和教学法时发挥领导作用	

第三节　教育信息化指标体系构建的分析框架

一、三维分析模型的确立

国家信息化水平标志着一个国家新一轮现代化建设的水平。在现代化进程中,我们迫切需要了解自己处在什么位置上。因此迫切需要建立适合中国国情的评价与比较信息化发展水平的指标,迫切需要研究测量中国信息化水平与发展状况的计算方法,以便正确引导和促进全国及各地区信息化健康、快速地发展,从而促进中国经济乃至中国现代化的发展。

指标体系是对社会价值系统的总结和提炼。因此,指标体系的演变反映了价值标准的演变方向。从这个意义上说,信息化指标体系,将成为今日中国现代化运动的重要参考体系。专家认为指标体系构建至少有 4 个方面的实际作用。一是了解情况;二是可以看到地区之间的差距;三是可以使各项指标在信息化推进过程中协同发展;四是指标所建立的庞大数据库是国家战略资源。这也正是我国教育信息化评价指标体系建立的出发点。

参考联合国教科文组织提出的信息技术应用发展阶段模型,可以将信息技术在教育中的应用发展水平划分为三个阶段,分别为初步应用、课程整合、融合创新;并将这一维度作为纵轴,即应用指标项。参照联合国教科文组织对亚洲地区的教育信息化应用情况进行评估时的做法,将国家教育系统发展的 ICT 环境随着时间发展的水平线作为横向对比依据,可以将教育应用中信息技术随时间发展的环境指标作为横轴,命名为环境建设水平,即环境指标项,用政策、投资、软硬件设施、人力资源、数字化资源和管理等方面代表影响教育信息化应用的因素,反映信息化基础环境水平的发展情况。

教育部 2010 年颁布的《中小学教师教育技术能力标准(试行)》提出,"中小学教师的教育技术能力在不同的发展阶段需要具备初级水平、中级水平或高级水平",将该水平发展要求演化为教育技术在不同的发展时期也应具备不同的水平。在每一个水平上,需要具备一定的环境条件才能达到在这一水平下教育技术能力发展的需求。因此,将环境建设水平这个横轴设置为三个等级,即初级水平、中级水平和高级水平。

按照教育目的演化知识阶梯模型要求,可以将在一定基础环境中教育信息化在教与学中应用所能达到的不同目标进行阶段划分,同样分为四个阶段,即基础教育、知识获取、知识深化、知识创新。"基础教育"阶段是指人们在成

长中为了获取更多知识而需要先掌握的知识,包括幼儿教育、小学教育、普通
中等教育。为了避免概念混淆,根据这一阶段所能达到的目标和我国信息技
术的实际应用情况,将这一阶段与"知识获取"阶段进行合并,统称为"知识获
取",连同"知识深化""知识创新"构成一个新的维度,将其定义为教育革新
维,即变革指标项。

　　根据上述分析,可以将教育信息化指标体系分为环境建设水平维、信息技
术在教育中应用发展水平维和教育革新维(如图 3-5 所示)。

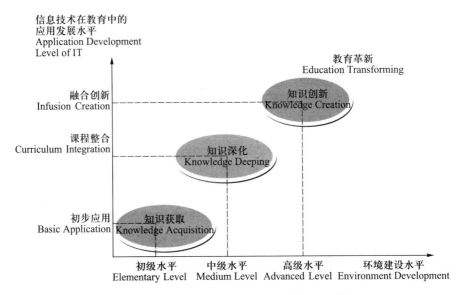

图 3-5　本书构建的教育信息化指标体系三维模型

二、系统分析框架模型的构建

　　教育信息化指标主要是围绕信息技术在教育中的应用情况制定的,它参
考了联合国教科文组织信息技术应用发展阶段模型及考斯马的知识阶梯模
型,同时,结合系统理论,排除指标项干扰变量、无用变量与边缘变量的影响,
针对影响变量输入教与学过程所起的作用,使用"输入—过程—输出"的理论
框架来描述各指标项之间的相互关系(如图 3-6 所示)。

　　在输入(I)端,省略了经济、文化背景在社会发展中的影响,主要关注
在教与学的过程中与信息技术相关的能解决关键问题的指标。这些指标
又被称为解释变量,是在教与学过程中的输入变量,它们能反映信息技术
教学应用的密度与种类。

　　在过程(P)阶段,忽略教育过程的复杂性,重点关注信息技术在教与学中

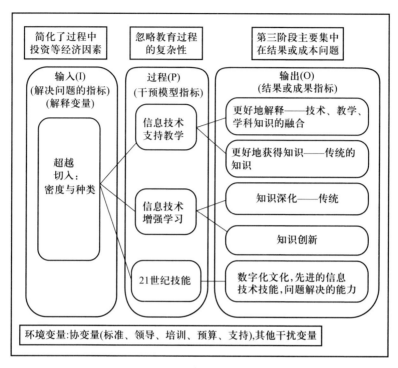

图 3-6　教育信息化指标指导理论框架

应用的过程,同信息技术教与学应用过程相关的指标组成干预模型的指标。这些指标可以分为三类,分别是影响"信息技术支持教学"过程的指标项、影响"信息技术增强学习"的指标项和"21 世纪技能"的指标项。

在输出(O)方面,突出的是信息技术应用在教与学过程后的输出结果或成果指标。通过这些指标,可以评估信息技术应用是否达到过程阶段要达到的目标。如"信息技术支持教学"是为了更好地融合技术、教学、学科知识,是为了在获得传统知识的基础上更好地获得知识。"信息技术增强学习"的目的是在传统知识学习的基础上,进行知识深化和知识创新,使学生在信息技术的帮助下,主动学习,解决实际问题,形成产品。而"21 世纪技能"的指标项表明教学目标是获得数字化文化、先进的信息技术技能和问题解决的能力。

三、模型的应用

在教育信息化指标体系构建过程中,每一个环节做什么,应该怎样做,做到什么程度,都需要我们对模型进行进一步解读和应用。模型中涉及的三个维度分别对应信息技术在教育中的应用发展水平、环境建设水平和教育革新。

通常来说,每个标准的制定都是零星、分散、孤立的,具有各自的背景、目的和功能。虽然标准应该是"填补系统的一个要素或者是在纵横交错的系统网络中填补一个节点,这个标准的功能受到该系统严格的制约",但是当标准分散制定时,这样的状态往往难以实现。目前,教育信息化标准系统就明显存在这样的问题,有空白,有瓶颈还有各自为政的现象。当为了解决教育信息化存在的这个综合性问题,而把已有的标准整合使用时,就会出现由于背景差异而导致的标准集合困难的问题。

在教育信息化指标体系的分析中,要充分认识教育信息化是在教育领域内全面深入地运用现代化信息技术,促进教育改革和发展的过程。这个过程涉及教育教学及其管理的各个方面、各个层次和各个环节,其自身又包括基础设施建设、信息资源建设、师资队伍建设和应用系统建设等多个方面。这些方面相互联系、相互影响、相互促进、相互制约。只有全面正确地理解教育信息化建设的内涵,才能保证各方面工作的协调发展。

在信息化指标构建过程中,应重点解决三个问题:

(1)教育信息化不仅是现代信息技术的应用问题,也是教育思想、教育观念、教育模式和教育方式的转变问题。要通过教育信息化,更新教育思想和观念,改革传统的、不适应信息化社会需要的教育模式、教育方式和教育内容,促进教育革新。

(2)要坚持硬件、软件建设两手抓。除了抓好教育信息基础设施建设之外,更重要的是要将教育信息资源、人才队伍等方面的建设纳入议事日程,切实抓好,打好教育信息化建设的基础。

(3)信息技术在教育领域的应用是全方位、多方面的,不仅要用于教学的各个环节,如教师备课、课堂教学、学生学习、课外活动等,还要用于学术交流、科学研究、职业技术培训,以及教育行政管理、招生录取和毕业生就业服务等诸多方面,它们决定了信息技术在教育教学中应用的效益。

通过分析框架中的环境建设维度,可以促进教育信息化标准系统中局部服务于整体。因为分析框架以综合性为其最突出的特点,以整体性为首要原则,工作中首先是确定标准系统的整体目标,并将整体目标分解成各标准的具体目标,从而保证在标准系统中不存在盲点,每一个节点都有相应的标准予以规范。

通过信息技术应用水平监测,可以提高教育信息化标准系统及标准的目的性。因为课程建设与信息技术融合的整体性,使得标准系统的目的非常清晰,并通过总体目标的分解使得标准系统的各个标准也具有明确的目的。目前教育信息化评价活动中的标准随处可见,尤其在大量的教育实践活动评价中,标准往往因为具有行政性而导致与评价目的产生偏差。

通过整体考虑教育变革与信息化进程的关系,可以提高与教育信息化标准相关的工作效率。在制定标准时,合理的新标准需要考虑与现有标准之间的协调与衔接问题。而通过标准的制定或修订,因为事先已经经过通盘考虑和协调,可以减少事后协调的难度。在教育信息化领域内,对于标准系统研究仍处于发展阶段,急需构建与完善不同应用领域的标准化系统,这既是构建标准体系的大好时机,也为更好地发挥标准体系分析框架的作用提供了可能。

第四章

技术演化维度：环境指标项的确立

在人类文明发展的进程中，技术对教育曾多次产生重大影响。尤其是教育信息化在经历了传统技术、视听技术、计算机技术和网络技术以后，最近几年出现的云计算、移动互联网、3D 打印以及可穿戴技术更是以惊人的速度改变着人们的工作方式、学习方式、思维方式、交流方式以及生活方式。因此，教育信息化的标准建设同教育环境建设标准化具有密切联系。

本章在对信息技术发展历程进行梳理和回顾的基础上，构建教育信息化指标建设框架的第一维度，即技术演化维度的指标项。指标构建的方法是基于文献数据的分析以及对已有指标项的对比分析，初步构建技术演化维度的指标项及指标所涉及的内容范围。

第一节 信息技术教育应用的演化

随着技术发展的不断演化，信息技术在教育不同发展阶段中的应用，呈现出不同的特点。在教育信息化的发展进程中，基础设施是教育信息化建设的首要内容和物质基础，一直备受各国政府的关注。本节在对信息技术的发展演化历史进行回顾的基础上，构建基础环境建设的指标维度框架。

一、信息技术的发展演化

（一）信息技术的概念

信息技术是当今世界创新速度最快、通用性最广、渗透力最强的高新技术之一。信息技术是一个宽泛的概念，一般来说，凡是涉及信息产生、获取、检测、识别、变换、传递、处理、存储、演示、控制、利用和反馈等的活动，或以增强人类信息处理功能为目的的技术都可以称为信息技术。①

---

① 韩金仓，侯振兴主编.大学信息技术教程（Win 7+Office 2010）［M］.北京:清华大学出版社，2014.

(二) 信息技术发展演化：三次 IT 浪潮

人类已经经历了两次重大的工业革命，第一次工业革命主要以蒸汽机为代表，第二次工业革命以电气化为主要标志。伴随着信息时代突飞猛进的发展，全球迎来了以数字制造技术、互联网技术和再生性能源技术交互融合为标志的第三次工业革命。

如图 4-1 所示，第三次工业革命时期共经历了三次 IT 浪潮：第一次是从大型计算机时代过渡到了微型计算机时代，第二次是从微型计算机时代过渡到了互联网时代，第三次是从互联网时代过渡到现在的云计算时代。

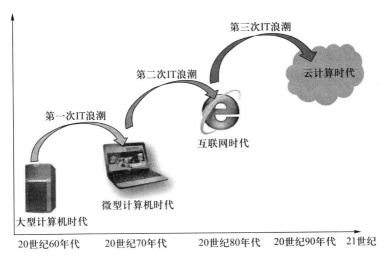

图 4-1　信息技术发展的三次 IT 浪潮①

1. 大型计算机时代

20 世纪 60 年代，伴随着大型计算机的兴起，人类计算方式有了巨大进步，信息处理方式主要以大型计算机的集中式数据处理为代表。

2. 微型计算机时代

20 世纪 70 年代，第一台微型计算机问世。随着时代的发展，计算机的体积越来越小，运算速度越来越快，功能越来越强，更新换代越来越快。20 世纪 80 年代，电子计算机技术特别是微电子飞速发展，世界计算机产业向着微型化发展，新的技术层出不穷，个人计算机在家庭和小企业中得到了快速普及。

---

① 赛迪顾问股份有限公司.中国云计算产业发展白皮书[EB/OL].http://www.ccidnet.com/product/techzt/cwb/images/cloudbook.pdf.2018-08-05.

3.互联网时代

20世纪80年代末到90年代初期,互联网技术迅速发展,将更多计算机连接到一起,形成一个几乎覆盖全球的强大系统,是人类迈向地球村坚实的一步。互联网具有全球性、开放性、交互性、即时性、多媒体性等特征,其信息交换不受空间限制,信息更新速度快,交换信息具有互动性,信息整合能力强。互联网的快速发展深刻地改变着社会结构和社会关系,数字化生存与网络化生活将成为常态。

4.云计算时代

云计算是继个人计算机变革、互联网变革之后的第三次IT浪潮。通过整合网络计算存储软件内容等资源,云计算可以实现随时获取、按需使用、即时扩展等功能。云计算使得我们像用电用水一样使用信息系统,随着计算能力的不断提升,未来云计算将主要应用于各种电子终端,如智能手机、平板电脑、笔记本电脑等,实现海量电子终端+云平台的应用模式。

(三)信息技术教育应用演化

1.第三次教育革命

人类社会的每一次跨越式发展都伴随着相应的教育大革命。纵观人类发展史,教育的根本性变革主要有三次(如图4-2所示):第一次教育革命是从原始的个别教育走向个性化的农耕教育;第二次教育革命是从个性化的农耕教育走向班级授课式的规模化教育;第三次教育革命是从规模化教育走向生态化、网络化、分散化、生命化的个性化教育。①

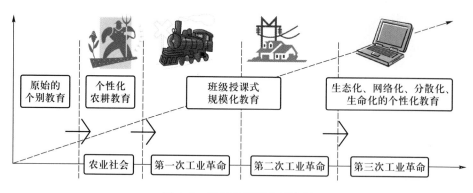

图4-2　三次教育革命示意图

第三次教育革命是从第三次工业革命开始的,它与以信息技术和互联网

---

① 周洪宇,鲍成中.扑面而来的第三次教育革命[N].中国教育报,2014-05-02(7).

为基础的信息社会相适应。人类社会进入 21 世纪,信息技术已渗透到经济发展和社会生活的各个领域,尤其是互联网的普及逐渐改变了人类社会信息传递的方式,人们可以使用更广阔的渠道获取更多的知识,教育也突破了时间与空间的限制。人们的生产方式、生活方式以及学习方式正在发生深刻的变化,全民教育、优质教育、个性化学习和终身学习已成为信息时代教育发展的重要特征。面对日趋激烈的国力竞争,世界各国普遍关注教育信息化在提高国民素质和增强国家创新能力方面的重要作用。

2. 信息技术对教育的影响

信息技术的发展对教育的影响是巨大的,从广播、幻灯、投影到电影、电视,再到计算机、互联网和云计算,每一次技术革新总会为教育领域带来新的应用,对教育的影响也愈发广泛和深入。第三次教育革命正在引发教育系统的全面变革:教学对象由"数字移民"变为"数字原住民";教学环境由传统的课堂教学变为线上与线下相结合的教学环境;教学资源由传统的纸质教材变为海量的在线资源;教学模式由以教师为中心的知识传授转变为以学生为中心的混合式教学和翻转课堂等。信息技术与教育的相互渗透,主要表现为八大结构性特征[①]:

(1)教材多媒化:利用多媒体,特别是超媒体技术,使教学内容的呈现变得结构化、动态化、形象化。

(2)资源全球化:互联网已经成为全球最大的信息资源库,其中蕴藏着丰富的教育资源,无论教育者和学习者都可方便地享用。

(3)教学个性化:利用人工智能技术构建的智能导师系统能够根据学生的不同特点和需求进行教学和提供帮助。

(4)学习自主化:利用信息技术支持自主学习成为必然发展趋势。事实上,超文本、超媒体之类的电子教材,网络学习资源已经为自主学习提供了极其便利的条件。

(5)任务合作化:当前国际教育的发展方向,就是要求学生通过合作方式完成学习任务。通过计算机支持的网上合作学习,利用计算机合作小组完成作业和计算机扮演同伴角色等形式,让信息技术在支持合作学习方面发挥了极其重要的作用。

(6)环境虚拟化:教学活动可以在很大程度上脱离物理空间和时间的限制。现在已经涌现出一系列虚拟化的教育环境,包括虚拟教室、虚拟实验室、

---

① 《2014 上海基础教育信息化进程蓝皮书》公布[EB/OL].http://www.docin.com/p-1049538448.html.2018-08-05.

虚拟校园、虚拟学习社区、虚拟图书馆等,让虚拟教育成为可能。

（7）管理自动化:计算机管理教学包括计算机化测试与评分、学习问题诊断、学习任务分配等功能。最近的发展趋势是在网络上建立电子学档(Learning Portfolio),利用电子学档支持教学评价改革,从而实现面向学习过程的评价。

（8）系统开放化:系统开放化主要体现在内容开放、结构开放、功能开放三个方面。内容开放是指通过超链接实现本地资源与远程资源的无缝连接,内容空间可无限度扩张;结构开放是指可利用构件化技术,允许随时更新教育内容和扩充教育系统的能力;功能开放是提供全面的教育服务,能够支持按需学习、适时学习与弹性学习。

（四）教育行业值得关注的信息技术

美国新媒体联盟(New Media Consortium, NMC)和美国高校教育信息化协会学习促进会(EDUCAUSE Learning Initiative, ELI)每年会发布一份《地平线报告》。自 2004 年起每年的《地平线报告》都会介绍未来五年内可能会对教育机构的教学、学习或创造性表达产生重大影响的新兴技术及其在教育中的应用,常被视为教育信息化未来发展的风向标。

如表 4-1 所示,纵观历年的《地平线报告》(基础教育版)所呈现的新兴技术及其在基础教育领域中应用的趋势和所面临的挑战,可以发现很多预估技术已经成为现实,如云计算、移动学习、基于游戏的学习、增强现实、3D 打印、虚拟和远程实验室、物联网、可穿戴技术等新兴技术已经在现代课堂教学中被广泛应用,并成为需要特别关注的技术。

表 4-1　《地平线报告》(基础教育版)2009—2014 年发布的新技术和实践

时间	短期(1 年内)	中期(2 到 3 年)	长期(4 到 5 年)
2009 年①	协作环境	移动技术	智能对象
	在线沟通工具	云计算	个人互联网
2010 年②	云计算	基于游戏的学习	增强现实
	协作环境	移动技术	便携展示
2011 年③	云计算	基于游戏的学习	学习分析
	移动技术	开放内容	个性化学习环境

---

① Johnson, L., Levine, A., Smith, R., and Smythe, T. The 2009 Horizon Report: K-12 Edition [R]. Austin, Texas: The New Media Consortium, 2009.

② Johnson, L., Smith, R., Levine, A., and Haywood, K. The 2010 Horizon Report: K-12 Edition [R]. Austin, Texas: The New Media Consortium, 2010.

③ Johnson, L., Adams, S., and Haywood, K. The NMC Horizon Report: 2011 K-12 Edition [R]. Austin, Texas: The New Media Consortium, 2011.

时间	短期(1年内)	中期(2到3年)	长期(4到5年)
2012年①	移动设备及应用程序	基于游戏的学习	增强现实
	平板电脑	个人学习环境	自然用户界面
2013年②	云计算	学习分析	3D打印
	移动学习	开放内容	虚拟和远程实验室
2014年③	自带设备	游戏和游戏化	物联网
	云计算	学习分析	可穿戴技术

1. 云计算

云计算在历年的报告中都有提到,自2009年后,由中期实现阶段调整到短期实现阶段,是受到持续关注的技术。云计算改变了互联网用户对计算和通讯、数据存储和获取以及合作学习的认知方式,使得在任何地点访问任何服务成为可能。如今,许多学校的学生都可获取基于云的应用程序和服务,还有更多学校正在采用云端工具辅助教学。

2. 移动学习

移动技术、移动设备及应用程序、移动学习、自带设备相继出现在报告中。随着移动技术日新月异的发展,获得云计算应用及服务的便利,智能手机、平板电脑、游戏机、掌上电脑等移动设备及相应的应用程序开始出现,成为基础教育阶段重要的学习工具。随着技术成本的降低和基层学区采取更为开放的就学政策,学生携带自己的移动设备上学的现象日益普遍,从而推动了移动学习、泛在学习的广泛开展。

3. 基于游戏的学习

基于游戏的学习连续五年出现在报告中,说明它对于基础教育领域的学习非常有效,正在悄然改变着人们对于学习方式、学习方法的认知,能够促进学生理解重要知识概念和实现多方面能力发展。游戏具有教育性和娱乐性并重的特点,能够通过设置有利于学生获得直观体验的情境,设计与现实接近的

---

① Johnson, L., Adams, S., and Cummins, M. NMC Horizon Report: 2012 K-12 Edition [R]. Austin, Texas: The New Media Consortium, 2012.

② Johnson, L., Becker, A. S., Cummins, M., Estrada, V., Freeman, A., and Ludgate, H. NMC Horizon Report: 2013 K-12 Edition [R]. Austin, Texas: The New Media Consortium, 2013.

③ Johnson, L., Becker, A. S., Estrada, V., and Freeman, A. NMC Horizon Report: 2014 K-12 Edition [R]. Austin, Texas: The New Media Consortium, 2014.

真实任务,以引导、训练、模拟等方式强化学习效果,目的是为了让学习者在轻松和快乐的游戏过程中完成知识的意义建构。

4. 增强现实

增强现实(Augmented Reality, AR)是借助三维显示技术、交互技术、多种传感技术、计算机视觉技术以及多媒体技术把计算机生成的二维或三维的虚拟信息融合到用户所要体验的真实环境中的一种技术。[①] 2010 年和2012 年《地平线报告》中出现过增强现实技术,作为新兴的信息技术,其对教育的价值日益凸显。增强现实技术,如知识可视化、实时交互性、促进知识迁移、超现实感官体验、跨时空体验式学习、虚实结合的学习环境、增强图书等对教育的影响巨大。增强现实教育游戏可应用于多种形式的学习活动,它能提供情境、支持协作、促进自主学习。通过在现实环境之中设置虚拟信息,它能让学习者使用计算机或移动设备在虚实融合环境中与学习内容互动。

5. 3D 打印

3D 打印被称为第三次工业革命的标志,一方面可以满足人们对个性化产品的追求,另一方面可以大大提高产品的生产效率,使工业化时代的制造转变为信息时代的制造。[②] 3D 打印机能够将学生的构思转变为真实的立体彩色模型,将抽象的概念和设计带入学生的真实世界,使得学生的学习更为生动,创新了学生的学习实践。教师通过使用 3D 打印机来呈现设计过程、快速成型,并且通过创建模型揭示课程内容涉及的原理,学习者可以从设计、制作、展示等融入学习过程中,有助于学习者动手能力、设计能力和思维能力的全面发展和提高。

6. 虚拟和远程实验室

虚拟和远程实验室利用无线网络、移动设备和云端软件让那些缺少完备实验室的学校有机会进行科学实验。在很多方面,虚拟和远程实验室比现场动手进行操作的实验室更具优势。在虚拟和远程环境下,师生可以高效率、高精度地进行无数次实验。由于虚拟实验室允许全天候访问并有更大的试错性学习空间,学生可以花更多的时间进行科学测量并在实验室中进行实践。学校利用这些虚拟界面和模拟仿真给学生提供真实的科学体验,可以节省基础

---

① 蔡苏,宋倩,唐瑶.增强现实学习环境的架构与实践[J].中国电化教育,2011(8):114~119.
② 杨宗凯.解读教育信息化十年发展规划——兼论信息化与教育变革[J].中国教育信息化,2014(11):3~9.

设施建设和维护物理实验室的费用。

7. 物联网

物联网是指通过互联网信息技术将物质领域与信息领域实现物物相连的网络。物联网技术在非正式学习环境中已逐渐开始使用,如在博物馆中,工作人员通过传感器实时监控油画和古文物的状况。在大都会艺术博物馆,馆员根据艺术品对气候条件的感应,可以检测其温度和湿度。在学校应用场景中,人们正努力挖掘物联网的应用潜力,以便将物联网资源更好地运用到教学中。

8. 可穿戴技术

可穿戴技术指的是能够被用户以配饰的形式(例如首饰、墨镜、背包乃至鞋子或夹克等)佩戴的设备。可穿戴技术的优势在于可以非常便利地将那些追踪睡眠、运动、定位、社交媒体的工具整合起来。在基础教育中,可穿戴技术最有价值的应用之一是其对增强实地考察和调查的巨大潜力。例如,有的可穿戴技术能够瞬间捕捉数百张照片或在地质勘探时收集用户周边环境的数据,之后通过电子邮件或其他网络应用程序发送数据。

信息技术的迅猛发展及其在教育领域中的广泛应用,将为教育发展带来新技术和新理念的支撑。云计算、移动学习、基于游戏的学习、增强现实、3D打印、虚拟和远程实验室等新兴技术在课堂教学中的应用,将改变教师的教学方式和学生的学习方式。多种社交媒体、社交网络的应用将改变人们获取知识的方式,为学生提供海量的资源,也对教师的专业成长提出了严峻的挑战。开放资源、开放教育、开放内容等开放观念,为信息技术在教育中的应用带来真正的价值。在教育信息化进程中,要切实推动信息技术在教育领域中的深入应用,促进信息技术与课堂教学的深度融合,实现新技术和新理念支撑下学与教方式的创新,这是教育信息化真正的核心价值所在。

二、基础环境建设指标维度框架

基础环境建设是国家教育信息化建设的基础与前提,也是衡量教育信息化建设水平的重要依据。《教育信息化十年发展规划(2011—2020年)》对我国教育信息化基础环境建设所面临的现状与挑战进行了说明,即面向全国的教育信息基础设施体系初步形成,城市和经济发达地区各级各类学校已不同程度地建有校园网并以多种方式接入互联网,信息终端正逐步进入农村学校,数字教育资源不断丰富,信息化教学的应用不断拓展和深入。然而,我们对教育信息化重要作用的认识还有待深化和提高;加快推进教育信息化发展的政策环境和体制机制尚未形成;基础设施有待进一步建设;数字教育资源共建共享的有效机制尚未形成，优质教育资源尤其匮乏。各级各类学校应加快教育信息化基础建设步伐，逐步改善教育信息化环境，为不断提高教育信息化水平和实现教育信息化的持续发展提供坚实保障。

通过综合梳理联合国教科文组织、国际经济与合作组织等国际组织，以及美国、韩国、约旦和我国教育信息化建设的相关研究与实践成果，可得到与基础环境建设相关的标准内容，如表 4-2 所示。

表 4-2　国际组织及相关国家基础环境建设相关标准的内容

国际及国际组织相关标准	"基础环境建设"相关标准内容
欧盟中小学教育信息化指标[1]	学校领导力，主要是指学校领导管理者在 ICT 方面的专业素养和能力
联合国教科文组织教育信息化评估指标[2]	政策承诺，包含 10 项二级指标；公立-私立学校的参与，包含 5 项二级指标；基础设施，包含 20 项二级指标
韩国教育信息化指标体系	物理资源输入，包含 9 项指标；人力资源输入，包含 7 项指标
约旦教育变革指标	政策实施机制；经济投入；硬件和网络基础设施；数字化资源
美国 STaR 评估指标	硬件及网络连通性；数字化资源
中国教育信息化评估指标	信息化基础设施建设；教学资源建设；信息化保障体系

对比国内外教育信息化指标中与基础环境建设相关的标准内容，可以得到出现频率最高的指标是"基础设施"——ICT 在教育中应用的支撑环境，与之相应的数字化资源开发也受到重视，教育信息化管理体制、资金投入保障和人才资源建设得到了各个国家的关注。因此，基础环境建设指标维度主要划分为以下五个部分：政策理解与愿景、财务/经费保障、软硬件、数字资源、人力资源（如图 4-3 所示）。

---

[1]　European Union, OECD. Assessing the Effects of ICT in Education: Indicators, Criteria and Benchmarks for International Comparisons[M].Luxembourg:Publications Office of the European Union,2009.

[2]　UNESCO.Guide to Measuring Information and Communication Technologies(ICT) in Education[J]. UNESCO Institute for Statistics,2009.

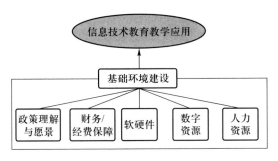

图 4-3　基础环境建设指标维度框架

第二节　基础设施建设指标项

一、政策理解与愿景

(一)教育信息化政策

国家教育信息化政策是指国家在某个历史时期按照一定目标为管理和发展教育信息化活动而制定的方针、措施和准则。它是一个国家对教育信息化活动长期发展制定的方向性和全局性战略措施。[①] 教育信息化政策反映出国家对教育信息化的重视程度,能够指导、推动或调整国家的教育信息化事业发展进程,其重要功能包括:规范约束功能,可以构建教育信息化健康发展的环境;调控分配功能,能够优化资源的整体配置和使用;目标导向功能,可以协调利益相关者建立共同愿景。[②]

近年来,国务院、教育部及相关部门针对教育信息化问题,制定并颁布了一系列政策法规,有力地推动了我国的教育信息化发展。2010 年颁布的《国家中长期教育改革和发展规划纲要(2010—2020 年)》,将教育信息化摆在非常重要的位置,明确提出"信息技术对教育发展具有革命性影响";[③]2012 年教育部进一步制订了《教育信息化十年发展规划(2011—2020 年)》,把我国教育信息化推向了一个新的发展阶段。2012 年 9 月,在全国教育信息化工作电视电话会议上再次对教育信息化作了全面、深刻的阐述;2012 年 10 月,教育部等

---

①　张倩苇.国家教育信息化政策的发展及对策研究[J].中国电化教育,2005(11):31~35.

②　胡小勇.教育信息化政策执行偏差分析与对策研究[J].中国电化教育,2011(5):35~39.

③　国家中长期教育改革和发展规划纲要工作小组办公室.国家中长期教育改革和发展规划纲要(2010—2020 年)[EB/OL].http://www.moe.edu.cn/publicfiles/business/htmlfiles/moe/moe_838/201008/93704.html.2015-07-19.

九部门联合印发了《教育部等九部门关于加快推进教育信息化当前几项重点工作的通知》，明确提出 2012 年和 2013 年教育信息化将推进的重点工作；2013 年 7 月，教育部、财政部与人力资源和社会保障部联合下发了《教育部 财政部 人力资源社会保障部关于进一步加强教育管理信息化工作的通知》，进一步明确了教育管理信息化工作的重要作用。

（二）教育信息化政策指标项确立

《中小学校长信息化领导力标准（试行）》确定了 3 个基本理念：校长是学校信息化工作的带头人；校长是学校信息化工作的组织者；校长是学校信息化工作的践行者。同时确定了校长在规划设计、组织实施、评价推动方面的具体责任。校长是参与学校教育信息化决策的关键性人物，理解国家教育信息化政策是学校开展教育信息化的基础，制订学校教育信息化发展规划是校长工作的重要组成部分。①

1. 学校领导或教师对国家教育信息化政策的理解程度

根据《中小学校长信息化领导力标准（试行）》，校长作为学校信息化工作的带头人，要认识到信息技术对教育发展的重要意义，理解国家教育信息化的方针政策与战略部署，把握信息技术带来的历史性机遇，引领教育理念变革，促进教学模式创新，推进管理方式转变，不断加快学校教育现代化步伐。

该指标主要考察学校领导是否熟悉《国家中长期教育改革和发展规划纲要（2010—2020 年）》《教育信息化十年发展规划（2011—2020 年）》等一系列教育信息化政策，目的是测量国家支持教育技术应用方面的相关政策的普及程度。

2. 学校制订教育信息化发展规划

《教育信息化十年发展规划（2011—2020 年）》指出，"制定和落实教育信息化优先发展政策。推动各级教育行政部门和各级各类学校制定教育信息化优先发展的配套政策措施"。② 校长作为学校信息化工作的组织者和践行者，要通过决策为学校教育信息化建设与发展制定清晰的目标和合理利用的政策、制度和规范。

该指标主要考察学校是否根据国家政策制订了本校教育信息化发展规划。目的是促进和提高学校对国家教育信息化政策的理解程度和对教育信息

---

① 教育部教师司.关于印发《中小学校长信息化领导力标准（试行）》的通知［EB/OL］.http://www.ahedu.gov.cn/uploads/file/20150127/20150127092704_99850.pdf.2018-08-14.

② 教育部.教育部关于印发《教育信息化十年发展规划（2011—2020 年）的通知［EB/OL］.http://old.moe.gov.cn/publicfiles/business/htmlfiles/moe/s3342/201203/xxgk_13322.html.2018-08-14.

化的重视程度。

二、财务/经费保障

（一）教育信息化投资

投资是保障和推动教育信息化建设顺利进行的重要措施。持续而适度的财务/经费投入可以为教育信息化发展提供源源不断的动力，其中既包括硬件设施与联网建设，还包括软件资源、数字资源、教师培训、教育信息化科研经费等相关投入。

欧盟、美国、英国、韩国、中国等十分重视资金投入，关注学校预算中 ICT 预算所占的比例。目前，政府引导下的多方投入和"成本分摊"机制已成为教育信息化可持续发展的重要保障，尤其是在发达国家和地区，如美国的教育信息化以联邦政府投资为主，各州、基金会和社会捐赠也占有一定比例。此外，美国政府还以项目的形式鼓励和资助各州和学区开展教育信息化研究。我国《教育信息化十年发展规划（2011—2020 年）》指出：落实经费投入，建立教育信息化经费投入保障机制，推动各级政府充分整合现有经费渠道，优化经费支出结构，在教育投入中加大对教育信息化的倾斜；鼓励多方投入，鼓励企业和社会力量投资、参与教育信息化建设与服务；加强项目与资金管理，统筹安排教育信息化经费使用，实施经费投入绩效评估。[①]

（二）教育信息化投资指标项确立

学校教育信息化建设、应用和维护都需要一定的预算。为保证学校教育信息化可持续发展和良性循环，学校需要保证一定的经费投入，且有必要将教育信息化建设列入学校教育经费预算，实行年度单独预算决算，形成稳定的资金投入渠道，建立一定额度的、持续的学校投入机制，以平稳地调控学校教育信息化的发展方向。

"学校经费投入状况"指标项主要考察学校教育信息化建设的专项经费投入量、公用经费中用于教育信息化的投入配额以及教育信息化建设经费的筹集渠道，目的是测量学校对教育信息化的重视程度以及支持度。

三、软硬件与数字资源

《教育信息化十年发展规划（2011—2020 年）》指出，到 2020 年，全面形成

---

① 教育部.教育部关于印发《教育信息化十年发展规划（2011—2020 年）》的通知［EB/OL］.http://www.moe.edu.cn/publicfiles/business/htmlfiles/moe/s3342/201203/xxgk/133322.html.2015-07-29.

与国家教育现代化发展目标相适应的教育信息化体系,基本建成人人可享有优质教育资源的信息化学习环境,基本形成学习型社会的信息化支撑服务体系,基本实现所有地区和各级各类学校宽带网络的全面覆盖,教育管理信息化水平显著提高,信息技术与教育融合发展的水平显著提升,结合义务教育学校标准化建设,针对基础教育实际需求,提高所有学校在信息基础设施、教学资源、软件工具等方面的基本配置水平,全面提升应用能力。国家大力推进"三通两平台"建设,加强"宽带网络校校通",为每所学校提供必要的宽带网络接入条件,为每间教室配备必要的设备、软件和资源,形成基本的信息化教学环境。推动"优质资源班班通",加快优质教育资源建设与共享,促进教育公平和提高教育质量;使每一所基本具备网络条件的学校和每一名教师自觉运用信息技术,使在教学、教研活动中共享优质数字教育资源成为常态。

（一）教育信息化硬件设施与联网情况指标项确立

信息化教学活动的开展必须具有基本的硬件设施条件,硬件设施建设为教师和学生提供了计算机及网络环境。随着"宽带网络校校通"建设,我国将逐步实现学校网络高速接入,促进网络性能稳步提升;提升校园无线网络环境建设,促使多媒体设备进课堂;增加师生终端设备配备,满足日常教务政务需求。

1. 学校校园网络接入互联网的总带宽

各级各类学校要根据学校自身特点,本着"统一规划、统筹实施、就近接入、因地制宜"的原则,加快实现互联网络的高速接入,保证各学校网络性能能够持续稳定提升。该指标主要考察学校校园网络接入互联网的总带宽,目的是测量学校接入互联网的总体水平,利用电脑进行网络操作、获取网络资源的机会和限制。

2. 学校拥有无线网络的覆盖率

为提升校园网络环境建设,学校应该灵活采用有线接入、无线覆盖的方式全方位提升校园网络环境,扩大校园网络的覆盖面,采取多种措施保障师生能够拥有一个绿色、健康、和谐的网络生活环境。该指标主要考察学校的无线网络所覆盖的区域范围,目的是测量学校教育信息化的硬件支持程度。

3. 学校连接互联网的教室占总教室数量的比率

该指标主要考察学校接入互联网的教室总数与学校教室总数的百分比,目的是测量学校对于硬件设施的投入程度以及硬件设施配备情况。

4. 学校教室中配备多媒体设施的比率

随着多媒体设备进课堂,多媒体教学进班级比例逐年提高。该指标主要考察学校配备有多媒体设施(电脑/笔记本+投影/大屏幕电视)的教室总数与学校教室总数的百分比,目的是测量学校的硬件设施情况。

5. 生机比

生机比是衡量一个学校信息化硬件设施水平的标志。该指标主要考察在学校中,学生总数与可供学生使用的电脑数的比率,目的是调查学校的硬件设施情况。

6. 师机比

教育信息化要求实现一定比例的(有使用能力的)教师拥有备课电脑和上网备课条件;学校行政办公电脑满足省、市、县(区)教育电子政务的要求;独立建制的学校应为每个学科组办公室配备一台以上教师办公电脑。该指标主要考察学校教师总数与可供教师使用的电脑数的比率,目的是调查学校对于教师电脑教学设备的配备情况。

7. 学生网络伦理、安全意识和技能

该指标项主要考察学校对于学生的网络伦理、安全意识以及健康上网是否重视并提供相关的教育渠道、培训讲座等,目的是了解学校对培养学生成为文明的信息公民的重视程度。

8. 学生带电脑(移动学习设备)到学校

学生自带设备(Bring Your Own Device,BYOD)已经成为世界教育信息化的发展趋势之一。2014年国际新媒体联盟发布的《地平线报告》(基础教育版)将BYOD运动列为当前正在发生的对教育产生重大影响的主要技术之一,它也成为全球基础教育推进教育信息化的关键切入口。该指标主要考察学校是否允许学生把移动学习设备包括手机、电脑等带到学校,目的是了解学校对于教育信息化设备来源政策的开放程度。

(二) 教育信息化数字资源指标项的确立

《教育信息化十年发展规划(2011—2020年)》提出各级各类教育推进教育信息化的根本任务:基础教育信息化重在缩小区域、城乡和学校之间的数字化差异,推动优质资源共享,促进教育均衡发展。"优质资源班班通"强调的是数字优质教育资源的广泛共享与信息技术在课堂教学过程中的普遍应用。围绕扩大优质教育资源,以建设"专递课堂""名师课堂"和"名校网络课堂"三种形式推进班班通。同时推动各地开发本地特色资源,鼓励学校建设校本资源库,实现课堂教学的常态化、普遍性应用。

"学校拥有教学资源网站"指标主要考察学校是否拥有可供使用的教学资源网站。该网站可以是所在区域教研室共同开发共享的,或是学校技术人员自行开发的,目的是了解学校教育信息化资源的共享情况。

（三）教育信息化软件指标项的确立

"网络学习空间人人通"为教师和学生构建基于实名制的网络学习空间,促进教学方式与学习方式的变革创造条件。网络学习空间是指基于云服务模式开展的教学活动及教学管理的软件服务平台,它包括四个主要方面:

（1）面向课程资源管理、教学设计、备课、授课、题库管理等功能的教师空间。

（2）具备课堂学习、自主学习、训练与考试、个性展示、探究式学习以及学生兴趣小组学习等多种功能的学生空间。

（3）具备教学评价与统计、教师管理、学生管理、教务管理、教学资源汇聚与共享等功能的学校管理平台、学校管理空间。

（4）具备家校互动、学生学习成长跟踪、校外安全辅助管理等功能的家长空间。同时,该平台还具备学生、教师、家长、学校多元互动功能,具备集成微博、论坛即时通讯功能的分布式、实名制存储与交互系统。"三通两平台"可以显著提高教育系统的信息化水平,实现互联互通和资源共享,成为当前阶段教育信息化建设的重点。打造面向教师、学生和家长的"网络学习空间人人通"是三通工程的最终目标。

"学校拥有用于与家长交流的网络平台"指标反映学校是否拥有并投入使用的家长交流平台,其主要目的是考察学校对家校交流软件资源的支持情况。

四、人力资源

（一）教育信息化人力资源①

人力资源的开发和管理是教育信息化资源建设的核心。人力资源建设的目的是促进学科教师、学生、技术支持人员、管理者等对 ICT 形成积极的态度,具备基本的 ICT 知识技能,掌握 ICT 在学习、教学和管理中的应用方式,能够充分利用技术提高自己的工作成效,促进教学改革。② 为此,必须对学生进行 ICT 和信息素养教育,对教师、技术支持人员和管理者等进行 ICT 用于教育的相关培训,并针对他们在实际应用过程中出现的即时性需求提供持续性支持。在培训过程中,应将 ICT 融合到活动中,使教师能够体验信息化学习环境,熟

---

① 张建伟.教育信息化的系统框架[J].电化教育研究,2003(1):9~28.

② 教育部办公厅.教育部办公厅关于印发《中小学教师信息技术应用能力标准（试行）》的通知[EB/OL].http://www.moe.edu.cn/publicfiles/business/htmlfiles/moe/s6991/201406/170123.html.2015-07-29.

悉 ICT,以及 ICT 环境下的教与学。

(二) 教育信息化人力资源指标项的确立

1. 各学科教师的教育技术能力水平达标率

2014 年 5 月,教育部发布《中小学教师信息技术应用能力标准(试行)》,根据我国中小学校信息技术实际条件的不同、师生信息技术应用情境的差异对教师在教育教学和专业发展中应用信息技术提出了基础性要求和发展性要求。分别为应用信息技术优化课堂教学的能力和应用信息技术促进学生学习的能力。根据教师教育教学工作与专业发展要求,将信息技术应用能力区分为技术素养、计划与准备、组织与管理、评估与诊断、学习与发展五个维度。

"各学科教师的教育技术能力水平达标率"主要考察达到国家教育技术能力初级水平、中级水平、高级水平的教师人数与学校教师总人数的比率,目的是测量教师教育信息技术应用水平。

2. 接受过信息技术相关培训的教师数量占教师总数量的比率

参加过 ICT 技能培训的教师,具备了一定的信息技术应用能力,能够自觉地、合理地运用信息技术开展教学。他们常常能够较好地利用信息化设备、教学软件或数字化资源组织教学活动和教学研究,能够潜移默化地影响学生,从而培养学生良好的信息素养。

该指标主要考察学校中接受过信息技术相关培训的教师数量占教师总数的比率,目的是测量教师所具备的信息技术能力。

3. 学校配备的技术支持人员的数量

技术支持人员是教育信息化人力资源的重要组成部分之一,能够为教育信息化工作提供技术支持与技术协调,加强技术支持人员与教研员和教师之间的沟通,帮助技术人员理解信息化的目标、教与学方式的变革及其对技术支持的需求,使技术人员在理念上与教师保持一致,共同形成信息化学习和推进的共同体。[①]

该指标主要考察学校中所配备的包括信息技术教师、专职技术服务人员在内的技术支持人员的数量,目的是测量学校对教育信息化提供的保障程度。

4. 学校领导每学年参加正规 ICT 相关课程培训的人均学时数

如前所述,学校领导是学校教育信息化工作的带头人、组织者和践行者,

---

① 苗逢春.我国未来 5 年基础教育信息化的系统推进和实施关键[J].中国电化教育,2003(9):12~22.

肩负学校教育信息化规划设计、组织实施、评价推动方面的具体责任,是教育信息化人力资源中最核心的成员。所以,学校领导需要不断加强学习,提高他们对 ICT 的认识水平。

　　该指标主要考察学校领导每学年参加正规 ICT 相关课程培训的人均学时数,目的是测量学校领导对 ICT 相关课程培训的重视程度,间接反映学校的人力资源配备情况。

第五章

整合应用维度：应用指标项的确立

随着多媒体计算机和网络的应用，教育教学发生了深刻地变化，信息技术与学科教学的整合逐渐成为教育教学改革中人们关注的热点。"整合"是当前教学改革中应用广泛的一个术语，其基本含义是将有联系的不同事物或学科内容综合起来，以便产生更好的效果。信息技术整合主要包括：信息技术教育与课程的整合、信息技术与学科教学的整合。信息技术教育与课程整合是在各学段的课程中对信息技术应用提出明确和统一的标准，而在同一学段中不再设置信息技术课程。信息技术与学科教学整合是在各学段课程中对信息技术应用没有明确、统一的标准和要求，只是在学科教学过程中以整合的方式应用信息技术。

本章在对信息技术与教学整合的内涵、目标和趋势进行梳理和回顾的基础上，依据教育信息化指标建设框架的第二维度——整合应用维度，构建该维度的指标项。指标构建的方法是基于对文献数据分析以及对已有指标项进行对比分析，构建整合应用维度的指标项及指标所涉及的内容范围。

第一节　信息技术与教育教学

一、信息技术教育教学应用

将信息技术应用于课堂教学，不仅指要将信息技术作为辅助教或者辅助学的工具，更强调将信息技术作为促进学生学习的认知工具和情感激励工具，激励学生使用信息技术工具进行信息的检索和分析、与教师和其他学习者开展多种形式的互动，进行资源共享和作品呈现等。信息技术在课堂教学中的应用改变了传统的教学结构，提供了以学生为中心的学习环境，但同时也对学生和教师利用信息技术开展学习和教学的能力提出了严峻挑战。例如学生需要具备一定的ICT技能，才能利用合适的信息技术来搜集信息、分析信息，并通过多种形式进行信息的沟通和交流，以支持知识的共享及基于真实生活的问题解决等。教师需要具备一定的ICT应用意识、知识和技能，才能将信息技术有效融合到课堂教学之中,以支持培养学生的协作学习能力、批判性思维能力、创新能力等多种高阶思维能力。《国家中长期教育改革和发展规划纲要(2010—2020 年)》明确指出:"信息技术对教育发展具有革命性影响,必须予以高度重视。"①

（一）信息技术应用于教育教学的作用

信息技术应用于教育教学的作用主要体现在以下几个方面。②

1. 信息技术能够促进教育公平和提高教育质量

信息技术能够以较低的成本将优质数字化教育教学资源向农村和偏远地区传播,可以解决农村和偏远地区师资资源短缺等现状,提高其教学水平,缩小地区、城乡、学校之间的教育差距,促进教育公平,提高教育质量。

2. 信息技术能够促进教学模式变革

信息技术扩展了教与学的手段与范围,使师生处于获取教与学信息的平等地位,有助于构建师生积极互动的教育新模式。信息技术的深度广泛应用,将改变既有的教学模式和学习方式,使教育从以教师为中心向以学生为中心转变;从知识传授为主向能力、素质培养为主转变;从课堂学习为主向多种学习方式转变。信息化环境下的教育将更容易满足学生甚至老师的多样化与个性化需求,更能体现立德树人的本质要求,实现育人为本、德育为先、能力为重、全面发展的目标,为每个学生提供适合的教育,让每个孩子都能成为有用之才。

3. 信息技术是创造泛在学习环境和构建学习型社会的必由之路

信息技术支持的课堂教学具有突破时空限制、快速复制传播、知识呈现手段方式丰富多样的独特优势。一方面可以创造无所不在的学习环境,提供丰富多样的教育资源和个性化的学习支持,使所有学习者都能随时、随地、随需开展学习;另一方面可以将学习主体由在校学生向全体国民扩展,学习阶段由在校学生学习向人的一生延伸,促进各级各类教育纵向衔接、横向贯通,形成灵活开放的终身教育体系,为构建人人皆学、处处能学、时时可学的学习型社会提供有力支撑。

（二）信息技术与教学整合

1. 信息技术与教学整合的内涵

关于信息技术与教学整合的内涵,不同研究者从不同视角进行了阐释。

---

① 国家中长期教育改革和发展规划纲要工作小组办公室.国家中长期教育改革和发展规划纲要(2010—2020 年)[EB/OL].http://www.moe.edu.cn/publicfiles/business/htmlfiles/moe/moe_838/201008/93704.html.2015-07-19.

② 杜占元.改革创新加快推动教育信息化发展[EB/OL].http://www.moe.gov.cn/publicfiles/business/htmlfiles/moe/moe_176/201311/160215.html.2015-03-18.

何克抗指出,所谓信息技术与学科课程整合,就是通过将信息技术有效地融合于各学科的教学过程来营造一种新型教学环境,实现一种既能发挥教师主导作用又能充分体现学生主体地位的以"自主、合作、探究"为特征的教学和学习方式,从而把学生的主动性、积极性、创造性充分发挥出来,使传统的以教师为中心的课堂教学结构发生根本性变革,从而使学生的创新精神与实践能力的培养真正落到实处。[①]

李克东指出,信息技术与学科课程整合是指在课程教学过程中把信息技术、信息资源、信息方法、人力资源和课程内容有机结合,共同完成课程教学任务的一种新型教学方式。[②]

郭绍青指出,信息技术教育作为一种大的理念,它的根本目标是实现信息技术和教与学过程中诸要素的融合。信息技术与课程整合不是相加,也不是混合,而是有机地融合。[③]

刘儒德指出,信息技术与课程整合是指无论在信息技术课程中,还是在其他课程中,都要将信息技术在教育中的三大功能(作为学习对象、教学工具与学习工具)统一起来,共同服务于对课程各个方面的系统设计、处理和实施,以便更好地完成课程目标。[④]

苗逢春指出,信息技术与教学法整合是一个以符合课程培养目标、课程内容、学习者特点和教学规律的方式,应用信息技术优化教学和学习过程,并以此促进学习者的学习效果乃至学习者全面发展的过程。[⑤]

综上所述,信息技术与教学的整合聚焦于信息技术支持的课堂教学活动过程的实施,强调信息技术与课堂教学和学习过程中诸要素的融合,探索信息技术支持的以学生为中心的教学和学习方式的开展,关注学生的知识获取、知识深化和知识创造,以促进创新型人才的培养,即具有创新精神和实践能力的人才培养。

2. 信息技术与教学整合的目标

我国《基础教育课程改革纲要(试行)》(2001年版)指出,要"大力推进信息技术在教学过程中的普遍应用,促进信息技术与学科课程的整合,逐步实现

① 何克抗.信息技术与课程深层次整合的理论与方法[J].电化教育研究,2005(1):7~15.
② 李克东.信息技术与课程整合的目标和方法[J].中小学信息技术教育,2002(4):22~28.
③ 郭绍青.论信息技术与课程整合[J].电化教育研究,2002(7):20~23.
④ 刘儒德.对信息技术与课程整合问题的思考[J].教育研究,2004(2):70~74.
⑤ 苗逢春.概论信息技术与课程整合的教师专业发展[J].武汉市教育科学研究院学报,2006(4):14~17.

教学内容的呈现方式、学生的学习方式、教师的教学方式和师生互动方式的变革，充分发挥信息技术的优势，为学生的学习和发展提供丰富多彩的教育环境和有力学习工具"。信息技术与学科教学整合，不仅仅是从工具的视角去看待信息技术，将信息技术当作一种辅助教或者辅助学的工具，更重要的是它强调信息技术与学科教学融合，利用信息技术创造一种新型的教学和学习环境，以有效支持教师和学生获取信息和共享资源、多重交互以及自主、合作、探究等多种教学和学习方式的开展。信息技术与学科教学整合，一方面需要变革传统的以教师为中心的课堂教学结构，实现一种既能发挥教师主导作用又能充分体现学生主体地位的"自主、合作、探究"的教学方式。另一方面，需要充分调动学生学习的积极性和主动性，实现学生创新精神和创造能力的培养，以满足对创新型人才培养的需求。

3. 信息技术与教学整合的发展趋势

信息技术与教学整合的初期强调信息技术作为辅助教学和学习的工具在课堂教学中的应用，例如信息技术作为学生练习和实践的工具，以促进学生对知识的获取。随着信息技术的发展及其在学科教学中的深入应用，各种各样的信息技术工具软件、平台、资源等进入了各学科的课堂教学之中，激发了多种教学和学习方式的开展，例如基于真实问题的解决、基于项目的学习、探究式学习、协作学习、知识论坛支持的知识建构活动等，这些教学和学习方式在促进学生知识深化及知识创造的同时对教师角色定位、学生角色定位也提出了一定的要求。在信息技术支持的课堂教学环境中，学习者、同伴、教师、信息技术工具、信息技术支持的学习环境、多种学习资源等构成了一个学习社群。在这个学习社群中，学习者使用信息技术工具检索信息、获取外部学习资源，并基于信息技术工具的支持外化自己的思维过程，同时，与其他学习者和教师开展多种形式的合作交流，以促进对知识的创造。总体而言，信息技术与教学整合正在从将信息技术作为辅助教和辅助学的工具以促进学生对知识的获取，用信息技术支持教师和学生开展多种形式的教学和学习活动，以促进学生在对知识深化和创造方面的发展。

二、信息技术教育教学应用框架

学校信息化能力建设是国家教育信息化的主阵地。《教育信息化十年发展规划（2011—2020 年）》指出，我国教育信息化发展的任务是："通过优质数字教育资源共建共享、信息技术与教育全面深度融合、促进教育教学和管理创新,助力破解教育改革和发展的难点问题,促进教育公平、提高教育质量、建设学习型社会;通过建设信息化公共支撑环境、增强队伍能力、创新体制机制,解决教育信息化发展的重点问题,实现教育信息化可持续发展。"因此,需要切实推动信息技术在学校教育教学中的应用,通过加强学校信息化基础设施的建设、大力推进学校教育信息化应用,推动我国教育信息化的发展。

信息技术教育教学应用是学校信息化的核心环节。在世界各国及国际组织制定的教育信息化标准中,有关信息技术支持的教育教学应用是其中的重要内容,如表5-1所示。

表5-1　信息技术教育教学应用标准比较

相关标准名称	"信息技术教育教学应用"相关标准内容
欧盟中小学教育信息化指标	学生学习ICT和利用ICT学习的机会;学生在学校使用ICT的活动类型;ICT支持教师教学的程度(备课、课堂管理、评估等)
联合国教科文组织教育信息化评估指标	信息技术与课程整合的程度;教学人员出于教学目的使用计算机的频度;每学年每个学生使用计算机的时长
韩国教育信息化指标体系	自评有网瘾的学生比例;学校是否有网站用于提供教育资源和分享教学材料;是否有网络平台用于家长的交流;参加教学软件竞赛的学生比例;互联网道德和版权知识培训的小时数;利用计算机进行教学的小时数;教师开发的ICT教学材料的数量;是否设定了教学中使用ICT的恰当比例;拥有ICT资格证书的教师比例;参加ICT应用协会的教师比例和课后参加ICT相关项目的学生比例等
马来西亚"智慧学校"质量评估标准	信息技术在教学、学习和学校管理中的整合应用(教与学以学习者为中心;教师和管理人员能够熟练地运用ICT处理日常事务;善于创新和改革的教师能够使ICT成为优化教学和学习的催化剂等)

续表

相关标准名称	"信息技术教育教学应用"相关标准内容
新加坡教育信息化战略规划及评估①	新加坡教育信息化战略规划评估主要有 3 个领域:学生、教师、领导。认为学校领导是创造条件和推动整个系统发展的关键;教师在培养利用 ICT 丰富学习经验从而促进学习的过程中起着关键作用;学生是主要的关注焦点
中国教育信息化评估指标②	信息技术在学科教学中的应用;学校教育管理信息系统的应用;教师和学生对信息技术的使用

　　分析世界各国及国际组织教育信息化相关标准体系中有关"信息技术教育教学应用"的内容阐述可以发现,"信息技术教育教学应用"主要包括信息技术在学校教学管理方面的应用、信息技术在教师课堂教学中的应用及学生利用信息技术进行学习的机会等,即信息技术支持的学校管理、信息技术支持的教师教学、信息技术支持的学生学习三个方面的内容,如图 5-1 所示。

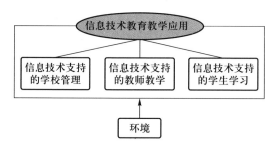

图 5-1　信息技术教育教学应用的内容框架

第二节　教学应用指标项的确立

一、信息技术支持的学校管理指标项

(一)信息技术支持的学校管理

教育管理信息化是指充分利用信息技术,开发利用教育管理信息资源,促

　　①　陈丽萍,潘晶晶.新加坡教育信息化进程与实践创新[J].世界教育信息.2013,26(4):25~27.

　　②　王珠珠,刘雍潜,黄荣怀等.《中小学教育信息化建设与应用状况的调查研究报告》(上)[J].中国电化教育,2005(10):25~32.

进信息交流与共享,提高教育管理水平,推动教育改革与发展的历史进程。[①] 信息技术支持的学校管理是指信息技术在学校各项管理工作中的应用,即教师和学校管理者将信息技术整合到学校教育管理系统中,从而实现更加高效、更加规范的学校管理。学校管理信息化的基本目标是提高学校教育教学管理的水平,最终目标是提高学校的教育质量。[②]

《教育信息化十年发展规划(2011—2020年)》指出,教育管理信息化是推动政府转变教育管理职能,提高管理效率和建设现代学校制度的有力手段。大力推进教育管理信息化、支撑教育管理改革,促进教育决策科学化、公共服务系统化、学校管理规范化。此外,在学校管理信息化方面,文件指出,"加快学校管理信息化进程。建立电子校务平台,加强教学质量监控,推动学校管理规范化与校务公开,支持学校服务与管理流程优化与再造,提升管理效率与决策水平,提高办学效益,支撑现代学校制度建设。利用信息化手段提升学校服务师生的能力和水平",该文件所制定的各级各类学校教育管理信息化发展水平框架如表5-2所示。

表5-2 2020年各级各类学校教育管理信息化发展水平框架(部分)

各级各类学校信息化管理与服务广泛应用,主要维度是:
- ☐ 学校管理信息系统建设与应用情况
- ☐ 信息化对学校管理决策的支持情况
- ☐ 师生对学校管理与服务信息化的满意度

《教育管理信息化建设与应用指南》指出,加快推进教育管理信息化是各类教育机构(学校)教学改革和管理模式创新的迫切需要。[③] 学校是教育教学改革的基础和关键。学校的教学改革和管理服务模式创新需要教育管理信息化的支撑与推动,主要体现在以下三个方面:

(1)以培养学生创新能力和个性发展为目标的教学改革需要有效地管理教学行为,持续动态地记录教学过程,个性化地分析教学效果,科学准确地把握个体教与学的水平在宏观教育体系中的位置,合理配置教学资源。这些都要以对学生学习过程、教师教学过程、教学资源配置和教学效果评价的信息化

---

① 教育部.教育管理信息化建设与应用指南[EB/OL].http://www.moe.edu.cn/ewebeditor/uploadfile/2014/11/13/20141113104447859.pdf.2015-07-29.

② 钟绍春.关于教育信息化一些关键问题的思考[J].电化教育研究,2005(10):3~10,23.

③ 钟绍春.关于教育信息化一些关键问题的思考[J].电化教育研究,2005(10):3~10,23.

管理为基础,以大数据分析为依据。

(2)教育管理信息化是学校完善学生、教师和资产管理,改革后勤服务模式,提高学生安全保障水平,建立师生之间、学校与社会之间有效沟通的最为便捷的途径。

(3)学校是教育管理信息化建设与应用中最基础的环节,是国家和地方进行教育管理决策,对外提供公共管理服务的基本数据来源。提升学校教育管理信息化水平,对加快推进全国教育管理信息化整体水平提升有着至关重要的作用。

(二)信息技术支持的学校管理指标项的确立

基于对国内外信息技术支持的学校管理相关指标分析,采用自上而下的方式将信息技术支持的学校管理划分为三大类,分别为学校教育信息化管理、学校在线教学管理及学校与家长之间的家校互通,如图5-2所示。

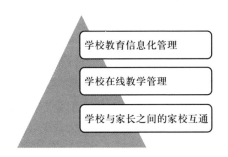

图5-2　学校管理信息化内容框架

1. 学校教育管理信息化系统的建设和使用情况

教育信息化不仅带来了教学方式的变革,也为学校带来了教育管理模式的创新。各级各类学校利用信息技术支持学校信息化管理,打造高效教育管理信息化办公平台,能够实现随时随地开展管理、办公和学习。它们所建设的教育管理信息化系统功能不尽相同,但是总体而言,学校教育管理信息化系统的主要功能体现在对各种教务信息管理、对教师和学生相关信息管理等方面。例如办公自动化(OA)系统、教务管理系统、在线学习系统、在线考试系统、短信发布平台、人力资源管理系统等。

"学校教育管理信息化系统的建设和使用情况"指标项主要考察学校是否建设了相关的教育管理信息化系统及管理系统的使用情况,其主要目的是测量学校教育信息化管理的建设水平。

2. 学校在线教学管理平台的建设和使用情况

学校在线教学管理平台集成了网络"教"与"学"环境,教师可以基于在线教学管理平台开设网络课程,学习者可以自由选择要学习的网络课程并进行课程内容学习,不同学习者之间以及教师和学习者之间可以基于所学习的内容在网络教学平台上开展讨论、交流,形成良好的互动教学和学习环境。同时,在线教学管理平台为教师和学生提供了系列教学和学习管理工具模块。

"学校在线教学管理平台的建设和使用情况"指标项主要考察学校是否建设了相关的教学管理平台及管理平台的使用情况,例如 Blackboard 平台、Moodle 平台、Drupal 平台、Sakai 平台等,其主要目的是测量学校在线教学管理信息化的建设水平。

3. 学校拥有与家长交流的网络平台情况

家庭教育在学生成长过程中起着十分重要的作用,学校课程和相关活动的开展需要得到家长的支持和配合。一般情况下,家校互通的途径主要有家访、家长会、电话、短信等。随着信息技术的发展,信息技术支持的各种平台也成为家校互通的一种重要途径,例如校讯通、家校通、电子(Email)列表、QQ群、微信公众平台、微信群、微博等,它们可以使家长及时了解学生在校情况,例如学生学习、思想品德、体育健康、获奖处分以及学校的重大活动、作息时间的调整、放假信息等。良好的家校互通可以为家长成为学校的密切伙伴创造条件,并进一步为学生成长创造良好的环境。

"学校拥有与家长交流的网络平台情况"指标项主要考察学校是否建设和使用了与家长基于网络的沟通平台,其主要目的是测量学校家校互通信息化的建设水平。

二、信息技术支持的教师教学指标项

(一)信息技术支持的教师教学

信息技术在课堂教学中的应用水平与教师的信息技术应用能力建设水平有着密切的关系。

联合国教科文组织基于能力发展的三种教学方式(信息素养、知识深化、知识创造)与教师工作的六个方面(理解教育中的 ICT、课程与评估、教学法、ICT、组织与管理、教师专业学习),创建出一个包含 18 个模块的框架,即"教师信息和通信技术能力框架"。该框架涉及信息技术支持教师教学的相关指标内容包括"使用 ICT 评价学生对于关键学科概念、技能与过程的理解;选择和开发恰当的软件和资源;使用 ICT 进行交流与合作;使用 ICT 来管理和监管学生的项目;设计并实施协作的、基于项目的学习"等。

美国《面向教师的国家教育技术标准》包含"促进学生学习,激发学生创造力；设计、开发数字化时代的学习经验与评估工具；树立数字化时代学习与工作的典范；提升数字化时代的公民意识与素养，为学生树立典范；参与专业发展，提升领导力"五个维度，其中涉及信息技术支持教师教学的相关指标内容有：信息技术支持的学生能力培养、信息技术支持的学习活动设计、信息技术支持的教学和学习评价等。

我国《中小学教师信息技术应用能力标准（试行）》共计有"技术素养、计划与准备、组织与管理、评估与诊断、学习与发展"五个维度，并根据我国中小学校信息技术实际条件的不同、师生信息技术应用情境的差异，对教师在教育教学和专业发展中应用信息技术的能力提出了基本要求和发展性要求。该标准中涉及信息技术支持教师教学的相关指标内容有：教师在课堂教学中对信息技术的应用、信息技术支持的学生能力培养、信息技术支持的教学和学习评价、信息技术支持的教学方法选择等。

（二）信息技术支持的教师教学指标项确立

在对我国《中小学教师信息技术应用能力标准（试行）》、联合国教科文组织《教师信息和通信技术能力框架》等国内外及国际组织有关教师信息技术应用能力标准等指标的综合分析的基础上，从课堂活动内容的视角，将信息技术支持的教师教学划分为：信息技术应用的内容和频度、信息技术支持的教学和学习方式、信息技术支持的教学活动形式、信息技术支持的教学评价、信息技术支持的学生能力培养等五个方面的内容（如图5-3所示）。

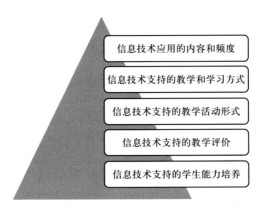

图 5-3　信息技术支持的教师教学内容框架

1. 信息技术应用的内容和频度

信息技术应用的内容主要是指教师在课堂教学中使用什么样的信息技术开展教学，包括各种教学媒体（如投影仪、交互式电子白板、触摸电视等）、各种教学软件（如思维导图、几何画板、虚拟物理实验室、虚拟化学实验室等）、网络教学平台(如 Blackboard 平台、Moodle 平台、Drupal 平台等)、数字化教学资源(如视频、图片、各种类型的数字教学资源库等)等。信息技术应用的频度主要是指教师是否经常使用相关的信息技术进行教学,是否每节课都使用,每周使用几次,每月使用几次等。

"信息技术应用的内容和频度"指标项主要考察课堂教学中教师使用信息技术的具体情况,包括使用哪种信息技术、是否经常使用、使用频度如何等,所包含的详细指标项有"教师使用教学多媒体的情况""教师使用(学科)教学软件的情况""教师使用网络教学平台的情况""教师使用数字化教学资源的情况"等,其目的是测量教师在课堂教学中对信息技术的应用情况。

2. 信息技术支持的教学和学习方式

信息技术在课堂教学中的深度广泛应用,将改变既有的教学模式,使教学从以教师为中心向以学生为中心转变;从知识传授向学生各种能力发展转变;从课堂教学中教师的讲授为主向学生各种形式的探究转变。信息技术支持的课堂教学能够满足师生多样化及个性化的需求,使每个学习者都能在合适的教育教学方式下全面成长。为此,教师需要具备一定的应用信息技术支持课堂教学的意识以及教学法知识。

"信息技术支持的教学和学习方式"指标项主要考察课堂教学中教师利用信息技术支持以学生为中心的新型学习方式的情况,例如基于项目的学习、知识建构、问题解决等,其目的是测量信息技术在支持教师教学方面的应用情况及教师的信息技术应用水平。

3. 信息技术支持的教学活动形式

"信息技术支持的教学活动形式"指标项主要考察教师利用信息技术支持多种形式的课堂活动开展情况,所包含的详细指标项有:"信息技术支持的课外教学和学习活动的开展情况""信息技术支持校际合作活动的开展情况""信息技术支持国际合作活动的开展情况""一对一学习的开展情况""学校参与信息技术大赛的情况""教育生态观"等,即教师是否利用信息技术组织学生开展课外教学和学习活动,是否利用信息技术组织学校与学校之间开展合作教学和学习活动,是否利用信息技术组织学生与其他国家的学生进行交流和合作,是否开展一对一的学习活动,是否参加信息技术相关大赛(例如机器人大赛等),学校教师和学生对信息技术的应用是否形成了一个良好的氛围等。其目的是考察信息技术在支持教师教学方面的应用情况及教师的信息技术应用能力水平。

4. 信息技术支持的教学评价

教学评价在学习和教学过程中可以发挥重要的作用,例如教学评价的结果可以为教师改进和调整教学实践提供依据、为学生学习情况提供反馈等。传统课堂教学评价主要是以师生之间的问答互动、学生纸质测验为主。信息技术应用于课堂教学为教学评价提供了新的形式,例如计算机辅助测验、电子档案袋评价等。另外,随着学习分析技术的出现,各种学习分析技术软件如学习效果分析评定平台(Learning Catalytics)、教学空间(Mathspace)等,可以记录课堂教学中学生学习过程的数据,能够为教师提供更详细的学习者过程性数据,便于教师关注每一位学生的发展。

"信息技术支持的教学评价"指标项主要考察教师利用信息技术对教学进行评价的情况、使用的评价方式及评价的内容等方面,评价方式包括信息技术支持的诊断性评价、形成性评价、总结性评价、学生电子档案袋评价等,其目的是测量信息技术在支持教师教学方面的应用情况。

5. 信息技术支持的学生能力培养

21世纪对学生的能力提出了新的要求,学习者需要具备21世纪技能,包括协作学习能力、真实问题的解决能力、批判性思维能力、创新能力等。信息技术迅速发展及其在课堂教学中的有效应用为学生能力培养提供了有效途径。信息技术应用于课堂教学,不是将信息技术仅仅作为辅助教或辅助学的工具,而是强调将信息技术作为促进学生自主学习的认知工具和情感激励工具。信息技术支持的课堂教学能够改变传统的教学结构,提供以学生为中心的学习环境,学生可以参与自主探索、多重交互、合作学习、资源共享等多种学习活动。我国《中小学教师信息技术应用能力标准(试行)》对教师在课堂中应用信息技术提出了基本要求和发展性要求,其中发展性要求关注教师应用信息技术转变学生学习方式的能力,强调信息技术支持的学生能力培养。

"信息技术支持的学生能力培养"指标项主要考察教师在课堂教学中利用信息技术培养学生能力的情况,是否关注学生各种能力的培养,如低阶思维能力、高阶思维能力及终身学习能力的培养等,其目的是测量信息技术在支持学习能力培养方面的应用情况。

三、信息技术支持的学生学习指标项

(一)信息技术支持的学生学习

信息技术支持的学生学习是指信息技术能够为学生提供信息化学习环境、信息化学习工具、信息化学习资源等方面的支持,学生在教师相应的支持下可以开展各种形式的学习活动。信息技术可以激发学生分析问题、解决问题的意识和能力,同时可以为学生提供一定的思维空间,帮助学生分析和解决

问题,培养学生的各种技能。

欧盟尤为关注学生信息技术的应用,其颁布的"中小学教育信息化指标体系"所涉及的五个维度中,其中两个维度关注了学生信息技术的应用情况,分别为"学习 ICT 以及利用 ICT 进行学习的机会"和"学生在 ICT 方面的能力和态度"。

我国《教育信息化十年发展规划(2011—2020 年)》指出:"基础教育信息化是提高国民信息素养的基石,是教育信息化的重中之重。以促进义务教育均衡发展为重点,以建设、应用和共享优质数字教育资源为手段,促进每一所学校享有优质数字教育资源,提高教育教学质量;帮助所有适龄儿童和青少年平等、有效、健康地使用信息技术,培养自主学习、终身学习能力。"[1]该规划提出的 2020 年基础教育信息化发展水平框架如表 5-3 所示。

表 5-3 2020 年基础教育信息化发展水平框架(部分)

信息化环境下的学生自主学习能力全面提升,主要维度包括:
☐ 使用信息技术学习的意愿
☐ 运用信息技术发现、分析和解决问题的能力
☐ 健康使用信息技术的自律性

(二)信息技术支持的学生学习指标项的确立

基于国内外教育信息化指标体系中有关信息技术支持的学生学习内容可以发现,信息技术支持的学生学习主要体现在学校课堂教学中学生使用信息技术进行学习的机会、学生健康使用信息技术的自律性、学生网络伦理和安全意识等方面,如图 5-4 所示。

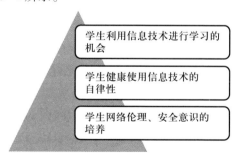

图 5-4 信息技术支持的学生学习内容框架

① 教育部.教育部关于印发《教育信息化十年发展规划(2011—2020 年)》的通知[EB/OL].
http://old.moe.gov.cn/publicfiles/business/htmlfiles/moe/s3342/201203/xxgk_13322.html.2018-08-14.

1. 学生利用信息技术进行学习的机会

"学生利用信息技术进行学习的机会"指标项主要考查学校或者学生家庭是否为学生提供了使用信息技术的环境以及所提供的信息技术环境是否经常为学生所用,学生是否经常使用信息技术进行学习等,其目的是测量学校教育信息化硬件环境的建设水平及学生信息技术应用能力建设的水平。

2. 学生健康使用信息技术的自律性

"学生健康使用信息技术的自律性"指标项主要考查学生是否能够健康使用信息技术,是否能够自觉抵制不良信息的入侵,是否能够负责任地使用信息技术,是否具有良好的信息素养,其目的是测量学生的信息素养及学校对于培养学生成为文明的信息公民的重视程度。

3. 学生网络伦理、安全意识的培养

网络为学生的学习和生活带来了极大的便利,但同时也带来了诸多负面影响和潜在危机,例如网络目前尚未建立和形成有效的管理机制,网络信息良莠不齐,多种负面信息不断出现,网络诚信意识极大缺失,道德情感及道德判断也受到极大的冲击。学习者作为网络群体中的基本队伍,其网络道德意识教育是学生德育的重要组成部分,学校需要通过加强校园思想政治教育网站建设、组织学习与培训相关活动等,以提高学生文明用网的道德意识,推进学生的思想道德教育。

"学生网络伦理、安全意识的培养"指标项主要考查学校层面是否关注学生在网上进行活动时的价值观取向、诚信行为、道德判断能力、道德情感、信息使用的安全等方面素养的培养,以及培养的方式和途径等,其目的是测量学校对于培养学生成为文明的信息公民的重视程度。

第六章

创新发展维度：变革指标项的确立

　　走教育创新之路,实施创新教育工程,是我国教育发展与改革的时代课题和任务。从宏观角度来看,创新决定了一个国家和民族的综合实力和竞争能力。创新不是凭空捏造,而是建立在知识、转化和应用基础之上的,是扎根于教育基础之上。无论是知识创新还是技术创新,均离不开教育的支撑。从教育创新,特别是从课堂教学创新入手,大力提倡和实施创新教育,才能真正培养出与现代潮流相适应的具有创新意识和创新能力的高素质人才,进而提高整个民族的创新程度。从微观角度来看,创新教育对个人良好素质的形成与发展同样具有重要作用。传统的学习过程是一种继承性、维持性的学习,是通过学习现成的观念、方法和原则,以适应已知的、重复的情景,但不足以适应现代社会的需要。在现代社会中,文化知识、科技以及经济发展瞬息万变,竞争激烈,思考问题的方式与以往的社会大有不同。人们不仅要适应社会现有的生活环境,更要改造和创造新的生活条件,不断完善自我,所以,就要特别强调创新精神、创新观念和创新行为。人们只有接受创新教育、进行创新学习,才能在知识经济社会中更好地接受新知识,创造世界,创新生活。

第一节　信息技术促进教育教学变革与创新

　　当前世界教育变革风云迭起,推进教育信息化已成为各国抢占教育发展制高点的抓手。2010 年 11 月美国教育部教育技术办公室正式发布《变革美国教育:技术推动学习》,简称 NETP 2010,旨在探索技术支持的学习模型,寻求教育系统的整体变革,全面提升教育生产力。[①] 其他国家和地区也相应发布了计划报告或白皮书,寄教育变革的希望于技术。澳大利亚的数字教育革命(Digital Education Revolution)、英国的利用技术促进学习(Harnessing Technology)计划等都是发达国家在技术变革学习方面的努力。我国于 2010 年颁布了《国家中长期教育改革和发展规划纲要(2010—2020 年)》,其中明确提出,信息技术对教育发展

[①]　祝智庭,贺斌.解析美国《国家教育技术规划 2010》[J].中国电化教育,2011(6):16~21.

具有革命性影响,确立了教育信息化的战略地位。此外,《教育信息化十年发展规划纲要(2011—2020年)》要求,以教育信息化带动教育现代化,破解制约我国教育发展的难题,促进教育的创新与变革。教育信息化对我国教育改革与发展具有重要的推动作用。

利用信息技术促进教育变革的观点已得到普遍认同,近年来各国教育教学改革实践都日益昭示出信息化的重要性。

一、 信息技术对教与学方式变革的影响

1. 信息技术促进学习目标与学习方式变革

美国的教育智库组织"21世纪学习联盟"(主要由来自信息产业领域的企业组成)提出了"21世纪学习"概念。① 信息时代的学生需要掌握的核心课程除了3R(读、写、算)之外,还包括生活与职业技能、学习与创新能力、信息媒体与技术素养。在学生的学习目标和能力标准方面,除了美国21世纪学习联盟提出的21世纪能力标准之外,美国国际教育技术协会ISTE从2000年开始制定学生应用信息技术的学习能力标准——"面向学生的国家教育技术标准"(简称NETS·S)。其目标是更好地指导学生应用信息技术开展学习,培养学生信息时代的学习能力,促进学生掌握21世纪技能,包括全球化视野、批判性思维、创新与创造能力、数字化沟通和协作能力等。②

NETP 2010认为"我们的教育系统中很多失败源于不能让学生全身心投入学习中",学习者不能主动控制自己的学习,根据自己的学习进度和适合自己的方式灵活地开展学习,选择他们喜欢的学习方式,如团体、小组、个性化学习等。技术能够通过支持学生在他们真正关注或者特别感兴趣的领域开展学习,使个性化学习成为一种普遍而广泛的学习方式。同时,技术也有助于激励学生增加学习动力,提升学生的学习能力和知识水准,获得更高的学业成就。随着技术的发展,各种学习终端、学习方式(如正式/非正式学习、随时随地在线学习、微型学习等)也应运而生。多元化、个性化的学习更加有助于激励学生参与,能够适应不同个体的学习风格,从而提高学习成效。

2. 信息技术促进人们认知方式变革

技术是人类的文化制品,能改变人类已有的文化认知;同时技术也参与文化过

---

① Partnership for 21st Century Learning.Framework for 21st Century Learning[EB/OL].http://www.p21.org/about-us/p21-framework.2012-01-12.

② ISTE.ISTE Standards for Students[EB/OL].http://www.iste.org/standards/for-students.2018-08-12.

程,反作用于文化的发展。当前各类技术产品价格越来越低,性能越来越好,数字化教育装备正成为学生学习生活中不可或缺的一部分。从课堂教学显示设备的发展历程可以清晰地得到这一结果,从传统教室中的黑板到投影屏幕、电子白板,再到人手一部学习终端的 1∶1 数字化学习环境,各类信息技术通过开发具有引领价值的适用产品为教学提供了丰富的信息表征形式,改变了学习者对事物的认知方式及其学习行为。从分布式认知的视角来看,认知本身具有分布式的特点,不仅仅发生在我们的头脑中,还发生在人和工具的交互过程中。[①] 人与技术之间的交互,承载了一部分个体认知活动,使得个体能够获取并处理更多的信息知识。

　　3. 信息技术改变教育参与者之间的关系

　　NETP 2010 提出的技术赋能学习模型凸显了当代教育以学习者为中心、以技术为支撑的时代特征。信息技术在社会各领域的广泛应用带来了信息的多元性、可选性和易得性问题,改变了信息在社会中的分布形态和人们对它的拥有方式,即社会中信息资源分配形式的改变。是信息的高度对称性打破了教育的知识传播平衡,从而导致了教育者权威的削弱。在信息技术支持的创新教育中,教师在课堂教学中应主要起组织引导、控制以及解答作用,要改变"一言堂""满堂灌""满堂问"等弊病,形成以学生为中心的生动活泼的学习局面,这样更容易激发学习者的创新激情。

　　4. 信息技术增大学习者的学习机会

　　从教育公共产品的视角看,数字教育资源的共享复用过程是资源重新优化配置的过程。不断发展的资源描述技术、资源制作与聚合工具、资源传送技术为资源的共建共享提供了关键技术支撑。我国数字教育资源建设的新动向说明,网民自发贡献的资源正成为资源增长源源不断的力量,学习者从学习内容的消耗者变为内容的创建者和生产者。当学习者从被动接受学习资源到主动获取资源,再到共享学习资源时,网络上任何两个学习者之间的交互就可以实现学习资源的共享复制。网络学习资源的无限可复制性,加之学习资源的广泛分布、开放共享理念的深入及网络交互的便捷,极大增加了学习者的主体学习机会,对解决教育公平、均衡问题,满足对优质教育、个性化学习和终身学习需求具有重要意义。

二、 信息技术与教学深度融合

1. 信息技术与教学融合的内涵

---

① Pettiward, J.University 2.0? Using Social Software to Enhance Learner Engagement[EB/OL].http://es.slideshare.net/jimson99/university-20-using-social-software-to-enhance-learner-engagement#btnNext. 2013-10-15.

深度融合是"融合"和"深度"两个概念的组合。首先"融合"是指将两种或多种不同的事物合于一体。其次,"深度"是指(工作、认识)触及事物本质的程度。由此看来,信息技术与教学的深度融合就是强调教学中信息技术应用的必要性和有效性。[①] 实现信息技术与学科教学融合就是营造一种数字化的教学环境,该环境能提高教师的教学质量和学生的学习绩效,有利于学生发现问题、解决问题,从而促进学生实现深度学习。[②] 从信息技术与课程"整合"的概念来看,整合是指一个系统内各要素的整体协调、相互渗透,使系统各要素发挥最大效益,即"整合"是协调各要素,以促进教学系统平衡的动态过程;而"融合"则是各要素实现动态平衡的结果。为了维系这种动态平衡,必须为整合创设有利的时机和适宜的条件。当前信息技术与教学的深度融合就是指借助技术促进学习方式的转变,使自主、合作、探究更易实现,使信息技术与课程整合朝同一个目标奋进。同时,在教学过程中,促使信息技术不断创新,不断满足教学需求,从而使信息化教学成为一种常态化教学。

2. 信息技术促进教与学方式变革的内容框架

利用信息技术促进教与学方式变革是教育信息化的关键,教育信息化的终极目标是促进教师的"教"和学生的"学"。在世界各国及国际组织制定的教育信息化标准中,有关教与学方式变革的重要内容,如表6-1所示。

表6-1   世界各国与国际组织教与学方式变革相关标准比较

国际及国际组织相关标准	"信息技术教育教学应用"相关标准内容
欧盟中小学教育信息化指标	在欧盟五个关键技能领域(阅读素养、数学和科学、语言技能、ICT技能和学习技能)中,教与学的指标包括:学生利用ICT完成作业的能力;学生使用ICT学会学习的能力(设立目标、自我评价、学习管理);教师的ICT能力;教师利用数字资源设计个人或协作学习活动的管理;教师为实现课程目标选择数字资源的能力;创新性评价的应用
联合国教科文组织教育信息化评估指标	基于网络的教师专业发展;教师培训的广度和深度;信息技术如何促进学生的创造性思维、批判性思维的发展和解决问题能力的提高等方面

---

① 蔡旻君,芦萍萍,黄慧娟.信息技术与教学缘何难以深度融合——兼论信息技术应用于课堂教学时需正确处理的几组重要关系[J].电化教育研究,2014(10):23~28,47.

② 邓慧,张新明.信息技术与课程整合的"度"的探究[J].中小学电教,2010(6):42~45.

国际及国际组织相关标准	"信息技术教育教学应用"相关标准内容
马来西亚"智慧学校"质量评估标准	学生具有高水平的思考能力;学生自主制定课程的教学进度、自主学习、自我导向;善于创新和改革的教师能够使 ICT 成为优化教学和学习的催化剂等
新加坡教育信息化战略规划及评估	运用 ICT 自主学习的能力;运用 ICT 协作学习的能力;运用 ICT 工具辅助学习的能力

　　纵观世界各国及国际组织教育信息化相关体系中有关"教与学方式变革"的内容可以发现,"教与学方式变革"的衡量标准主要包括信息技术支持的学生能力发展和信息技术支持的教师专业发展两个方面,如图 6-1 所示。

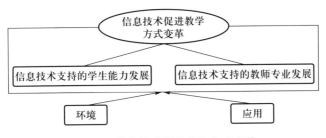

图 6-1　信息技术促进教学方式变革

第二节　创新发展维度指标项的确立

一、技术支持的学生能力指标项

(一)学生信息素养

　　在数字化时代,信息素养是学生终身能力培养的核心,为学生利用技术开展自主学习创造了条件,也是一个人学会学习的主要标志。联合国教科文组织认为,信息素养是一种能力,它的基本含义是能够确定、查找、评估、组织和有效地生产、使用和交流信息,并能够利用所掌握的信息解决问题。[①] 因此,信息素养是指合理合法地利用各种信息工具,特别是多媒体和网络技术工具,确

---

　　① UNESCO.The Prague Declaration:"Towards An Information Literate Society"[EB/OL].http://www.unesco.org/new/fileadmin/MULTIMEDIA/HQ/CI/CI/pdf/PragueDeclaration.pdf.2003-09-20.

定、获取、评估、应用、整合和创造信息,以实现某种特定目的的能力。信息素养的核心是信息处理和加工能力,包括识别获取、评价判断、协作交流、加工处理、生成创造信息的能力,即运用信息资源进行问题解决、批判性思维、决策和创新等高阶思维活动的能力。[①] 信息素养是一种终身学习或自主学习的态度、方法和能力。

美国学校图书馆协会和教育交流技术协会发布的《美国学生学习的信息素养标准(1998年)》根据中小学学生的特性,从信息素养、独立学习和社会责任三个大类进行描述,每个大类又包含了3项标准,29个指标,为美国中小学提供了信息素养教育概念性框架和宽泛的指导方针。[②] 澳大利亚和新西兰高等教育信息素质能力标准确立了包括采用新方式方法独立学习、有效利用信息充实和提升自己,以及通过终身学习实现社会参与等原则,并提出了支持个体获得、识别和应用信息的六条核心信息素养标准。[③]

我国很早就对信息素养进行关注,并从政策上确保信息素养的实施。《中共中央国务院关于深化教育改革全面推进素质教育的决定(1999年)》提出了研究和判别信息、使用各种信息工具、获得继续自我教育的基础以及获得自主性和独立性等标准,突出了培养高中、初中、小学学生信息素养能力的要求。《中小学信息技术课程指导纲要(试行)》对提升学生获取信息、传输信息、处理信息和应用信息的能力等方面提出要求。

(二)信息技术支持的学生能力指标项

根据国内外信息技术支持的学生能力相关指标分析,可以将信息技术支持的学生学习能力划分为三大类,分别为学生使用信息技术的目的、学生使用信息技术的态度、学生使用信息技术的能力,如图6-2所示。

1. 学生使用信息技术的目的

"学生使用信息技术的目的"指标项主要考查学生使用信息技术做什么,包括获取信息、处理信息、交流互动、社交娱乐等内容。

2. 学生使用信息技术的态度

"学生使用信息技术的态度"指标项主要考查学生是否喜欢使用信息技术,包括学生是否喜欢教师使用信息技术进行授课,学生是否愿意使用信息技

[①] 钟志贤,汪维富.Web2.0学习文化与信息素养2.0[J].远程教育杂志,2010(4):34-40.

[②] UNESCO.IFLA. Beacons of the Information Society: The Alexandria Proclamation on Information Literacy and Lifelong Learning[EB/OL]. http://biblioteca.asmn.re.it/allegati/AlexandriaProclamation.pdf. 2005-11-09.

[③] 钟志贤,汪维富.Web2.0学习文化与信息素养2.0[J].远程教育杂志,2010(4):34-40.

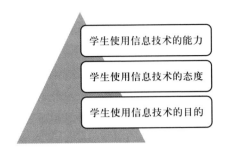

图 6-2　信息技术支持的学生能力内容框架

术进行自主探究、协作学习等。

3. 学生使用信息技术的能力

"学生使用信息技术的能力"指标项主要考查学生使用信息技术的种类，学生是否具备 21 世纪学习所必须具备的批判性思维能力、问题解决能力、创造性思维能力、协作学习能力等。其主要目的是测量学生是否适应 21 世纪学习和工作的需求。

二、技术支持的教师专业发展能力指标项

（一）信息技术支持的教师专业发展

信息技术的迅速发展为教师专业发展提供了有效的途径。一方面，信息技术对教师的知识更新起着积极的作用，例如利用信息技术能为教师带来丰富的知识，而且这些知识更新速度快，有利于教师紧紧跟上时代的步伐，同时，信息技术作为学习工具和手段也为教师的自主发展带来了极大的便利；另一方面，利用信息技术能够开展多种形式的教师培训，例如微格式、远程授课式、网络探究式、课例观摩式等，有助于增加教师参加培训的机会，提升教师培训的效率。

（二）信息技术支持的教师专业发展指标项

根据国内外教师专业发展相关指标的综合分析，可以得出信息技术支持的教师专业发展指标包括教师定期参加实践社群的频次和比例、信息技术支持教师专业发展的途径等。

1. 教师参加实践社群（网络教研）的频率和比例

网络以其跨时空的优越性创造了一个生态式的学习环境，为学习者提供了更为自由的开放环境。网络实践社区是在这种环境的支持下，由各种不同类型的学习者及其助学者（包括教师、专家、辅导者等）共同构成的一个具有交

互的、协作的学习团体，其成员之间以网络和通信工具为媒介，经常在学习过程中进行沟通、交流，达到获取知识、共同完成一定学习任务的目的，并形成相互影响、相互促进的人际联系。[①]　实践社群是否发挥在支持教师专业发展中的变革作用，一个重要的考核指标是学校老师是否参与实践共同体并实现专业发展，参与实践共同体的老师占教师总数的比例是多少。

因此，"教师参加实践社群的频次和比例"指标主要是指学校是否将信息技术支持的教师专业发展作为常态化的教研形式，是否做到"常态教研网络化"和"网络教研常态化"，其主要目的是测量信息技术是否成为教师专业发展、学科教研的基本方式。

2. 信息技术支持教师专业发展的途径

信息技术的发展为教师的专业发展提供了更多的可能性。通过国内外案例的对比发现，技术支持的教师学习正在演变为基于网络的协同发展新模式，如网络协作教研共同体、网络课程支持平台与自主学习相结合、混合学习（培训）等。[②]　目前，利用信息技术支持教师专业发展的途径呈现多样化趋势，如韩国的教育咖啡屋，美国的大学数学论坛，基于社会化软件的教师发展群（广州市天河部落博客群，QQ群支持的即时教研），基于课程的教师专题学习网站，基于论坛的教师协作知识建构，基于资源分享型的教师专业发展等。

"信息技术支持的教师专业发展途径"指标主要是指如何发挥信息技术优势以充分促进教师的专业发展，包括微课/微视频、网络学习社区、专业学习论坛、博客群QQ群微信群、大型开放式网络课程开放教育资源、专题学习网站等。

---

①　张新明.网络学习社区的概念演变及构建[J].比较教育研究,2003(5):55~60.

②　郭绍青,金彦红,赵霞霞.技术支持的教师学习研究综述[J].现代教育技术,2012(4):10~15.

第七章
教育信息化标准体系的构建

　　教育信息化是社会信息化的重要组成部分,是社会信息化的灵魂和得以实现的关键,教育信息化水平的高低直接影响社会信息化的发展。社会要迈向信息化,教育信息化是基础和推进器。同时,教育要发展,也必须跟上社会信息化的步伐,要利用现代信息技术,抓住全球信息化浪潮的大好机遇,积极开展教育信息化的建设工作。我国高度重视教育信息化标准建设工作,早在1999年发布的《中共中央、国务院关于深化教育改革全面推进素质教育的决定》中就已明确指出:要大力提高教育技术手段的现代化水平和教育信息化程度。为了规范、引导教育信息化的各项工作朝着健康、快速的方向发展,需要建立一套科学完整的评价指标体系,以便对不同地区教育信息化水平进行测度和评价,为制定教育发展政策提供信息及决策依据。

　　本章在第四、五、六章的基础上,对构建教育信息化评价指标体系的关键维度进行了详细阐述。在基本形成教育信息化指标体系的基础上,本章对指标体系的确立,各指标项的细化进行了详细说明。之后,又通过调查问卷对初步形成的指标体系进行实验验证。为了使教育信息化标准更加科学、有效,还需要基于调查数据,对该指标体系以及权重值进行调整和完善。

第一节　初始教育信息化标准体系的确立

　　在第四、五、六章相关内容的基础上,通过构建三个维度细化指标项内容。结合教育信息化指标体系构建的基本原则,采用相应的评价指标筛选方法和步骤,初步确立了教育信息化评估标准体系。

一、初始教育信息化指标体系构建的基本原则和方法

(一) 指标体系构建的基本原则

　　构建教育信息化指标体系是为了客观反映教育信息化的水平和状况。科学、规范地构建指标体系,需要遵循以下六个主要原则:

1. 科学性原则

科学性是整个指标体系构建的第一原则,它要求教育信息化指标体系的内容、标准、方法都必须是科学的。[①] 科学性原则主要体现在理论和实践相结合以及所采用的方法是否科学等方面,如评价指标在理论上要站得住脚,又能反映评价对象的客观实际情况。在设计评价指标体系时,首先要有科学的理论做指导,使评价指标体系能够在基本概念和逻辑结构上严谨、合理,抓住评价对象的实质,并具有针对性。同时,评价指标体系是理论与实际相结合的产物,无论采用什么样的定性、定量方法,还是建立什么样的模型,都必须是客观的抽象描述,抓住最重要的、最本质的和最有代表性的东西。对客观实际抽象得越清楚、越简练、越符合实际,科学性就越强。

2. 与目标的一致性原则

指标既然是目标的具体化、行为化和操作化,那么它就必须充分地反映目标的实际情况,要与教育目标或管理目标相一致,不能把两条相互冲突的指标放在同一体系中。同一体系中有两条指标相互冲突,说明在这两条指标中至少有一条是不符合目标实际的。在实践中,它必然会造成人们思想的混乱,使评价工作无所适从。[②]

3. 直接可测性原则

指标的直接可测性就是指指标要用可操作化的语言加以定义,它所规定的内容可通过实际观察加以直接测量。直接可测性具体体现在:各项指标的可量化性、指标数据的可获得性、统计分析测算方法的实用性等。[③]

4. 系统性原则

教育信息化评价指标体系的设计,不仅要考虑信息化的发展及其要素,还要充分体现教育系统的各个组成要素。各个指标应按不同层次进行排序,而且应赋予不同的权重。

5. 可比性原则

可比性决定了评价结果的可信度。教育信息化评价指标是为了比较各国、各地区的教育甚至是各类学校的信息化程度而设计的,涉及很多利益关系。只有客观、科学地选择指标,并采用科学实用的统计方法,比较才有意义。除了横向比较,指标体系还要能够进行某一时间段内的纵向比较。[④]

① 卢颖.数字图书馆信息服务绩效指标体系设计原则及构建[J].商业时代,2010(15):38~39.
② 李克东编著.教育技术学研究方法[M].北京:北京师范大学出版社,2003.
③ 雷钢.高校教育信息化评价指标体系的设计[J].教育技术资讯,2009(3):15~19.
④ 雷钢.高校教育信息化评价指标体系的设计[J].教育技术资讯,2009(3):15~19.

6. 可持续性原则

教育信息化评价指标不仅要在时间上可以延续,而且要尽量做到在内容上可以拓展。只有具备一定的可延续性,才能为教育信息化的实践活动提供指导。[①]

(二)指标体系筛选的基本方法

为了体现各个评价指标在评价体系中的作用、地位和重要程度,在指标体系建立后,必须为各个指标项赋予不同的权重。权重是以某种数量形式对比、权衡被评价对象在总体因素中相对重要的程度后而给予的量值。权重系数的分配是否科学和合理对评价结果和决策有着重要的意义,因为同一组指标数值的不同权重系数会得出截然不同的评价结果。所以,权重的确定是评价体系中的关键问题,也是构建指标体系的难点。确定权重的方法很多,目前常用的主要有层次分析法、德尔菲(Delphi)法、专家排序法。[②]

1. 层次分析法

层次分析法是在对复杂决策问题的本质、影响因素以及内在关系等进行深入分析之后,构建一个层次结构模型,然后利用较少的定量信息,把决策的思维过程数学化,从而为求解多目标、多准则或无结构特性的复杂决策问题提供一种简便的决策方法。层次分析法适用于定性的或定性、定量兼有的决策分析,是一种十分有效的系统分析和科学决策方法。[③]

2. 德尔菲法

德尔菲法又称专家咨询法,是美国兰德公司发明的一种定性预测技术。实践表明,德尔菲法在筛选评价指标方面应用最广,筛选的结果比较科学合理。但它对专家比较依赖,专家的水平对研究结果有较大的影响。

应用德尔菲法筛选评价指标的具体过程包括:依据具体的程序,采用匿名咨询意见的方式,采用多轮问卷进行反复征询、归纳、修改,最后使专家咨询的意见达成一致,以确定评价指标体系框架。这种方法具有很强的代表性和可靠性,体现了咨询结果的权威性。

3. 专家排序法

专家排序法是以问卷调查形式向专家征求意见,专家根据各指标的重要程度标记不同的顺序号。

---

① 雷钢.高校教育信息化评价指标体系的设计[J].教育技术资讯,2009(3):15~19.

② 艾雨兵.浙江省高校教育信息化评价指标体系的构建[D].金华:浙江师范大学硕士学位论文,2011.

③ 杜栋,庞庆华,吴炎编著.现代综合评价方法与案例精选[M].北京:清华大学出版社,2008.

专家排序法的特点是操作简单,数据计算方便,易于掌握,且可信度较高,在确定指标的权重时经常使用。

二、教育信息化标准体系的确立

在前几章的基础上,根据教育信息化指标体系的设计原则,通过文献分析并参考现有教育信息化指标体系,得出初始教育信息化指标体系。该教育信息化指标体系由环境(E)、应用(A)和变革(D)三个维度组成。环境维包括政策理解与愿景(E.P)、财务/经费保障(E.F)、软硬件与数字资源(E.R)和人力资源(E.H);应用维包括信息技术支持的学校管理(A.M)、信息技术支持的教学应用(A.T)和信息技术支持的学生学习(A.S);变革维包括学生能力发展(D.S)和教师能力发展(D.T),如表7-1所示(详见附录三)。

表7-1　初始教育信息化指标体系

维度	一级指标	二级指标
环境维 E	E.P 政策理解与愿景	E.P1 学校领导或教师对国家教育信息化政策的理解程度
		E.P2 学校制订教育信息化发展规划
	E.F 财务/经费保障	E.F1 学校经费投入状况
	E.R 软硬件与数字资源	E.R1 学校校园网络接入互联网的总带宽
		E.R2 学校拥有无线网络的覆盖率
		E.R3 学校连接互联网的教室占总教室数量的比率
		E.R4 学校教室中配备多媒体设施的比率
		E.R5 生机比
		E.R6 师机比
		E.R7 学生网络伦理、安全意识和技能
		E.R8 学生带电脑(移动学习设备)到学校
		E.R9 学校拥有教学资源网站
		E.R10 学校拥有用于与家长交流的网络平台
	E.H 人力资源	E.H1 各学科教师的教育技术能力水平达标率
		E.H2 接受过信息技术相关培训的教师数量占教师总数量的比率
		E.H3 学校所配备的技术支持人员的数量

续表

维度	一级指标	二级指标
环境维 E	E.H 人力资源	E.H4 学校领导每学年参加正规 ICT 相关课程培训的人均学时数
应用维 A	A.M 信息技术支持的学校管理	A.M1 学校教育管理信息化系统的建设和使用情况
		A.M2 学校在线教学管理平台的建设和使用情况
		A.M3 学校拥有与家长交流的网络平台情况
	A.T 信息技术支持的教师教学	A.T1 信息技术应用的内容和频率
		A.T2 信息技术支持的教学和学习方式
		A.T3 信息技术支持的教学活动形式
		A.T4 信息技术支持的教学评价
		A.T5 信息技术支持的学生能力培养
	A.S 信息技术支持的学生学习	A.S1 学生利用信息技术进行学习的机会
		A.S2 学生健康使用信息技术的自律性
		A.S3 学生网络伦理、安全意识的培养
变革维 D	D.S 信息技术支持的学生能力	D.S1 学生使用信息技术的目的
		D.S2 学生使用信息技术的态度
		D.S3 学生使用信息技术的能力
	D.T 信息技术支持的教师专业发展	D.T1 教师参加实践社群（网络教研）的频率和比例
		D.T2 信息技术支持教师专业发展的途径

第二节　教育信息化标准体系建设方案

一、标准体系的特征

（一）完整性

在标准体系中的各个标准之间具有互相补充、互为支持的特点，共同构成一个完整的整体。如果不具备这种完整性，将会限制标准体系作用的发挥。因此，完整性是标准之间配套性特征的反映。

（二）协调性

各种标准之间在相关性质规定方面具有互相衔接、互相一致、协调发展的特点，是标准体系统一性与和谐性的反映。

教育信息化发展水平取决于信息化发展内容的协调程度。计算机配置规模、网络条件、软件开发、信息资源建设、教师的信息意识和能力、学校对学生的时空管理、课程设置以及学校教育目标等，任何一方面的发展失衡（如 ICT 设施建设中计算机配置与网络环境的不匹配，硬件建设与软件开发的不协调，基础设施建设与管理水平、教育信息资源建设的不协调，ICT 技术环境与教师信息素养的不协调等），或者任何一方面的发展不到位或不协调，都会严重影响学校教育信息化水平和效益的发挥。因此，整个指标体系强调各类指标之间的协调性、发展的一致性，强调学校教育信息化应用的整体效益。

（三）比例性

这是指各种标准之间存在着一定的数量比例关系，反映了标准体系的量的统一性和配比性。处理好标准体系的比例关系，能够有的放矢地在实践应用中协调不同的标准，从而更好地发挥标准的指导作用。

（四）导向性

标准体系对于实践应用具有指引和导向作用，它从结果层面对实践成效起到规范性的影响和作用。在标准体系建设中，应突出标准的三个导向作用：

（1）引导师生应用 ICT，具备一定的信息意识和能力；

（2）引导师生应用 ICT，促进自主学习能力发展；

（3）引导学校应用 ICT，创设适合师生学习与发展的教育环境，使学校成为师生自我学习、合作学习、终身学习的数字化学习型组织，从而使指标体系有别于学校办学条件标准中的信息化建设。

（五）应用性

标准体系具有提高师生 ICT 的技能与意识，促进"以学为主"创新教育模式的构建。标准的应用性，主要通过师生"ICT 使用指数"及应用 ICT 开展"教学创新实践活动"两个指标来体现。一方面反映 ICT 应用目标定位的两个层次——普及与提高，另一方面也反映了学校 ICT 应用的广度与深度。由于 ICT 在学校教育中应用的范围非常广泛，并且 ICT 应用于教育的领域也在不断拓展，因而整个指标体系保持了一定的弹性空间，允许各学校根据 ICT 实际应用情况，拓展应用范围，增加一些特色应用指标。

（六）发展性

学校教育信息化是一个不断发展和提高的过程，指标构建也是一个不断发展和完善的过程。与国际教育信息化发展相比,目前我们国家的教育信息化水平仍比较低,ICT 对中小学学校教育的影响也有限,因而整个指标体系的定位仍然以测量和诊断当前中小学学校教育信息化发展的现状为主。其中,也包含部分借鉴国外教育信息化发展趋势以对 ICT 发展进行预测的指标项,具有一定的超前和导向性。随着 ICT 日新月异的发展,以及我们对 ICT 作用于学校教育认识的不断深入,学校教育信息化测量指标体系也将不断发展与完善。

二、教育信息化标准设计的基本步骤

(一) 教育信息化标准设计的步骤图

开展教育信息化标准设计的基本步骤如图 7-1 所示。

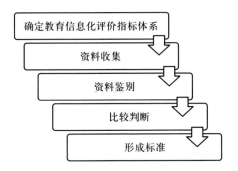

图 7-1　教育信息化标准设计步骤图

(二) 教育信息化标准设计的步骤

1. 确定评价指标体系

评价指标体系包含三个部分,即评价要素,评价标准和指标权重。评价要素是指反映被评价对象特征的各个成分,评价标准是衡量事物特征各个成分的比较基准,指标权重是各个成分在评价总体中所具有的重要程度的标志。

2. 资料收集

教育信息化标准的确立,需要通过多种途径收集资料,主要包括问卷调查、访谈、文档及内容分析等方法。

(1) 问卷调查:根据国内外教育信息化指标和数字化学校标准,根据教育信息化和数字化学校建设目标与实践,设计调查问卷。在确定调查对象范围的前提下,进行对象抽样和问卷分发,以获取相关数据(相关性、权重等)。

(2)访谈:访谈是对问卷调查的补充,也是获得质性指标项的主要方法。根据研究需要,确定访谈提纲和对象。在对访谈数据进行处理的基础上,获得有关质性指标项。

(3)文档及内容分析:通过对教育信息化指标和数字化学校标准文档进行内容分析,依据相关标准对指标和标准进行归纳和总结,构建基本的开放式指标和标准体系,作为后续分析的基础。

3. 资料鉴别

指标是评价体系的灵魂,而数据是肌肉,是评价体系健康与否的关键。一般说来,建立指标体系的数据来源包括三个主要渠道:一是评估组织自身收集的数据,如我国教育信息化管理部门所收集到的有关数据;二是从相关组织中获取的信息,如中国教育和科研计算机网(CERNET)、中国互联网信息中心(CNNIC)提供的数据;三是通过调研得到的数据,该部分数据通常是通过对学校、师生、教育管理者进行调查(访谈、问卷)而获得的感知性数据(如满意度)。在收集数据的过程中,要对所收集的资料进行提取,然后按照评价指标要素分类整理,以鉴别资料的可使用价值。

4. 比较判断

这是指按照评价指标体系所给出的标准对每个成分要素资料进行比较和判断,做出价值等级的归属。

三、教育信息化指标项的加权

在制定教育信息化标准时,根据特定的测评目的、测评对象等,将对不同的指标分配特定的比例系数,这就是指标加权。为了显示各个考核要素之间的重要程度,需要对各个考核项目进行加权处理,以有效提高指标的准确性。

(一)加权方法

一般加权设计有四种方法:排序加权法、对偶加权法、倍数加权法和层次分析(AHP)加权法。

1. 排序加权法

排序加权法是最简单最常用的加权方法,根据考核项目的重要性从大到小进行排序。比如我们把考核要素"调研对象对教育信息化发展规划的了解程度"排序为 A、B、C、D、E,然后对它们赋予不同的分值权重,比如:A-5、B-4、C-3、D-2、E-1,最后把它们按照百分比例进行计算。

2. 对偶加权法

对偶加权法是将各个要素两两比较,然后将比较结果进行汇总,从而得出权重的加权方法。对偶加权法和排序加权法一样,只能进行等额加权,无法区分两个考核要素之间的具体差异。与排序加权法不同的是,对偶加权法更适合于考核项目数目繁多的情况下使用。该方法既注重专家意见,又考虑到了可能出现的主观偏差,通常采用次序量表、等距量表和正态分布表等方式对此进行过滤和修正,在对各考评要素进行比较的基础上,汇总比较结果,从而得出权重。

3. 倍数加权法

选择出最次要的考核项目,以此为 1,然后将其他考核项目的重要性与其相比较,得出重要性的倍数后,再进行分配。倍数加权法的优点在于可以有效地区分考核要素之间的重要程度。不选最次要的考核要素,而选用更具代表性的考核要素,将其作为基本倍数。

4. 层次分析(AHP)加权法

AHP 加权法也称层次分析加权法。层次分析法是把复杂问题分解成各个组成因素,又将这些因素按支配关系分组形成递阶层次结构。通过两两比较的方式确定各个因素的相对重要性,然后综合决策者的判断,确定决策方案相对重要性的总排序。运用层次分析法进行系统分析、设计、决策时,可分为四个步骤进行:

(1)分析系统中各因素之间的关系,建立系统的递阶层次结构;

(2)对同一层次的各元素与上一层中某一准则的重要性进行两两比较,构造两两比较的判断矩阵;

(3)由判断矩阵计算被比较元素对于该准则的相对权重;

(4)计算各层元素对系统目标的合成权重,并进行排序。这种方法可以更好地降低加权设计中的不确定因素,当然操作也更为复杂。

(二)经验加权和统计加权

按照主观程度分类,加权方法可分为经验加权和统计加权。

1. 经验加权

经验加权通常是由富有经验的专家和有关研究人员商定,将人们在长期工作中积累的经验和丰富的学识作为指派权数的依据。这种方法简便易行,但它实际上是主观判断的数量化,带有主观成分,因而会影响计量的准确性和合理性,必须谨慎使用。[①]

---

① 李克东编著.教育技术学研究方法[M].北京:北京师范大学出版社,2003.

2. 统计加权

该方法是设计一项重要程度意见表,让有关人员对各项指标的重要程度进行投票,再把投票结果按统计公示进行计算,以确定权数值。[①]

四、指标项的加权实施

为了体现各个评价指标在评价体系中的作用、地位和重要程度,在指标体系建立后,必须对各个指标赋予不同的权重。权重系数的分配是否科学和合理对评价结果和决策有着重要的意义。权数的确定问题是评价体系中的关键问题,也是构建指标体系的难点。

1. 问卷结果反馈

在问卷基础上,通过咨询相关专家意见,确定教育信息化评价指标体系权重也包括一级、二级及三级指标的权重。

2. 一级指标权重的确定

关于教育信息化评价指标权重的确定是个多层次、多因素的复杂问题。而层次分析法是一种定性与定量分析相结合的多准则决策方法,对人的定性判断起重要作用,适合决策难于直接准确计量结果的场合。[②] 因此,在确定一级指标权重的过程中通常采用层次分析法。

应用层次分析法大致包括六个步骤:① 明确问题;② 建立层次结构;③ 构造判断矩阵;④ 层次单排序;⑤ 一致性检验与层次总排序;⑥ 做出决策。

(1)构造一级指标两两比较的判断矩阵。假设有 4 个元素,则可以构建表 7-2 所示的矩阵。

表 7-2　AHP 法两两元素判断矩阵结果

	元素 1	元素 2	元素 3	元素 4
元素 1	C_{11}	C_{12}	C_{13}	C_{14}
元素 2	C_{21}	C_{22}	C_{23}	C_{24}
元素 3	C_{31}	C_{32}	C_{33}	C_{34}
元素 4	C_{41}	C_{42}	C_{43}	C_{44}

根据设计好的表格,认真选择该领域内的专家对每个一级指标的重要性

① 李克东编著.教育技术学研究方法[M].北京:北京师范大学出版社,2003.
② 杜栋,庞庆华,吴炎编著.现代综合评价方法与案例精选[M].北京:清华大学出版社,2008.

进行判断,并根据一定比率标度完成判断定量化。层次分析法(AHP)中常用的1~9标度方法如表7-3所示。

表7-3 层次分析法(AHP)标度及含义

序号	重要性等级	C_{ij}赋值
1	i,j两元素同等重要	1
2	i元素比j元素稍重要	3
3	i元素比j元素明显重要	5
4	i元素比j元素强烈重要	7
5	i元素比j元素极端重要	9
6	i元素比j元素稍不重要	1/3
7	i元素比j元素明显不重要	1/5
8	i元素比j元素强烈不重要	1/7
9	i元素比j元素极端不重要	1/9

备注:$C_{ij}=\{2,4,6,8,1/2,1/4,1/6,1/8\}$表示重要性等级介于$C_{ij}=\{1,3,5,7,9,1/3,1/5,1/7,1/9\}$。这些数字是根据人们定性分析中的直觉和判断力确定的。

专家赋值后的判断矩阵形式为:

$$C=\begin{bmatrix} C_{11} & C_{12} & \cdots & C_{1n} \\ C_{21} & C_{22} & \cdots & C_{2n} \\ \cdots & \cdots & \cdots & \cdots \\ C_{n1} & C_{n2} & \cdots & C_{nn} \end{bmatrix}$$

其中,矩阵C具有如下性质:

① $C_{ij}>0$

② $C_{ij}=1/C_{ji}(i\neq j)$

③ $C_{ii}=1(i,j=1,2,\cdots,n)$

其中,C称为正反矩阵。对于正反矩阵C,若对于任意i,j,k,均有$C_{ij}\cdot C_{jk}=C_{ik}$,此时称该矩阵为一致矩阵。

(2)一致性检验

判断思维的一致性指专家在判断指标的重要性时,各专家的判断结果协调一致,不会出现相互矛盾。为了保证应用层次分析法结论的合理性,需要对判断矩阵进行一致性检验。在具体操作时,通常要和排序步骤相结合。在层次分析法中引入判断矩阵最大特征根以外的其余特征根的负平均值,作为度量判断矩阵偏离一致性指标,即采用

$$CI = \frac{\lambda_{max} - n}{n - 1}$$

CI 用于检查专家判断思维的一致性。CI 值越大,表明判断矩阵偏离完全一致性的程度越大;CI 值越小(接近于 0),表明判断矩阵的一致性越好。

当判断矩阵具有完全一致性时,$CI = 0$;反之亦然。因此,$CI = 0$,$\lambda_1 = \lambda_{max} = n$,判断矩阵完全一致。

(3)层次单排序

层次单排序法是指根据判断矩阵计算对于上一层某元素而言本层次与之有关联的元素重要性次序的权值。可以将层次单排序归结为计算判断矩阵的最大特征根及特征向量的问题。利用层次分析法计算权重的步骤为:

① 计算判断矩阵每一行元素的乘积 M_i

$$M_i = \prod_{j=1}^{n} a_{ij} \qquad i = 1, 2, 3, \cdots, n$$

② 计算 M_i 的 n 次方根 $\overline{W}_i$:

$$\overline{W} = \sqrt[n]{M_i}$$

③ 对向量 $\overline{W} = [\overline{W}_1, \overline{W}_2, \cdots, \overline{W}_l]^T$ 正规化(归一化)处理:

$$W_i = \frac{\overline{W}_l}{\sum\limits_{j=1}^{n} \overline{W}_J},$$

那么,$\overline{W} = [W_1, W_2, \cdots, W_n]^T$ 即为所求的特征向量。

④ 计算判断矩阵的最大特征根 λ_{max}:

$$\lambda_{max} = \sum_{i=1}^{n} \frac{(AW)_i}{nW_i},$$

其中 $(AW)_i$ 表示向量 AW 的第 i 个元素。

⑤ 对于专家赋值矩阵权重进行计算,并进行一致性检验 $CR = \frac{CI}{RI}$,其中 $CI = \frac{\lambda_{max} - n}{n - 1}$。判断矩阵的平均随机一致性指标 RI 的值可以通过查表 7-4

可得。

表 7-4　平均随机一致性指标

n	1	2	3	4	5	6	7	8	9
RI	0.00	0.00	0.58	0.90	1.12	1.24	1.32	1.41	1.45

当 $CR<0.10$ 时,一般认为判断矩阵的一致性是可以接受的。

（4）权重统计和决策

通过软件 Matlab 可以计算出每位专家赋值表矩阵的 W, λ_{max}, CI, RI 及 CR 的值,剔除矩阵一致性检验不符合要求的专家意见数据,将一致性检验合格的专家数据对同一个指标的权重进行算术平均,得出代表专家组意见的指标权重,并应用在相应的决策中。

五、专家排序法

在确定指标体系时,如果全部采用层次分析法,数据处理的工作量会非常大。由于时间的紧迫性和可行性,一般在确定指标体系中二级和三级指标权重时采用专家排序法。该方法的特点是操作简单、计算方便、易于掌握、可信度高。二级及三级指标权重的获取方法采用问卷形式,向专家征求意见。专家根据问卷中所涉及项目的重要程度,对同级指标进行排序。根据收集的数据,经过统计分析,得出各指标项的权重。

假设需要对 P 个评价对象进行评估和排序,可以按照如下步骤进行处理:

1. 选择参与评价和决策的 N 位相关专家。

2. 建立专家排序评价表(如表 7-5 所示)。

表 7-5　专家排序评价表

评价指标	指标权重	名次			
		1	2	...	P
I_1	W_1	—	—	—	—
I_2	W_2	—	—	—	—
...	...	—	—	—	—
I_m	W_m	—	—	—	—

将该表和评价对象的相关资料交给 N 位专家,由专家给每个评价指标赋予权重。根据每个指标,对评价对象进行排序。认为第一重要的加权分记为1,第二重要的加权分记为2,第三重要的加权分计为3,依此类推。

3. 确定评价指标的权重

将 N 位专家对不同评价指标所赋予的权重,取其平均值,作为该项评价指标的权重(如表7-6所示)。

表7-6 评价指标权重的确定

评价指标	专家1	专家2	专家3	⋯	专家n	指标权重
I_1	W_{11}	W_{12}	W_{13}	⋯	W_{1n}	
I_2	W_{21}	W_{22}	W_{23}	⋯	W_{2n}	$W_r = \dfrac{\sum\limits_{i=1}^{n} W_{ri}}{N}$
I_3	W_{31}	W_{32}	W_{33}	⋯	W_{3n}	
⋯	⋯	⋯	⋯	⋯	⋯	$r = 1,2,3,\cdots,m$
I_m	W_{m1}	W_{m2}	W_{m3}	⋯	W_{mn}	$i = 1,2,3,\cdots,n$

W_{ri} 表示第 i 位专家对第 r 个指标所给的权重。

4. 建立频率矩阵

回收各位专家填写的评价表,按照评价指标,统计出各评价对象所得名次的频数,组成如下频率矩阵(如表7-7所示)。

表7-7 频 率 矩 阵

评价指标		I_1			I_2			⋯	I_m		
名次		1	2	⋯ p	1	2	⋯ p	⋯	1	2	⋯ p
对象	F_1	A_{111} A_{112}	⋯	A_{11p} A_{121}	A_{122}	⋯	A_{12p}	⋯	A_{1m1}	A_{1m2} ⋯	A_{1mp}
	F_2	A_{211} A_{212}	⋯	A_{21p} A_{221}	A_{222}	⋯	A_{22p}	⋯	A_{2m1}	A_{2m2} ⋯	A_{2mp}
	⋯	⋯	⋯	⋯	⋯	⋯	⋯	⋯	⋯	⋯	⋯
	F_p	A_{p11} A_{p12}	⋯	A_{p1p} A_{p21}	A_{p22}	⋯	A_{p2p}	⋯	A_{pm1}	A_{pm2} ⋯	A_{pmp}

A_{ijh} 表示第 $j(j=1,2,3,\cdots,m)$ 个评价对象在第 $i(i=1,2,3,\cdots,p)$ 的名次 h ($h=1,2,3,\cdots,p$)的频数。

5. 单指标排序

根据频率矩阵,计算出评价对象 F_j 对每个单指标的评价值,得出单指标排序表(如表7-8所示)。

表 7-8 单指标评价值排序表

对象	指标权重			
	W_1	W_2	...	W_m
F_1	F_{11}	F_{12}	...	F_{1m}
F_2	F_{21}	F_{22}	...	F_{2m}
...	...	...		...
F_p	F_{p1}	F_{p2}	...	F_{pm}

评价对象 F_j 的单指标评价值计算公式为:

$$f_{ji} = \frac{1}{N} \sum_{n=1}^{p} (A_{jih})^2 (p - h)$$

在某确定的评价指标下,根据各评价对象的分值大小进行排序(如表 7-9 所示)。

表 7-9 评价对象排序表

指标权重	名次			
	1	2	...	P
W_1	—	—	—	—
W_2	—	—	—	—
...	—	—	—	—
W_m	—	—	—	—

6. 总指标排序

总指标排序根据评价对象的单指标排序得出,公式为:

$$Z_i = \sum_{r=1}^{m} B_r (p - L_r)$$

其中,L_r 表示单指标评价表中在 W_i 指标下,f_{ij}(值)在整行值中的排名。

第三节 教育信息化标准体系的验证

一、测量问卷的设计

通过第四、五、六章提出了一个具有三个维度的初始评价指标体系,每一维度均包含若干具体的指标项。根据该评价指标体系的构成要素设计测量问卷,调查对象包括校长、管理人员、教师、技术人员和学生。为了确保问卷调查的有效性,问卷题目主要采用封闭性问题。利用问卷形式对指标评价标准、评价指标权重等内容开展专家咨询,结果见附录三。

二、问卷信度效度分析

在问卷正式发放之前,需要对问卷进行信度、效度检测。对问卷调查所收集的数据采用 SPSS 进行统计分析,对于多项数据利用 Excel 进行辅助统计。为确保问卷的质量及调查的精确度,本研究对问卷进行了信度和效度检验。信度是指问卷测试结果的一致性,采用克龙巴赫 α 值(Cronbach's Alpha)来检验问卷的内部一致性,所得系数大于 0.7 时即可接受。如果问卷各模块的信度以及问卷总信度皆大于 0.7,那么,问卷具有可靠性。[1]

三、数 据 收 集

在数据收集工作正式开展之前,需要先设计一个切实可行、周密细致的数据收集方案,以指导整个数据收集工作,保证调查可以高效、顺利地实施和完成。数据收集的设计工作主要包括以下几个方面:

(一)确定数据收集的研究目的

在基于问卷的数据收集开始之前,在数据收集方案中要明确本次调查的目的、任务、意义以及怎样在资源有限的前提下实现这一目标。研究目的是研究所要达到的总体目标,它回答为什么调查、要解决什么问题、具有什么社会意义等问题。明确这些问题后,才能确定数据收集的对象、调查研究的问题和收集数据的方法。

(二)确定数据收集的对象和单位

确定数据收集的对象即确定由谁来提供所需的研究数据。数据收集的对象是根据研究目的确定研究总体。所谓数据收集的单位是指要进行数据收集的具体单位,是收集数据和分析数据的基本单位,要通过具体的抽样选取。

(三)确定数据收集项目和问卷

数据收集的项目是指数据收集的具体内容,它可以是调查单位的数据特征,也可以是数据收集单位的某种属性或品质特征。问卷是以问题的形式系统地记载数据收集内容的一种方法。它可以采用纸质的或电子版的表格式、

---

①　郭旭凌.学校信息化领导力评价体系研究[D].金华:浙江师范大学硕士学位论文,2013.

卡片式或簿记式呈现。在设计问卷时应当遵循一定的原则和程序,运用一定的技巧,使被调查者愿意接受和回答问卷提出的问题并且保证所提供答案的质量。

（四）确定数据收集的时间

数据收集的时间包括调查时间和数据收集期限。调查时间规定数据收集资料所反映的起始和截止时间。数据收集期限是指进行数据收集工作的时限,包括收集资料和报送资料所需的时间。

（五）数据整理与分析

数据整理是对所收集的各项初始数据进行预处理的过程,包括数据审核、分组、汇总,目的是使所收集的研究数据条理化、系统化,变成能反映总体特征的综合资料。这是数据分析的前一阶段。数据分析是指通过对合格数据的处理和比较,总结出数据分布规律和特征指标,用图表将分析结论形象化地展示出来,得出调查研究结论,为调查报告的撰写提供数据支持和依据。

在做好前期准备后,下一步要开展具体调查。[①]　实施过程如下:

（1）针对调查群体选择调研课题;

（2）根据调研课题设计调查问卷;

（3）将设计好的问卷在部分调查群体中试发放,根据反馈结果修改问卷;

（4）抽取合理的调查样本正式发放调查问卷,进行数据收集;

（5）数据录入和预处理,为数据分析做好准备。

四、数据处理

通过问卷获得的数据主要包括定类数据、定序数据、定距数据和文本数据。对于前面三种数据可以进行具体量化,对于文本数据可以采用内容分析方法进行处理。在对问卷中封闭式问题所获得的数据进行分析之前,需要对数据进行清理和管理,如有必要还需利用因子分析法等进行变量整合。在分析过程中还需要考虑如何处理缺失数据进行处理、多项目量表的内部一致性问题等。

在确定问卷数据的类型与分布情况后,可以根据它们的特征开始分析方法的选择。目前对问卷中定性数据进行统计处理时,可以采用的方法包括相关检验、相关度量、逻辑回归分析三种方式。

---

① ［美］罗纳德·扎加,约翰尼·布莱尔.抽样调查设计导论［M］.沈崇麟,译.重庆:重庆大学出版社,2007:4.

（一）相关检验

相关检验的初始假设（或称虚无假设）为 H_0:两个变量无关联;备择假设为 H_1:两个变量有关联。使用卡方统计(χ^2)对带有随机性的定性数据进行相关分析检验,公式如下:

$$\chi^2 = \sum_{i,j=1}^{rQ} \frac{(n_{ij} - n_i + n_j)^2}{n_i + n_j/n} = \sum \frac{(Q_i - E_i)^2}{E_i}$$

其中 Q_i 表示实际观测到的频数,E_i 表示期望频数。当原假设成立时,Q_i 与 E_i 比较接近,其中大的 χ^2 值是极端的情况。

（二）相关度量

χ^2 值只用于判定是否关联,其大小并非针对相关性的度量。对于同样程度的相关,由于样本容量不同,χ^2 值也会有明显不同。为保证相关性取值在一个易于理解的区间之内,如[0,1]。当度量值趋向于 0 时,表示相关度较低;而当度量值趋向于 1 时,表示相关度较高。因此,可以对 χ^2 公式进行修正,得到列联系数公式如下:

$$P = \sqrt{\frac{\chi^2}{\chi^2 + N}}$$

根据上述公式计算得到的系数介于 0 到 1 之间,但不能达到 1。P 值与 1 的接近程度,除了 χ^2 值时,还与样本容量的大小有关。[1]

第四节   教育信息化标准体系的确立

根据对初步构建的指标体系进行实践检验,即采用问卷方式收集的反馈数据,在保持指标总量相对稳定的情况下,对原有指标做相应的增减、置换和调整,同时进一步完善现有监测统计指标的内涵和统计监测评价方法,调高部分已达标的目标值,可以使指标设置和评价方法更加科学合理、注重实效、易于操作。我们对部分相似度较高的指标项进行了合并处理,对实践中需要而暂时没有涉及的指标项进行添加和完善,最终确立了较为科学和合理的教育信息化评价标准体系。

一、增加缺失指标项

对于实践中发现的非常重要而初始指标项中尚未被纳入的指标项,应该

---

①   魏捷. 关于调查问卷中定性数据处理方法的探讨[J]. 统计与决策,2008(20):24~26.

根据实际进行指标项增加,以增强指标体系的有效性,可以更好地发挥其引导作用。

在对调查数据进行分析时,针对教育信息化政策指标,发现大多数学校设有信息化建设的主管部门和分管领导,并形成了较为完善的领导体制机制,对于教育信息化建设整体推进发挥了非常重要的作用,但在初始指标项中并未设计该项。针对这种情况,需要添加相关指标项。修正前后的指标如表 7-10、表 7-11 所示。

表 7-10　教育信息化政策指标项修正前

一级指标	二级指标
E.P 政策理解与愿景 (学校规划对国家政策的反映)	E.P1 学校领导或教师对国家教育信息化政策的理解程度
	E.P2 学校制订教育信息化发展规划

表 7-11　教育信息化政策指标项修正后

一级指标	二级指标
E.P 教育信息化政策	E.P1 学校制订教育信息化发展规划
	E.P2 学校有主管教育信息化建设的部门
	E.P3 学校有主管教育信息化建设的领导
	E.P4 学校对教育信息化建设的态度

二、合并或删除一致性指标项

在数据收集的过程中,往往会出现指标与指标之间无法区分,通过相关性分析发现两个指标一致性非常高的情况。在这种情况下,需要考虑将相应指标进行合并,只保留其中一个指标或者对两个指标进行重新描述,使其更加清晰明了、容易测量。

例如:在二级指标"信息技术支持的教师教学"下,"教师使用教学多媒体的情况"和"教师使用数字化教学资源的情况"两项指标在数据统计结果中表现出较高的一致性。在对调研对象的访谈中发现,教师多数情况下不能有效分辨两者之间的差别,或者教师在运用多媒体的情况下通常也会采用数字化教学资源,据此对这两个指标进行了合并。合并后的指标项为"教师使用多媒体或数字化教学资源的情况"。

三、增加拓展性指标项

由于经济、文化以及学校背景的不同,不同学校的教育信息化发展水平各有差异。为了充分考虑学校基数的差异,使得信息化水平高、中、一般的学校都能够准确评估自身发展水平,引领未来发展方向,在原有指标的基础上增加了拓展性指标。拓展性指标针对的是信息化水平较高的学校,现阶段并不要求所有学校都具备该指标。对于信息化水平欠发达的学校,可以将拓展性指标作为学校未来发展的方向。

将原"软硬件与数字资源"指标改为"数字化教育资源建设"指标,将其中部分指标去掉,并根据实际情况增添了三个拓展性指标,用于评估学校资源建设的具体情况,如表 7-12 所示。

表 7-12　数字化教育资源建设指标项

	E.R1 学校数字化资源的来源情况
	E.R2 学校数字化资源库的建设情况
	E.R3 学校建设有教学资源网站(区域性教育资源、学校购买、教师自行开发等)
E.R 数字化教育资源建设	E.R4 区域性数字教育资源的建设情况(拓展性指标)
	E.R5 学校开放性教育资源的建设情况(拓展性指标)
	E.R6 学校建设有专门面向学生学习资源的情况(拓展性指标)

四、调整指标目标值

指标目标值应随着教育信息化建设发展而进行调整。由于学校教育信息化水平整体上得到提高,原定指标的目标值可能已经不适应学校信息化建设实践发展要求,需要根据具体情况调高目标值。而对于原定目标值过高,很多学校无法达到的标准,则应该根据具体情况降低目标值。

五、调整指标归属类别

在确定具体指标项时,需要避免指标项与指标项之间的重叠。由于维度与维度之间存在交叉关系,可以保证每一个指标项只能归属于某一确定的维度。但是,在实际操作的过程中,难免会存在指标项交叉的情况,而这种交叉在指标项设计阶段具有无法预知的特点。因此,需要根据实际验证的结果进行调整和重构。

如:指标项"学校拥有用于与家长交流的网络平台(QQ 群/Email 列表)"由原来的"支持教育学的相关软件"二级指标调整至"信息技术支持学校管理"二级指标下,因为老师利用这些网络平台的用途更倾向于进行教学管理,而不是进行实际教学活动。

对指标项的调整与完善,需要充分运用和发挥调整修订后的监测统计指标体系的导向作用,提高教育信息化建设的质量效益,优化结构,更加重视基础设施建设、信息化队伍建设以及优质教育资源建设等工作,以推动教育信息化快速稳定发展,促进学习型社会构建和创新型人才培养。

第八章
教育信息化标准测量系统的构建

近年来,随着信息化进程日益加快,国家对教育信息化的投入逐年加大,教育信息化标准建设得到了该领域内研究者与实践者的高度重视。传统教育信息化评估工作存在周期长、工作量大、效率低、代价高等问题难以满足教育信息化的发展需求。基于数字化测量系统开展的教育信息化评估工作可以有效解决上述诸多难题,有利于我国教育信息化整体发展实力和可持续发展能力的提升,让教育信息化评估和标准建设工作真正落到实处,从而更好地指引教育信息化的发展,因此构建功能全面、系统稳定的教育信息化标准系统,可以满足不同学校、家长、老师以及学生开展自我评估、整体评估的需求,帮助他们及时了解学校在整个教育信息化发展中发挥的作用,发现其中存在的不足。

本章分别从标准系统建设的目的和意义、标准测量系统的体系设计、标准测量系统的开发三个方面介绍教育信息化标准测量系统的构建工作。

第一节　标准测量系统建设的目的和意义

一、标准测量系统建设的目的

教育信息化标准测量系统,是在管理指标体系中的具体指标项内容和领域的基础之上,通过输入基本的数据,获得总分(教育信息化数值)以及各个领域维度的分值,并通过数据比较得到该学校或单位在同行业中的位置。本系统建设旨在结合对国内外教育信息化标准体系与实践检验的研究,通过信息化系统的标准化管理手段实现对教育信息化标准体系指标的分层动态构建和测量评估统计,使测量过程和结果符合教育信息化标准体系的实践检验要求,实现方便、及时、准确的测量过程和数据分析,为教育信息化标准研究提供有效的检验和统计分析手段,从而促进学校教育信息化进一步发展。

二、标准测量系统建设的意义

当前国内外教育信息化的发展趋势和重点研究领域反映了评估测量教育信息化系统发展水平的必要性。因此,构建教育信息化标准对教育信息化发展具有非常重要的意义,主要表现在如下几个方面:

(1)通过对标准测量系统的设计和开发过程的思考和总结,为教育信息化标准指标体系提供进一步优化的思路和方案。

(2)通过对标准测量系统构建后所产生的大量过程数据和结果数据进行多维度、多层面的深度分析,为教育信息化标准的修订与完善提供基础和依据。

(3)通过对标准测量系统的开发,为教育信息化标准的研究和应用提供平台和实施方法,实现理论和实践相结合,推动二者不断迭代优化和发展。

第二节　标准测量系统的体系设计

一、体系结构

通过教育信息化指标体系构建方法论所制定的评价体系与指标产生的完整过程作为评测系统的业务和功能需求基础,采用多级评价指标体系作为构建测量系统的架构。为了保证调研和统计分析的灵活性,系统指标可灵活配置,包括为指标设置权重和分值针对参与评价的不同角色拟定相应的问卷题目。

评价任务可以设置指定调查单位,采用图形化显示各单位信息化水平,开展优势和劣势分析。结合国际上可比较的目标,在完成教育信息化评价网络化、反馈及时化的同时,选择有代表性的国家教育信息化指标体系进行实时比对,实现指标体系的国际可比较功能,如表8-1所示。

可以利用该评价系统进行数据收集和大数据多维分析,了解学校教育信息化环境、应用和成果情况,反观其教育信息化发展水平。

表 8-1 教育信息化指标体系领域表

领域	一级指标
基础环境	政策（P）
	投资（I）
	软硬件（H）
	数字化资源（R）
	人力资源（HR）
教育应用	教（T）
	学（L）
	管理（M）
发展成果	教师（DT）
	学生（DS）

（一）基础环境维度

该维度指标项用于表征支撑教育信息化发展的基本条件，包括如下内容：

（1）学校规划对国家政策的反映，即发展愿景；

（2）经费对教育信息化发展的促进或制约作用；

（3）硬件设施与联网情况；

（4）支持教与学的相关软件；

（5）教与学过程中应用的数字化资源；

（6）参与教育信息化建设人员的专业状况。

（二）教育应用维度

该维度用于表征信息技术在教与学中的应用情况，包括如下指标内容：

（1）信息技术应用于教师教学的情况；

（2）信息技术应用于学生学习的情况；

（3）信息技术应用于学校管理的状况。

（三）发展成果维度

该维度用于表征师生在信息技术支持下的发展情况，主要包括如下指标内容：

（1）信息技术支撑教师专业发展的情况；

（2）信息技术支撑学生信息能力发展的情况。

二、功能总体设计

整个系统采用浏览器/服务器（B/S）模式以 C#与 SQLserver 数据库作为工具开发，采用三层系统体系架构。用户通过系统界面接口提交操作信息，由业务层根据自己的处理规则进行处理，然后交由数据库层进行操作，最后由数据库层返回数据给用户。该三层架构体系，如图 8-1 所示。

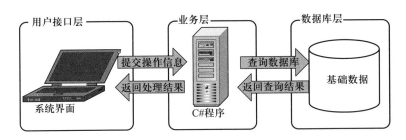

图 8-1　三层体系结构图

（一）评估算法

在评价模型确定后，评价指标体系以及权重可通过手工输入系统进行配置。各个领域以及总分确定的算法公式如下所示：

总分 $OS = \left(\sum_{i=1}^{n} SD_i \right) / n$，$SD_i$ 为各领域的值，n 为共有 n 个领域。

其中 $SD_i = \left(\sum_{j=1}^{m} SSD_j \right) / m$，$SSD_j$ 为第 j 个一级指标值，m 为共有 m 个一级指标。

$SSD_j = \left(\sum_{k=1}^{l} SI_k \right) / l$，$SI_k$ 为第 k 个二级指标值，l 为共有 l 个二级指标。

（二）用户角色

使用该系统的用户主要包括两类：一类是调查对象，职责是参与评价任务，如教师、学生、校长（学校领导）、技术支持人员；另一类是管理查询对象，职责是监督评价，如区域管理者和超级管理员。各种身份说明如表 8-2 所述，角色体系结构，如图 8-2 所示。

表 8-2　用 户 角 色

分类	用户角色	说明	属性
一般 用户	学科教师	通过抽样等方式决定； 由评价管理员分配账号和密码； 参与评价任务	参与评价任务的主体
	技术人员		
	管理人员		
	校领导		
管理员	区域管理员	监测和管理本校任务,不参与评价	隶属各校
	超级管理员	具有所有权限	隶属教育局

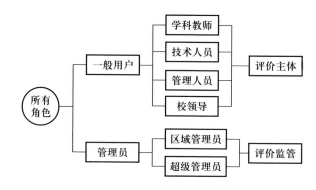

图 8-2　系统用户角色

（三）详细系统功能

该系统详细的系统功能如表 8-3 所示。

表 8-3　系统角色功能结构设计[1]

分类	角色主功能	角色细化功能	要求描述
一般用户	登录系统		参与评价任务的主体
	填写问卷		
	提交问卷		
	查看与修改		

①　位彩红. 教育信息化指标评价系统(iIES)的设计与开发研究［D］.广州:华南师范大学硕士学位论文,2014.

续表

分类	角色主功能	角色细化功能	要求描述
区域管理员	用户管理	评价主体用户的添加、修改、删除等	用户信息应包括学校代码以及学科
	查看评价状态	查看已评价人员的学科分布等	以图表形式显示
	查看评价结果	查看评价结果	评价结果要包括总分,各个维度得分以及相关的教育信息化建设意见,按照时间呈现变化曲线
	拓展性指标的国际比较	进行国际比较	从列表中选择某一国家进行比较;所有数据库中其他国家数据,查找与本校相同结果的指标项,将结果显示出来
	选择是否公开	是否公开本校的评价结果	按钮提示
超级管理员	用户管理	评价管理员添加、修改及删除内容等	用户信息应包括学校名称、编号等
	指标体系管理	各维度以及具体指标项的管理 标记拓展性指标、国外拓展性指标对应数据管理	标记一级维度与具体指标之间的对应关系
	问卷与权重管理	问卷内容与对应权重的添加、修改与删除	问卷内容管理时,对于一个指标对应多个观测点的问题,需在问卷内容录入时选择其对应的具体指标项
	评价状态查看	查看各个学校的总人数;查看各个学校已评价人员的学科分布情况	图表形式显示
	评价结果查看	查看各个学校评价结果	

三、功能模块总体设计

功能模块根据业务需求可分为前台和后台两大部分,如图 8-3 所示。一般用户通过系统前台登录,系统功能有填写问卷、提交、查看与修改问卷。系统后台只允许拥有管理员账号的用户登录,管理员账号分为区域管理员和超级管理员。区域管理员负责管理一般用户,包括学校用户的添加、修改和删除,还有查看评估状态、查看评估结构及建议、指标的国际比较和选择是否公开等功能。超级管理员负责区域管理员用户管理、指标体系管理、问卷与权重管理、评价状态查看。

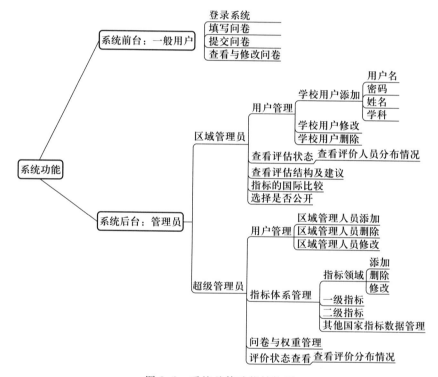

图 8-3　系统总体功能结构图

四、数据库设计

(一) 数据模型实体-联系(E-R)图

根据前述业务逻辑、系统架构和功能设计,可以将数据库设计成如图 8-4 所示的模型。

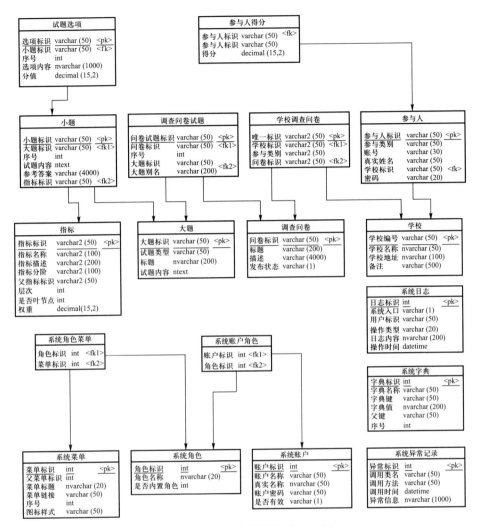

图 8-4　BIPS 系统数据模型 E-R 图

（二）数据模型功能说明

数据库是整个系统架构的核心部分,数据库设计是否合理将直接影响数据检索的速度和数据库管理的安全性,是系统实现的关键环节。它要求尽可能降低数据冗余,保证数据的完整性及一致性,以提高数据并发能力。根据系统的需求,通过对系统各个功能模块和相关数据流程进行分析,然后设计相对应的数据表,并将每一类信息存在不同的数据表中。系统中主要数据表介绍如下:

1. 参与者数据表

系统要求用户必须先登录,才可以正常使用系统的全部功能,并且根据每个用户的使用记录分别存储其访问记录,如图 8-5 所示。该数据表列出了参与者信息表的每个字段,其中参与者(Id)是主键,其他主要字段有参与类别(Participants Type)、账号(Account)、真实姓名(FullName)、学校标识(SchoolId)、密码(Password)等。

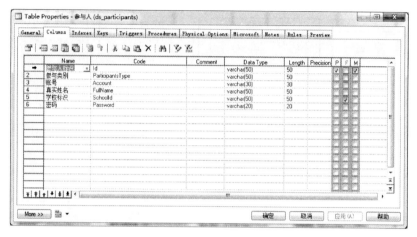

图 8-5   调研参与者数据表

2. 参与者得分数据表

参与者得分数据表中主要包含参与者标识、调查问卷标识、小题标识、得分等,如图 8-6 所示。这是用于记录参与者参与本系统相关试题和问卷作答的数据,便于后台管理人员收集参与者的访问数据,进行数据的整理与分析。

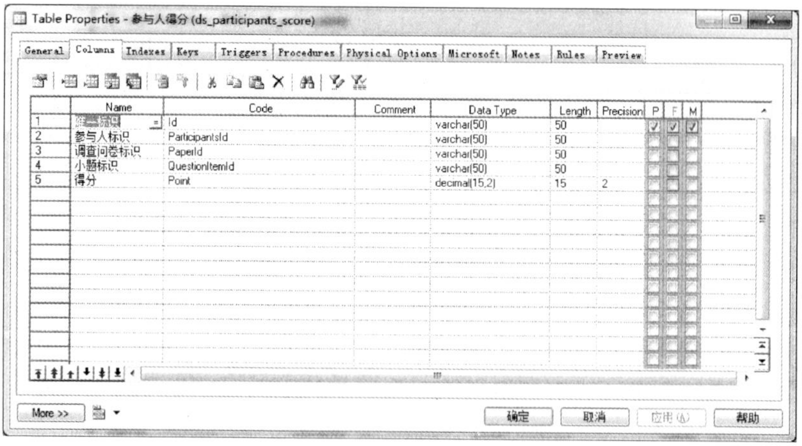

图 8-6   参与者得分数据表

3. 试题数据表

试题是本系统中的资源之一。通过数据库,参与者可根据自己的身份选择恰当的试题进行作答,不同身份的参与者试题内容不尽相同。其包含字段如图 8-7 所示。

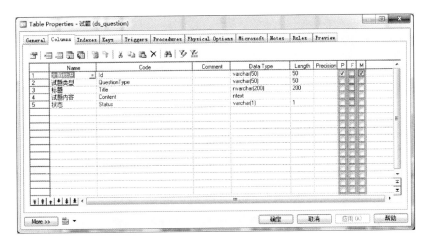

图 8-7　试题数据表

4. 试题明细数据表

试题包含小题标识(Id)、大题标识(QuestionId)、序号(Sequence)、试题内容(Content)、指标标识(IndicatorId)五种类型,如图 8-8 所示。

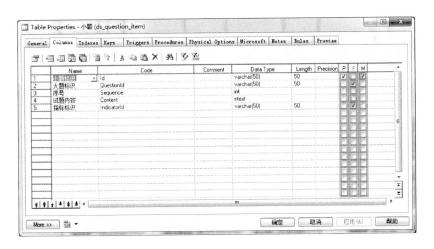

图 8-8　试题明细数据表

5. 试题选项数据表

每一试题具体包含选项标识（Id）、小题标识（QuestionItemId）、序号（Sequence）、选项内容（Text）、分值（ScoreValue）五种类型。其包含字段详见图8-9。

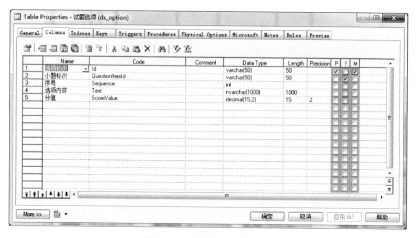

图8-9　试题选项数据表

6. 调查问卷数据表

调查问卷主要用于调查参与者的反馈状况。根据问卷标识、标题、描述等设计不同风格的调查问卷，创建符合参与者的思维程序。其包含字段详见图8-10。

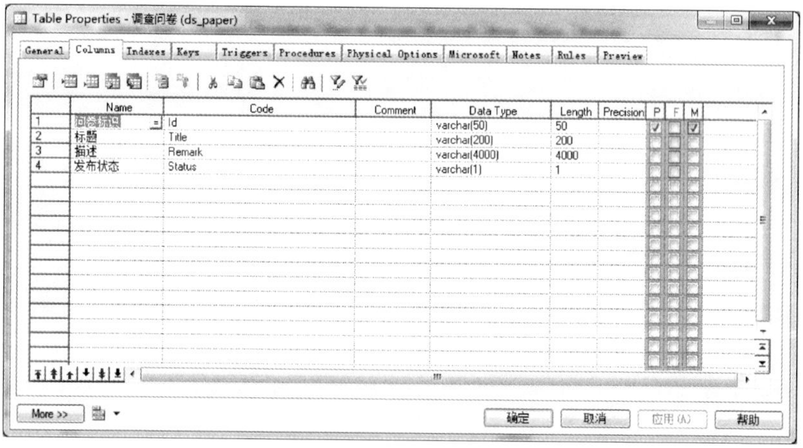

图8-10　调研问卷数据表

7. 调查问卷试题数据表

如图 8-11 所示,该信息表列出了调查问卷试题信息表的每个字段,其中问卷试题标识是主键,其他主要字段有问卷标识、序号、大题标识、大题别名等。

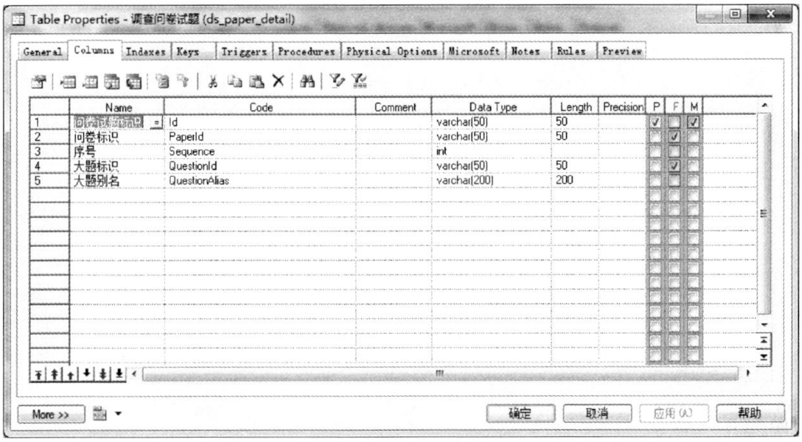

图 8-11 调研问卷试题数据表

8. 学校信息数据表

不同学校包含不同的参与者。本数据库以学校为单位进行测试,进而区分校与校之间的差异。学校信息表包含学校编号(Id)、学校名称(Name)、学校地址(Address)、备注(Remark),其包含字段详见图 8-12。

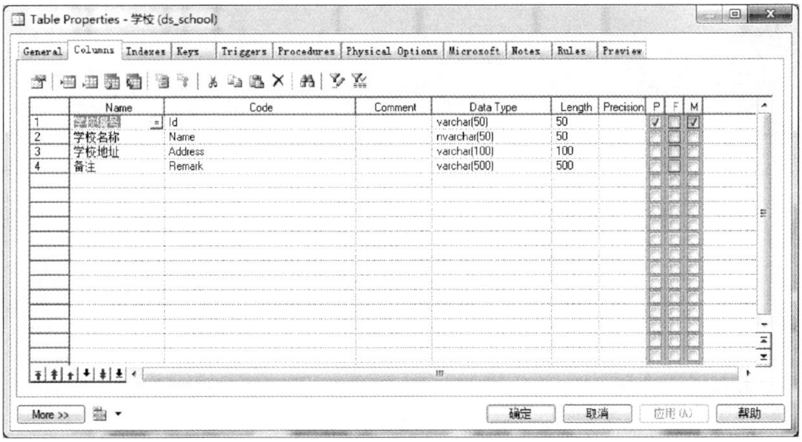

图 8-12 学校信息数据表

9. 学校调查问卷数据表

同一类型的问卷针对同一身份的不同学校,测量的结果会有所不同。根据学校间不同的变量来获取相关信息。数据表内容包括唯一标识、学校标识、参与类别、问卷标识等,其包含字段详见图 8-13。

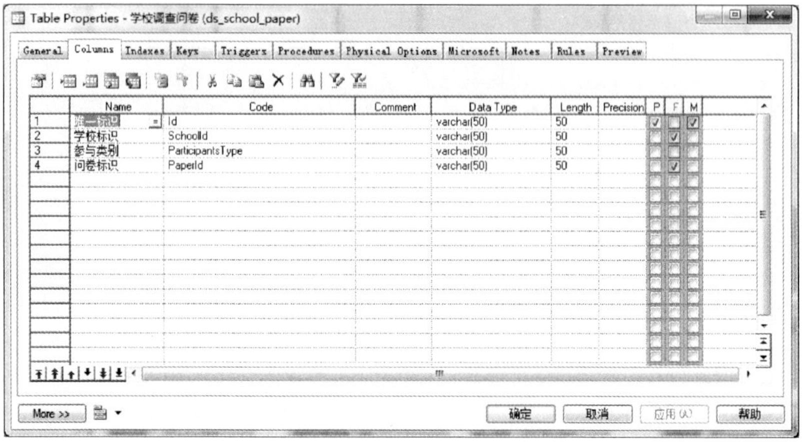

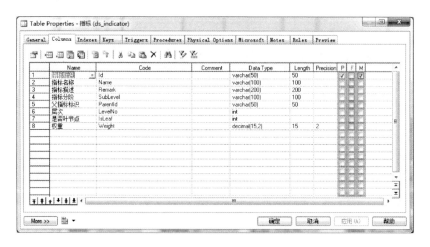

图 8-13   学校调查问卷数据表

10. 指标数据表

指标数据表用于保存所有的评价指标,并且保存了多级指标间的关系。每次发布新评价任务时,都会创建一套新指标。其包含字段详见图 8-14。

图 8-14   指标数据表

11. 系统账户数据表

系统账户数据表用于保存系统账户的信息,它在注册账户时记录用户信息和登录时校验用户身份,如图 8-15 所示。

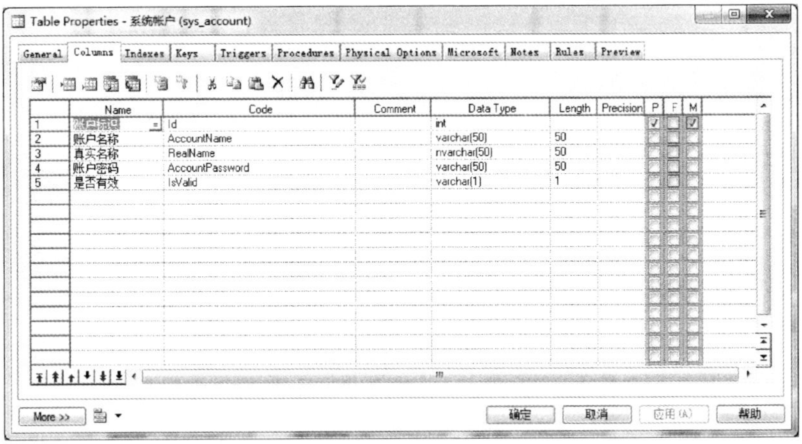

图 8-15 系统账户数据表

12. 系统角色数据表

系统角色数据表记录各种角色的名称并标记是否为内置角色。系统可以根据表中的数据判断系统用户的角色,如图 8-16 所示。

图 8-16 系统角色数据表

13. 系统菜单数据表

系统菜单数据表用于保存菜单的标题、链接、图标样式等信息,每个系统菜单均与其对应的系统角色挂钩。其包含字段详见图 8-17。

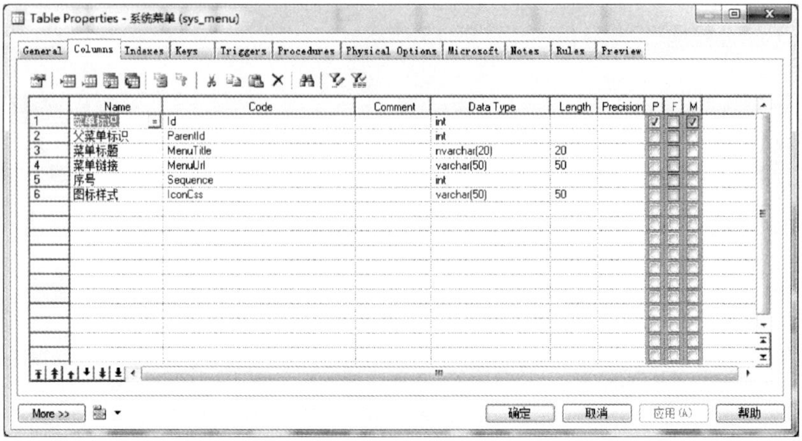

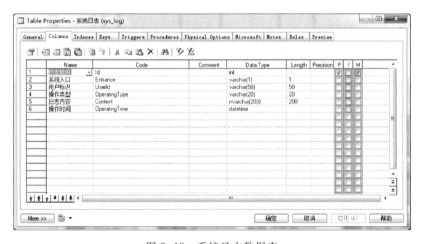

图 8-17　系统菜单数据表

14. 系统日志数据表

系统日志数据表用于保存系统用户已创建系统日志的相关信息,包括操作类型、日志内容、操作时间等,如图 8-18 所示。

图 8-18　系统日志数据表

15. 系统异常记录数据表

系统异常记录数据表负责存储系统异常情况的信息,一旦出现系统异常,系统调节机制会根据异常的类型调用解决方法,相关信息会被记录在系统异常记录表中,如图 8-19 所示。

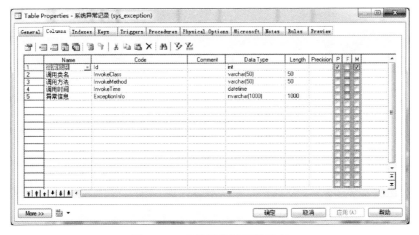

图 8-19　系统异常记录数据表

16. 系统字典数据表

如图 8-20 所示,系统字典数据表用于储存字典名称、字典键、字典值、父键、序号等。

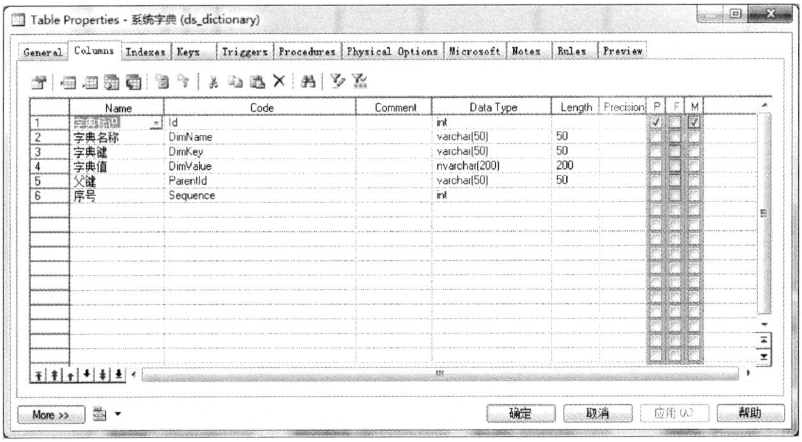

图 8-20　系统字典数据表

17. 系统账户角色数据表

系统账户角色数据表用于记录用户标识和角色标识,通过此表可以查询每一个账户所对应的角色,再根据角色的权限分配管理功能(如图 8-21 所示)。

18. 系统菜单角色数据表

系统菜单角色数据表用于记录角色标识和对应的菜单标准,作用是可以

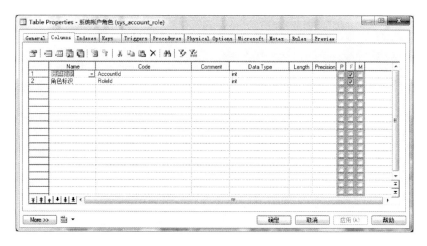

图 8-21　系统账户角色数据表

根据系统账户的角色标识找到对应的菜单标识。该系统账号使用对应的系统菜单中的功能(如图 8-22 所示)。

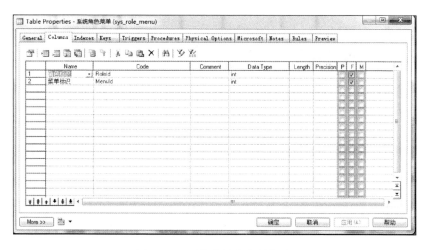

图 8-22　系统菜单角色数据表

五、数据流设计

为了详细反映因为用户或系统操作而导致系统数据表的变化或流动方向,采用三层数据流进行描述(如表 8-4 所示)。

表 8-4　层 数 据 流

数据流图层数	说明
0	各种角色与评价系统的整体关系及主要功能模块
1	各种角色横向拓展到各自的功能模块的数据流
2	针对第 1 层的各个功能模块的数据流进行纵向拓展

（一）第 0 层数据流及解析

图 8-23 为数据流图的第 0 层，主要展示各种角色与评价系统的整体关系，以及评价系统的主要功能模块。在登录系统前，所有角色都是对等的个体；登录系统后，系统会根据已分配给各种角色的权限将其导向各自的功能页面。

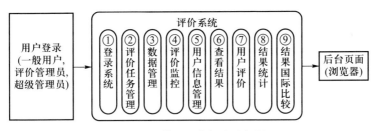

图 8-23　第 0 层数据流及解析

（二）第 1 层数据流及解析

图 8-24 为数据流图的第 1 层，主要展示了各种角色横向拓展到各自功能模块的数据流。这里主要展示评价流程的总体框架，细节部分可参看下一节对数据流第 2 层的介绍。

（三）第 2 层数据流及解析

第 2 层主要是针对第 1 层各个功能模块的数据流进行纵向拓展。

1. 登录系统

如图 8-25 所示，此系统中一般用户与管理员级别用户登录界面不同。

2. 评价任务管理

评价任务管理是系统管理员的专属功能之一。系统管理员可直接对数据库的"任务记录"数据表进行增加、删除、修改、查看操作，其中增、删操作会引起其他表中关联数据的改变。

系统管理员可以随时创建一个新的评价任务，并且在该任务发布前可以随时删改。发布任务后，"修改任务记录"主要用于在任务归档前修改任务状态及

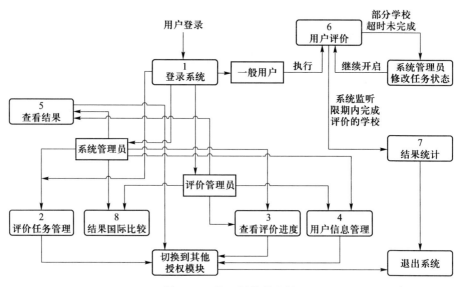

图 8-24　第 1 层数据流图

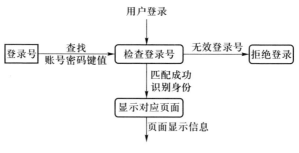

图 8-25　登录系统

时间,使得任务重新开放,以便对未完成任务的评价主体继续进行评价。任务归档后,系统管理员不能再修改任务记录,也不能随意删除任务记录,一旦删除则连带该任务的所有信息(包括所有问卷)都将一并删除(如图 8-26 所示)。

3. 查看评价进度

评价管理员仅能查看本校各个评价任务的评价进度,例如有多少人参与评价、各种角色已完成评价的人数等。

系统管理员可以从宏观的角度查看所有学校的评价进度,例如各区有多少学校参与评价、有多少学校已完成评价等(如图 8-27 所示)。

4. 用户信息管理

每当发布一个新评价任务时,参与该评价的学校评价管理员则负责根据

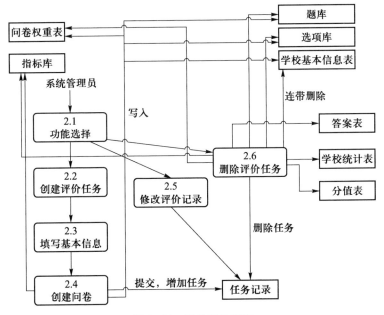

图 8-26　评价任务管理

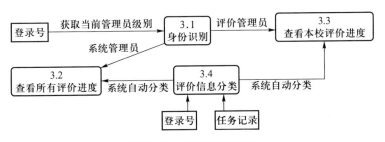

图 8-27　查看评价进度

系统管理员指派各校各种身份参与者的抽样百分比,生成不少于该数量的登录号和密码分配给所有参与评价的人群(即有下限数量,上限为校内全部人员参加评价)。

当评价任务结束后,评价管理员负责对本校已分配的登录号进行回收处理。系统管理员负责为评价管理员创建和回收账号(如图 8-28 所示)。

5. 查看结果

查看结果是指当一次评价任务完成后,利用一系列方法进行统计所得到的数据图表(如各个维度分值、总分、等级以及相关建议等)。

一般用户不具备查看结果的权限。

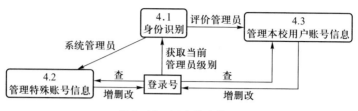

图 8-28　用户信息管理

　　评价管理员仅允许查看本校的评价结果,该结果由系统根据角色进行筛选输出。系统管理员可以查看所有学校的评价结果(如图 8-29 所示)。

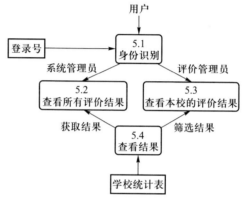

图 8-29　查看结果

6. 用户评价

　　用户评价即一般用户的评价任务,其问卷只有客观题(单选、多选)和主观题(问答填空题)(如图 8-30 所示)。

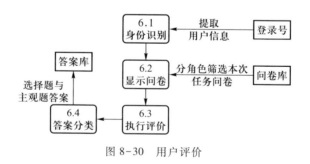

图 8-30　用户评价

7. 结果统计

　　结果统计使用用户评价中的客观题答案作为统计依据(如图 8-31 所示)。

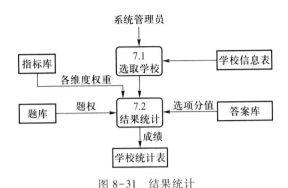

图 8-31　结果统计

六、详细功能模块及界面设计

系统界面在设计上采用了模块化处理思想,把很多页面共有部分集成一个模块,例如页面的头、尾和导航条,在开发时,遇到相似的页面就不需要重新编写,而只要输入:"<!--#include file="top.asp"-->"重用部分即可。又例如数据库的连接代码,因为系统的很多功能模块都需要连接数据库,所以将数据库的连接代码作为公共的外部文件连接,只需使用代码"<!--#include file="conn.asp"-->"即可。这种方法能够很好地提高开发效率。

导航设计最重要的是导航要明晰,避免用户在使用该系统时出现迷航现象。导航系统设计适当的话,用户会对系统产生熟悉感,当他们想要寻找什么的时候,导航系统能够提供清晰的指引。本系统在用户交互界面结构上采用了顶部菜单方式,部分界面采用左导航分栏的方式使用户可以轻松找到需要的内容。而系统中的热点导航方式使用户可以关注系统的关键内容。

(一) 主要功能模块实现

1. 系统登录界面

系统根据提交的数据,先检验该用户是否存在。如果存在,则根据用户名从数据库中确认用户的角色,给用户呈现具体角色界面,使用角色特定系统功能(如图 8-32 所示)。

2. 问卷答题界面

如图 8-33 所示,根据用户类型,从数据库中读取相应角色需要提交的数据问卷形式,问卷题目类型包括单选、多选、填空、简答等。

图 8-32   一般用户系统登录界面(前台)

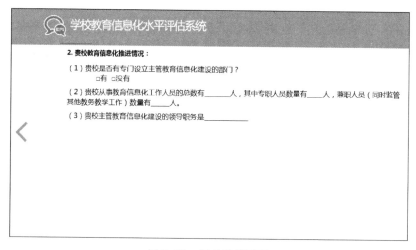

图 8-33   问卷答题界面

(二) 后台管理界面

1. 后台登录界面

系统先验证管理员用户是否存在,并根据用户名确定该管理员的权限功能是超级管理员还是区域管理员(如图 8-34 所示)。

2. 后台主界面

在后台主界面(如图 8-35 所示),超级管理员对菜单栏里面所对应的系统管理、题库管理、问卷管理、指标管理、综合统计等进行查看、编辑和删除等操作,实现对后台主界面的动态管理。后台主界面包含多个一级菜单栏,一级菜

图 8-34　管理员后台登录界面

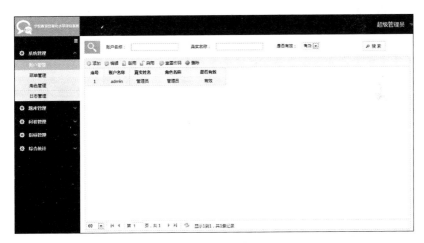

图 8-35　管理员后台主界面

单栏包含相对应的二级菜单栏,统筹管理后台所有的数据资源。

3. 题库管理界面

如图 8-36 所示,管理员可以利用此模块对试题和试卷进行管理,包括添加、删除、修改等功能。

4. 问卷管理界面

管理员在问卷管理界面,如图 8-37 所示,添加具体问卷题目时,选择一级指标分类之后系统会自动确定二级指标,然后选择该具体题目所对应的问卷类型,添加权重以及具体题目等。添加完成之后,管理员可以在内容修改界面对已经添加的问卷内容进行修改与删除等,实现对指标体系的动态管理。

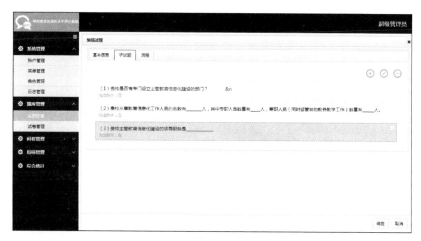

图 8-36　题库管理界面

图 8-37　问卷管理界面

第三节　标准测量系统的开发

一、开发环境与语言选择

本系统的设计开发需遵循实用性和先进性、开放性和标准化、可靠性和稳定性、可扩展性及易升级性等原则。基于上述原则,本系统的开发环境和语言选择如下:

1. 开发环境

选用主流的 Microsoft Visual Studio 2010 开发平台,采用 B/S 架构和 . Net

MVC3 的设计模式,数据库连接以跨平台方式实现,同时支持主流关系数据库,如 Oracle、SQL Server、MySQL 等。

2. 开发语言

采用 C#、JavaScript、HTML5、CSS3 等语言进行开发。

二、系统开发的关键技术

系统基于面向对象思想分层次进行开发,提供功能强大的基础构件和接口构件,可扩展创造出更加动态而且伸缩性更强的应用程序;系统支持通过多维分析技术对产生的结果数据进行多角度深入对比和钻取分析。系统开发涉及的主要技术如下:

(一) MVC 体系结构

MVC 模式把软件系统分为三个基本部分:控制器(Controller)、视图(View)和模型(Model),如图 8-38 所示。

MVC 模式的目的是实现一种动态的程序设计,使后续对程序的修改和扩展简化,并且使程序某一部分的重复利用成为可能。除此之外,此模式通过对复杂度的简化使程序结构更加直观。软件系统在对自身基本部分分离的同时也赋予了各个基本部分应有的功能。专业人员可以通过自身的专长分组。

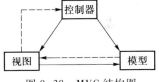

图 8-38　MVC 结构图

1. 控制器

控制器具有程序员编写程序应有的功能(实现算法等),起到不同层面间的组织作用,用于控制应用程序的流程。它处理事件并做出响应。"事件"包括用户的行为和数据模型上的改变。

2. 视图

供界面设计人员从事图形界面设计工作。视图层能够实现数据有目的的显示(理论上,这不是必需的)。在视图中一般没有程序上的逻辑。为了实现视图上的刷新功能,视图需要访问它监视的数据模型,因此,需要事先在被它监视的数据处注册。

3. 模型

模型主要为数据库专家开展数据管理和数据库设计工作。数据模型包括用于封装与应用程序业务逻辑相关的数据以及对数据的处理方法。模型有对数据直接访问的权利,例如对数据库的访问。模型不依赖视图和控制器,也就是说,模型不关心它会被如何显示或是被如何操作。但是模型中数据的变化一般会通过一种刷新机制被公布。为了实现这种机制,那些用于监视此模型的视图必须事先在此模型上注册。这样,视图可以了解在数据模型上发生的改变。

(二) AJAX

AJAX(Asynchronous JavaScript and XML)指异步 JavaScript 及 XML。它不是一种新的编程语言,而是一种用于创建更好、更快、交互性更强的 Web 应用程序技术,其本质就是 JavaScript 技术,与 XML 其实没有太大关系。

通过 AJAX,可使用 JavaScript 的 XML Http Request 对象直接与服务器进行通信。通过该对象,JavaScript 可在不重载页面的情况下与 Web 服务器交换数据。

AJAX 在浏览器与 Web 服务器之间使用异步数据传输(HTTP 请求),这样使网页只从服务器请求少量信息,而不是整个页面。因而可使互联网应用程序更小、更快、更友好。

(三) MD5 加密技术

MD5 的全称是 Message-Digest Algorithm 5,在 20 世纪 90 年代初由麻省理工学院(MIT)的计算机科学实验室和 RSA 数据安全有限公司(RSA Data Security Inc)发明,经 MD2、MD3 和 MD4 发展而来。信息摘要(Message-Digest)泛指字节串(Message)的哈希变换,即把一个任意长度的字节变换成一定长度的大整数。MD5 可将任意长度的字节串变换成一个 128bit 的大整数,且它是一个不可逆的字符串变换算法,即使看到源程序和算法描述,也无法将一个 MD5 的值变换回原始的字符串,从数学原理上解释为原始的字符串有无穷多个,类似于不存在反函数的数学函数。MD5 广泛用于加密和解密技术中。在很多操作系统中,用户的密码是以 MD5 值(或类似算法)的方式保存的,用户登录的时候,系统把用户输入的密码计算成 MD5 值,后与系统中保存的MD5 值进行比较,而系统本身并不"知道"用户的密码如何。本系统对用户密码进行了 MD5 加密,以此提高系统的安全性。

(四) 验证码技术

恶意注册不但会对服务器造成很大危险,对普通用户也极为不利,会占用大量的注册名资源。为有效防止某一个特定注册用户用特定程序暴力破解进行不断的登录尝试,目前很多网站通用的方式是使用验证码。本系统在注册、登录时也使用了验证码技术,防止用户大规模匿名评价的发生。部分代码如下所示:

```
<%
Sub GetSafeCode
    Dim test, Result
    On Error Resume Next ' 忽视产生的错误
    Set test = Server. CreateObject("Adodb. Stream") ' 产生 Adodb. Stream 对象
    Set test = Nothing
    ' 如果无法产生 Adodb. Stream 对象
    ' 也就是无法获得对客户端的输入输出流
    ' 则无法直接向客户端浏览器写入图片数据
    ' 因此直接产生字符随机码,并返回
    If Err Then
        Dim zNum
        Randomize timer
        zNum = cint(8999 * Rnd + 1000)
        Session("SafeCode") = CStr(zNum)
        Result = Session("SafeCode")
    Else
        ' 可以读写客户端输入输出流
        ' 调用 checkcode. asp 来产生图片
        Result = " <img src = " " checkcode. asp" "  align = " " absmiddle" " >"
    End If
    Response. Write Result
End Sub
%>
```

(五)　多维分析

多维分析是对大批量数据进行多层次、多角度的动态过程分析方法,可以对数据在不同维度的任意组合上进行交叉展现。多维分析报表结合了商业智能(BI)核心技术——联机分析处理(OLAP),可以帮助用户进行多角度、灵活动态的数据分析。多维分析报表由"维"(影响因素)和"指标"(衡量因素)组成,能够真正为用户所理解,并真实地反映企业的特性信息。

多维分析技术可以使不同分析人员通过快速的、一致的和交互式的访问来获取并理解各种可能的信息视图的数据,这些信息由原始数据转换而成,用来反映一个业务模型的实际分析维度。多维分析实现应符合如下原则。

1. 多维概念的视图

提供一个直观分析的、易于使用的多维数据模型。因为本质上用户是用多维的角度来看待一个企业的，所以多维数据模型符合用户认识行业问题的方式。

2. 透明度

将技术、后台的数据存储库、计算体系结构和元数据的不同本质对用户全部透明。这种透明度支持真正的开发系统方法，有助于通过一些用户熟悉的前台工具来提高用户的工作效率和生产率。

3. 可访问性

只让用户访问在执行一个特定的分析过程中实际需要的数据，并向用户显示单一的、一致的和连贯的视图。多维分析系统将逻辑视图映射到各种类型的物理数据存储器上，并对视图进行任何有必要的转换。

4. 一致的报表性能

当维度的数量或数据库的容量增加的时候，用户的报表性能不会大大降低。当每次运行一个特定的查询时，让用户体验到一致的运行时间、反应时间和使用性能。

5. 等价的维度

每个数据维度在结构和操作性能上都是等价的。用一个逻辑结构适应所有的维度，而且这个基本数据结构或访问技术不能偏向任何一个数据维度。

6. 无限制的跨维度操作

系统能够辨别维度的层次并在一个维度中或跨维度自动执行下钻和旋转操作。

7. 直观的数据操作

用户能够直观地完成合并路径的旋转、下钻或其他操作，也允许用户在分析模型的数据单元上进行单击和拖拉等动作。

8. 灵活的报表

商业用户能够以一定方式选择列、行和单元，这样将有利于用户进行简单的操作、分析和信息的综合等。任何子集的每个维度也能容易地显示出来。

从多维分析必须具备的常规功能和操作上看，其应该至少具备数据钻取、数据旋转、数据切片和切块功能，即：

（1）数据钻取

通过多维存储的数据模型具备数据钻取能力。数据钻取一般有上钻、下钻、钻取到其他维/层系和钻取到明细等几种形式。

（2）数据旋转

数据旋转是指用户对已经选定的分析维度和指标,根据分析需要可以进行任意角度的切换。通过数据旋转,用户能够看到多维立方体中各种不同切面的页面显示,而且用户能够从多角度查看数据,更好地理解这些数据并得出一些有意义的结论。

（3）数据切片/切块

可以理解为对选定的维度中的维成员按照一定的业务需要进行条件过滤、选择、汇总。

第九章
教育信息化标准建设发展前景

当今世界,科技进步日新月异,互联网、云计算、大数据等现代信息技术深刻地改变着人类的思维、生产、生活、学习方式,推动着教育变革和创新。构建网络化、数字化、个性化、终身化的教育体系,建设"人人皆学、处处能学、时时可学"的学习型社会,培养大批创新人才,是人类共同面临的重大课题。[①] 教育信息化是一个动态的、不断发展的过程,其核心要素是现代信息技术在教育中的应用,是在教育系统的各个领域中充分利用信息技术,开发利用信息资源,促进信息交流和知识共享,实现教与学方式变革,促进教育现代化的历史进程。由于教育信息化工作涉及领域众多,具有很强的系统性和复杂性,因此科学规范的教育信息化标准建设是评估教育信息化发展现状、引导未来发展方向的根本保障。无论是在教育信息化迅猛发展的今天,还是在不远的未来,教育信息化标准建设都具有非常重大的意义。而且,随着技术变革教育进程的日益加快,标准建设的巨大作用将会日益凸显。

近年来,教育信息化标准建设引起了国际社会的广泛关注,并取得了较为显著的成效,推出了很多种类型的标准体系。如美国 CEO 论坛制定的 STaR 量表、欧盟中小学校教育信息化指标体系、韩国中小学校教育信息化评估、联合国教科文组织亚太地区教育信息化绩效指标体系、ISTE 教育信息化评估(NETS·T、NETS·A 和 NETS·S)、ITU 的信息和通信技术发展指数等。我国也积极开展了很多标准研制工作。如:教师教育技术能力标准(2004)、教师信息技术应用能力标准(2014)、校长信息化领导力标准等。同时,诸多学者也做了相应的理论研究和实践探索。

教育信息化评价工作的多面性和复杂性以及对真实场景的依赖性,要求教育信息化标准必须保持动态性以适应并促进环境变化。但标准以及标准体系本身又需要保持一定的稳定性以发挥作用。因此,教育信息化标准与教育信息化工作之间存在着既相互促进又相互制约的矛盾关系,必要时应对教育

---

① 新华社.习近平致信祝贺国际教育信息化大会开幕——让亿万孩子同在蓝天下共享优质教育[J].中国教育网络,2015(6):11.

信息化标准根据教育信息系统演变进行人为干预,以使其保持与教育信息化工作的协调性。现有的标准仍存在诸多需要继续提升和完善的空间,未来我们需要持续关注该领域,充分发挥教育信息化标准研制及实施在推动教育信息化快速持续发展中的巨大作用。

第一节　国际教育信息化的发展趋势

互联网、云计算、大数据等现代信息技术正改变着我们的生产、生活和学习方式,进而深刻地影响着我们的教育理念、教育模式和教育走向。随着"互联网+"战略上升至国家层面,互联网与教育的碰撞再一次成为社会各界关注和探讨的主题。以教育信息化带动教育现代化,破解制约国际教育发展的难题,促进教育创新与变革,是加快国际各国向教育强国迈进的重大战略决策。

一、新技术和新理念普遍引发各国学与教方式创新

信息技术的迅猛发展及其在教育领域中的广泛应用,为课堂教学带来了新技术和新理念的支撑。云计算、3D打印、可穿戴技术、增强现实、游戏和游戏化等新型技术进入课堂,极大地改变着学生的学习方式和教师的教学方式;开放课程、开放数据、开放资源、开放教育、开放存取、开放思想等开放观念,为信息技术在教育中的应用带来了真正的价值;社交网络与社交媒体正在改变人们的生活和交往方式以及知识的获取形式。伴随着学校教育信息化基础设施的不断升级和改造,移动设备普遍进入了课堂教学,各种新型技术被广泛应用,越来越多的国家及国际组织开始关注新技术和新理念所带来的学与教方式的创新。同时,随着互联网的快速发展,信息的沟通超越了国界的限制,国家之间相互学习并借鉴经验将成为未来发展的趋势。

二、教育公平已成为发展中国家教育信息化的战略重点

各国教育在发展过程中均存在不同程度的教育公平问题,在区域之间、种族之间、民族之间的教育发展水平仍存在很大差异。为应对教育公平问题,推动教育的均衡发展,避免造成数字鸿沟,无论是发达国家还是发展中国家,都应结合自身国情,推出适合自身发展的教育信息化政策。发达国家的教育信息化起步较早,教育信息化政策体系完备,经过较长时间的规划和建设,其基础设施已经比较完备,信息化教学应用比较普及,信息化投资机制已经形成,信息化建设和应用整体处于世界领先水平。相比较而言,广大发展中国家经

济落后,教育信息化整体处于较低水平,其教育信息化重点主要是如何消除区域差异,缩小数字鸿沟,促进区域之间、民族之间及种族之间的教育公平。

三、国际组织和学术团体缩短全球教育信息化理念的差距

国际组织在推动教育信息化进程中发挥着不可替代的国际平台作用,有力地促进了全球现代科技知识和实践经验的分享。联合国教科文组织发挥着引领作用,世界银行在推动欠发达地区教育方面给予了巨大的经费支持。经济合作与发展组织,近年推动实施的一系列教育信息化项目,出版的若干重要研究报告,对世界各国相互借鉴教育信息化成功经验具有重要作用。另外,学术团体对教育信息化的关注及参与,在助力教育信息化发展方面发挥的作用是多元的,也是举足轻重的。[①]

为了适应国际教育信息化的发展趋势,赢得教育信息化发展的机遇与挑战,努力实现我国从教育大国向教育强国的转变,未来,我们在教育信息化发展建设过程中应该加强以下几个方面工作:

(1)顺应大势,更加重视教育信息化的作用和地位。将教育信息化作为重大的战略举措,统筹部署,加大投入,尤其应把贫困、边远地区的教育信息化建设摆在优先位置,扩大优质数字教育资源覆盖面。

(2)以人为本,推动信息技术与教育教学的深度融合。创新教育理念和模式,加强信息教学研究开发,提供多样化的学习选择,满足学生个性化需求,促进师生互动、教学相长。

(3)共建共享,不断扩大优质教育资源的覆盖面。努力打破信息壁垒,消除信息鸿沟,拓展教育信息化的功能,扩大共享覆盖面,不断完善法律法规和公共政策,加强信息化建设和网络空间监管和治理,帮助受教育者平等、有效、健康地运用信息技术,让优质教育资源更好地惠及普通民众。

(4)互学互鉴,开创人类文明传承发展的新境界。互联网开启了人类文明交流交融的新时代,需要增强各国民众跨文化交流沟通能力,使之以更加开放包容的心态参与不同文明的传承创新,推动不同文明的深度互动。

第二节   国际教育信息化标准建设的发展趋势

随着科学与技术的飞速发展,我们正在步入全球范围性的知识共享社会。

---

① 张进宝,黄荣怀,吴砥. 国际教育信息化发展报告:内容与结论[J]. 开放教育研究,2014(4):76~83.

教育信息化的演变允许数据、信息与知识以前所未有的方式实现创造和交换，给国际教育信息化的发展注入了新的活力，对教育信息化标准建设提出了新的期盼和挑战。

一、教育信息化标准应及时适应并引导教育信息化实践诉求

目前，有多种类型的 ICT 应用于教育教学领域，有效地支持教与学的变革。其中一些学习技术属于以前从未考虑过的学习资源、教育资源或培训资源，还有一些新兴技术也正在转向并运用于学习领域。总体来说，未来将会有更多的数字化学习技术运用到教育领域，如移动技术、可穿戴技术、3D 打印技术、云计算技术等。将这些技术运用到数字化学习生态（如智慧校园、虚拟仿真学习系统）时，需要相应的指标和标准来提供规范化的指导，以保证其在更大范围内发挥作用。因此，未来的教育信息化标准要具备主动适应信息化动态发展的特性，能根据教育教学实践的实际情况，进行有规律的动态调整。有效实现教育信息化标准相对静态和动态的统一，才能充分发挥其在规范和引导教育信息化发展中的巨大作用。

二、确定核心指标有效提升标准制定和实施的性价比

目前已有的教育信息化建设标准体系相对繁杂，操作成本高、缺乏权威性和公认度，虽然耗费了大量的时间、精力和资金，但是实施的效果并不理想。需要换一种思维方式，跳出目前的指标体系，探求一个能够反映主要矛盾、简单实用、纲举目张、直指战略目标的考核指标。教育信息化发展是一个战略目标，衡量其达成目标的状态需要开展评价。所以，未来我们需要从评价指标确立开始就做到"以简驭繁"，确立核心指标（8~10 个）及相应的权重，以最小的成本（人力、物力、财力）获得尽可能大的"受益"，准确且充分地获得用于价值判断的事实依据。

三、教育信息化建设指标向教育信息化发展指数转变

教育信息化指标或标准是指在某一个考察项上按照预先设定的基线，考量预期的达成度。而教育信息化发展指数是根据定期采样的数据计算统计数据，用于衡量教育信息化发展的波动情形。目前，更多的教育信息化建设指标较为关注横向比较，较少关注同一个评估对象在不同发展阶段的差异。未来，我们要逐步实现教育信息化建设指标和标准向教育信息化发展指数转变。通过统计发展指数的不同，不仅可以比较在同一时间段内，不同教育信息化主体

之间的差异,还可以比较同一主体在不同时间段内的纵向发展走势,以便从不同的角度和视野了解和监测教育信息化发展情况。

四、教育信息化评价指标向具体评价领域纵深发展

目前,大多数教育信息化标准体系仍停留在对整个教育信息化系统的评估与考核阶段。由于教育信息化领域较多,每一个子领域除了具备教育信息化整个体系的共性特征之外,还具备自身的独立特征。并且随着教育信息化的发展,这种子领域的独特性将会愈加显著。显然,一个"大一统"的指标或标准体系并不能完全适应所有子领域的评估和建设需求。因此,未来教育信息化建设标准应该在兼顾整个教育信息化系统的同时,向每个子领域内部进行纵深发展。如逐步建立起高等教育信息化建设标准、职业教育信息化建设标准、特殊教育信息化建设标准等。

五、有效实现标准研制模式转变和研制周期的缩短

随着信息通信技术的飞速发展与广泛应用,相关信息通信技术标准的需求也将迅速增加。为了满足需求,相关标准也应该做出一些转变。目前,标准研制模式、研究领域、各个标准之间的交叉和融合等都在发生变化,旨在推进教育信息化发展标准体系建设的发展与完善。现有标准的研制往往存在周期长、领域广、涉及系统庞杂等问题,而这一现状与互联网思维模式之间存在较多矛盾。目前,相关机构正在探讨运用模块化的模式进行标准研制,以大大缩短标准研制的周期。

总体而言,教育信息化领域的国际标准正在朝着解决实际问题、促进创新以及更短周期、更高效率的方向发展。学习分析技术与教育大数据挖掘、大规模开放在线课程、电子课本和电子书包、移动学习以及智能学习环境等主题也越来越受到广泛关注,成为各个国际标准成员体立项研究的热点。我们期待后续相关标准的研制与实施能够共同促进教育信息化的持续进步与纵深发展,以推进教育信息化及技术标准的持续发展。

附录一
STaR 评估量表

附表 1-1　硬件和网络连接评估指标

学校类型	指标				
	学生数与能上网的教学用计算机之比	技术支持服务的响应时间	联网教室和联网办公室的百分比	学生上网方式和连接质量	其他硬件设备拥有和使用情况
低技术使用水平型学校	超过 10∶1	几天内	超过 25%	有些计算机拨号上网	录像机、有线电视、投影设备、计算器
中技术使用水平型学校	少于 10∶1	第 2 天	超过 50%	有些教室直线上网	录像机、有线电视、电话、语音邮件、投影设备、数码设备、计算器
高技术使用水平型学校	少于 5∶1	当日	超过 75%	大多数教室直线上网；带宽合适	录像机、有线电视、电话、语音邮件、投影设备、视频点播、数码相机、扫描仪、门户网站、PDA、双向视频会议系统、计算器
理想级技术使用水平型学校	1∶1	一周 7 天每天 24 小时	100%	所有教室都是宽带上网	广泛使用各种技术装备，如录像机、有线电视、电话、语音邮件、投影设备、视频点播、数码相机、扫描仪、门户网站、PDA、双向视频会议系统、客户机服务器、计算器

附表 1-2   教师专业发展评估指标

学校类型	指标		
	教师培训方式	教师培训预算占技术预算的百分比	教师对数字资源的认识和应用情况
低技术使用水平型学校	培训师引导的培训	少于 10%	• 100%处于初级或采用阶段 • 少量用于备课
中技术使用水平型学校	• 培训师引导的培训 • 软件中嵌入的帮助系统	11%~15%	• 100%处于采用阶段 • 有些教师开始和学生一起使用
高技术使用水平型学校	网上导师指导	16%~29%	100%处于恰当使用阶段
理想级技术使用水平型学校	随时随地	30%	100%处于恰当使用或创新阶段

附表 1-3   数字化资源评估指标

学校类型	指标				
	所拥有的数字内容的形式	教师将数字资源整合到教学中的形式	学生使用数字资源强化学习的形式	使用数字资源学生的百分比和使用频率	购买数字资源的经费来源
低技术使用水平型学校	从购买的软件中获得信息和工具	• 以教师为中心 • 数字资源做补充	强化基本学习技能	• 50%以上 • 1 次/周	只使用一些追加的教学资料基金
中技术使用水平型学校	从光盘和网上搜索信息	• 教师引导 • 开始与教学整合	用于研究、交流和演示	• 75%以上 • 3~4 次/周 • 20%有网上课程单元	有教学资料预算,但是几乎没有教材预算
高技术使用水平型学校	购买和网上使用数字资源和工具	• 教师在本地或远程教室协助使用 • 完全和教学整合,用于研究、计划、多媒体呈现和模拟、交流、响应等	用于研究、解决问题、分析数据、合作、与专家交流、产生内容	• 100% • 每天用数字资源,但是活动是按年级、学科和班级分开的 • 30%以上有网上课程单元,扩展机会	每个预算做得很细,从教材预算到数字资源购买

学校类型	指标				
	所拥有的数字内容的形式	教师将数字资源整合到教学中的形式	学生使用数字资源强化学习的形式	使用数字资源学生的百分比和使用频率	购买数字资源的经费来源
理想级技术使用水平型学校	各种资源和工具，支持合作和制作	• 在以学生为中心的本地或远程教室，教室提供指导 • 教学资源改变了教学过程，允许深层次的质询、分析、创新和内容制作	数字资源改变了学习过程，允许高层次的合作、质询、分析和创造	• 每日无缝集成所有班级、学科 • 100%有网上课程单元作为学校课程的补充	100%教学教材预算都用来购买"合适"的内容

附表 1-4 学生成就和考核评估指标

学校类型	指标						
	学生成就和21世纪所需技能掌握情况	考核与课程标准吻合度及改进情况	采用数字化策略进行考核的情况	机会均等情况	研究结果运用情况	管理者使用技术情况	家长和社区借助技术参与学校管理情况
低技术使用水平型学校	证明提高了基本技能	25%以上课程和考核符合课程标准	• 25%以上考核开始使用技术策略 • 只限于有固定答案的题型	有些学生可以使用技术加强基本技能	学校也会应用一些专门研究成果	与其他管理人员和教师交流目标	单方面访问学校网站，获知政策、课程标准和行动计划

续表

学校类型	指标						
	学生成就和21世纪所需技能掌握情况	考核与课程标准吻合度及改进情况	采用数字化策略进行考核的情况	机会均等情况	研究结果运用情况	管理者使用技术情况	家长和社区借助技术参与学校管理情况
中技术使用水平型学校	证明有些学生更好地掌握了21世纪所需技能	• 50%课程和考核符合课程标准,公开报告 • 25%监控和测量结果用以制定新的教学决策	• 50%以上考核开始使用技术策略 • 21世纪所需技能的1/4被考核 • 有其他题型,如开放题和自测题	• 在课余时间能够上网 • 所有老师都受过整合技术的培训	• 50%会学习外部研究成果,并能适当应用 • 50%开展内部研究,研究教学项目的有效性 • 50%学校使用IT做规划 • 25%教师将教室使用IT作为专门活动	• 使用技术手机数据,与主管部门和有关人士交流 • 根据数据进行决策	有限度的双向交流,如电子邮件、有保密功能的网上工具,可获知出勤率、考试成绩
高技术使用水平型学校	证明掌握了21世纪所需技能	• 100%课程和考核符合课程标准,公开报告 • 50%监控和测量结果用以修订新的教学决策	• 75%以上考核开始使用技术策略 • 21世纪所需技能的1/2被考核多种形式的考核,包括基于项目的考核、学习档案和模拟	• 在课余时间能够上网 • 75%的学生使用技术发展21世纪所需技能	• 100%适当地使用外部研究成果 • 100%进行内部研究,研究教学项目的有效性 • 100%在教室使用IT,手机和管理数据以改进当前活动	• 使用技术收集数据,分析结果 • 使用技术进行数据驱动的决策	双向交流,如电子邮件、有保密功能的网上工具,可以从家里获知一些学校信息和资源

续表

学校类型	指标						
	学生成就和21世纪所需技能掌握情况	考核与课程标准吻合度及改进情况	采用数字化策略进行考核的情况	机会均等情况	研究结果运用情况	管理者使用技术情况	家长和社区借助技术参与学校管理情况
理想级技术使用水平型学校	证明学生已经很好地掌握了21世纪所需技能	• 100% 课程和考核符合课程标准,公开报告 • 100% 监控和测量结果支持教与学,不断改进	• 100%以上考核开始使用技术策略 • 考核全部21世纪所需技能 • 多种形式、更富挑战性的考核,用技术评价学生掌握程度	• 所有学生随时随地都能够上网 • 100%的学生使用技术发展21世纪所需技能 • 所有学生都有机会成功,或得到补习	• 100%的学校和学区系统化地使用外部的研究成果,进行内部研究 • 100%教师和管理人员使用手机和管理数据,以指导决策,不断改进	• 使用技术制定政策,分析绩效、报告,与上级主管交流 • 使用技术管理不断地改进	• 家长:主动参与制定教育目标,安排个别化学习计划,能够通过保密的网上工具浏览学习结果 • 社区参与制定教育目标,通过保密的网上工具可以了解学校教学效果和学区级项目的执行情况

附录二

联合国教科文组织教育信息化评估标准

附表 2-1　联合国教科文组织教育信息化评估指标

概念领域	指标标签	指标
政策承诺	ED9	国家现有的信息通信技术相关政策、规划或监管机制,在国际教育标准分类中的等级比例(国际教育标准分类等级 1—6)
	ED9bis	在学科中利用信息通信技术辅助教学的年级比例,如:数学、科学、基本的计算机技能(或计算)、语言、艺术等(国际教育标准分类等级 1—3)
	ED10	课程中建议每个教室每周使用信息通信技术的平均小时数(国际标准教育分类 1—3 级),指主要科目,如:数学、科学、基本的计算机技能(或计算)、语言、艺术等
	ED11	课程中建议每个教室每周使用信息通信技术的平均小时数(国际标准教育分类等级 1—3)如:使用电脑练习、使用教学软件练习、使用网络收音机(交互式广播指令)、电视
	ED12	政府在教育信息化领域的总支出占教育信息化经常性支出的比例(国际教育标准分类 1—3,4 级和 5—6 级)
	ED13	政府在教育信息化领域的总支出占教育信息化资本支出的比例(国际教育标准分类 1—3,4 级和 5—6 级)
	ED14	政府在教育信息化中的经常性支出占教育支出比例(国际教育标准分类 1—3,4 级和 5—6 级)
	ED15	政府在教育信息化中的资本支出占教育资本支出的比例(国际教育标准分类 1—3,4 级和 5—6 级)
	ED16	政府对每一个学习者在教育信息化中的平均支出(国际教育标准分类 1—3,4 级和 5—6 级)

续表

概念领域	指标标签	指标
政策承诺	ED16bis	政府对每一个进入计算机辅助教学年级中的学习者在教育信息化中的平均支出(国际教育标准分类 1—3 级)
公立-私立学校的参与	ED17	教育信息化私人经常性支出占整体教育信息化经常性支出的比例(国际教育标准分类 1—3,4 级和 5—6 级)
	ED18	教育信息化私人资本支出占整体教育信息化资本支出的比例(国际教育标准分类 1—3,4 级和 5—6 级)
	ED19	教育信息化国外经常性支出占整体教育信息化经常性支出的比例(国际教育标准分类 1—3,4 级和 5—6 级)
	ED20	教育信息化国外资本支出占整体教育信息化资本支出的比例(国际教育标准分类 1—3,4 级和 5—6 级)
	ED21	非政府组织同政府机构在教育信息化日常经费支出中的比例(国际教育标准分类 1—3,4 级和 5—6 级)
基础设施	EDR1	学校用电比例(国际教育标准分类 1—3)
	ED1	将收音机用于教育目的的学校比例(国际教育标准分类 1—3)
	ED2	将电视机用于教育目的的学校比例(国际教育标准分类 1—3)
	ED3	学校对电话通信设备的拥有比例(国际教育标准分类 1—3)
	ED4	拥有计算机辅助教学的学校生机比(国际教育标准分类 1—3)
	ED4bis	生机比(国际教育标准分类 1—3)
	ED5	学校拥有网络接入类型的比例(国际教育标准分类 1—3) • 任何一种接入类型 • 固定窄带上网(使用 Modem 拨号,ISDN) • 固定宽带上网(DSL、电缆,其他固定宽带) • 同时拥有固定窄带和宽带上网
	ED22	拥有计算机辅助教学的学校比例(国际教育标准分类 1—3)
	ED23	拥有网络辅助教学的学校比例(国际教育标准分类 1—3)

概念领域	指标标签	指标
基础设施	ED24	拥有数字科学图书馆许可证或者订阅有数字科学图书馆的教育机构比例(国际教育标准分类 1—3 级、4 级和 5—6 级)
	ED24bis	拥有虚拟实验室或者订阅有虚拟实验室的教育机构比例(国际教育标准分类 1—3 级、4 级和 5—6 级)
	ED25	接入互联网的生机比(国际教育标准分类 1—3 级)
	ED26	每个教育机构的计算机平均数(国际教育标准分类 1—3 级、4 级和 5—6 级)
	ED27	每个教育机构接入互联网的计算机平均数(国际教育标准分类 1—3 级、4 级和 5—6 级)
	ED28	学生的计算机可用于教学目的的比例(国际教育标准分类 1—3 级、4 级和 5—6 级)
	ED29	所有的计算机可用于教学目的的比例(国际教育标准分类 1—3 级、4 级和 5—6 级)
	ED30	所有计算机可用于管理目的的比例(国际教育标准分类 1—3 级、4 级和 5—6 级)
	ED31	学校拥有网站的比例(国际教育标准分类 1—3 级)
	ED32	学校的网站可以提供学生和老师博客服务的比例(国际教育标准分类 1—3 级、4 级和 5—6 级)
	ED33	提供信息技术支持的远程教育项目的教育机构比例(国际教育标准分类 5—6 级)
教师发展	ED8	中小学中有具备信息技术应用能力教师的学校比例(国际教育标准分类 1—3 级)
	ED34	提供 ICT 支持服务的学校比例(国际教育标准分类 1—3 级)
	ED35	中小学中参与过 ICT 支持的远程培训的教师比例(国际教育标准分类 1—3 级)
	ED36	中小学中教授基础计算机技能(或计算)的教师比例(国际教育标准分类 1—3 级)
	ED37	中小学中利用 ICT 设备进行课堂教学的教师比例(国际教育标准分类 1—3 级)

概念领域	指标标签	指标
教师发展	ED38	中小学中参加过利用 ICT 支持教学培训的教师比例（国际教育标准分类 1—3 级）
	ED39	拥有基础计算机技能（或计算）的生师比（国际教育标准分类 1—3 级）
	ED40	使用 ICT 教学的生师比（国际教育标准分类 1—3 级）
教学应用	ED6	在学校可以接触互联网的学生比例（国际教育标准分类 1—3 级）
	ED41	有权在学校将计算机机房作为教学辅助来使用的学生比例（按性别,国际教育标准分类 1—3 级）
	ED42	为所有教师提供 Email 账户的教育机构比例（国际教育标准分类 5—6 级）
	ED43	为所有学生提供 Email 账户的教育机构比例（国际教育标准分类 5—6 级）
参与、技能和输出	ED7	高中毕业后进入高等教育和非高等教育的学生比例和进入 ICT 相关领域的学生比例（按性别,国际教育标准分类 5—6 级）
	ED44	进入 ICT 支持的教学年级的学生比例（国际教育标准分类 1—3 级）
	ED45	进入日常教授计算机基本技能（或计算）的年级学生比例（国际教育标准分类 1—3 级）
	ED46	在高等教育和非高等教育,学业生涯的最后一年,和 ICT 相关的领域学生比例（国际教育标准分类 1—3 级）
	ED47	高等教育层次的学生接受 ICT 支持的远程教育项目的比例（按性别,国际教育标准分类 5—6 级）
	ED48	在学业生涯的最后一年,成功获得一项基本的计算机技能（或计算）的学生比例（国际教育标准分类 1—3 级）
结果和影响	ED49	在年级中接受计算机辅助教学的学生比例（按年级、按性别、按机构类型,国际教育标准分类 1—3 级）

续表

概念领域	指标标签	指标
结果和影响	ED50	在年级中没有接受计算机辅助教学的学生比例（按年级、按性别、按机构类型,国际教育标准分类1—3级）
	ED51	计算机辅助教学绩效比（按年级、按性别、按机构类型,国际教育标准分类1—3级）
公平性	ED52	农村学校拥有计算机辅助教学的比例（国际教育标准分类1—3级）
	ED53	ICT相关领域每1 000个男性毕业生的同时拥有女性毕业生的数量（国际教育标准分类5—6级）

附录三

教育信息化评价指标体系初步确立

附表 3-1　初始教育信息化指标体系

维度	一级指标	二级指标	指标描述
环境维 E	E.P 政策理解与愿景	E.P1 学校领导或教师对国家教育信息化政策的理解程度	学校领导是否熟悉一系列教育信息化政策
		E.P2 学校制订教育信息化发展规划	学校是否根据国家教育信息化政策制订了本校教育信息化发展规划
	E.F 财务/经费保障	E.F1 学校经费投入状况	学校教育信息化建设经费的投入量、公用经费中用于教育信息化的投入配额以及教育信息化建设经费的筹集渠道
	E.R 软硬件与数字资源	E.R1 学校校园网络接入互联网的总带宽	测量学校接入互联网的总体水平,利用电脑进行网络操作、获取网络资源等的机会和限制
		E.R2 学校拥有无线网络的覆盖率	根据学校的无线网络所覆盖的区域范围测量学校教育信息化的硬件支持程度
		E.R3 学校连接互联网的教室占总教室数量的比率	测量学校对于硬件设施的投入程度以及硬件设施配备情况
		E.R4 学校教室中配备多媒体设施的比率	学校配备有多媒体设施(电脑/笔记本+投影/大屏幕电视)的教室总数与学校教室总数的百分比,测量学校的硬件设施情况

续表

维度	一级指标	二级指标	指标描述
环境维 E	E.R 软硬件与数字资源	E.R5 生机比	学校中学生总数与可供学生使用的电脑数的比率
		E.R6 师机比	学校中教师总数与可供教师使用的电脑数的比率
		E.R7 学生网络伦理、安全意识和技能	对于学生的网络伦理、安全意识以及健康上网是否重视并提供相关的教育渠道、培训讲座等
		E.R8 学生带电脑(移动学习设备)到学校	学校是否允许学生把移动学习设备包括手机、电脑等带到学校
		E.R9 学校拥有教学资源网站	学校是否拥有可供使用的教学资源网站,可以是所在区域教研室、与教育局共同开发共享的,或是学校技术人员自行开发的
		E.R10 学校拥有用于与家长交流的网络平台	学校是否拥有并投入使用了与家长交流的平台
	E.H 人力资源	E.H1 各学科教师的教育技术能力水平达标率	达到国家教育技术能力初级水平、中级水平、高级水平的教师人数与学校教师总人数的比率
		E.H2 接受过信息技术相关培训的教师数量占教师总数量的比率	学校中接受过信息技术相关培训的教师数量占教师总数量的比率
		E.H3 学校所配备的技术支持人员的数量	学校中所配备的包括信息技术教师、专职技术服务人员在内的技术支持人员的数量

维度	一级指标	二级指标	指标描述
环境维 E	E. H 人力资源	E. H4 学校领导每学年参加正规 ICT 相关课程培训的人均学时数	学校领导每学年参加的正规的 ICT 相关课程培训的人均学时数,测量学校领导每学年参加 ICT 相关课程培训的情况,从而反映学校的人力资源配备情况
应用维 A	A. M 信息技术支持的学校管理	A. M1 学校教育管理信息化系统的建设和使用情况	学校是否建设有教育信息化管理系统及应用情况如何
		A. M2 学校在线教学管理平台的建设和使用情况	学校是否有建设相关的教学管理平台及管理平台的使用情况如何,例如 Blackboard 平台、Moodle 平台、Drupal 平台、Sakai 平台等
		A. M3 学校拥有与家长交流的网络平台情况	学校是否有与家长进行交流的网络平台及应用情况如何
	A. T 信息技术支持的教师教学	A. T1 信息技术应用的内容和频率	课堂教学中教师使用信息技术的情况;使用哪种信息技术;是否经常使用;使用频度如何等
		A. T2 信息技术支持的教学和学习方式	课堂教学中教师利用信息技术支持以学生为中心的新型学习方式的情况,例如基于项目的学习、知识建构、问题解决等
		A. T3 信息技术支持的教学活动形式	信息技术在支持教师教学方面的应用情况及教师的信息技术应用能力水平

续表

维度	一级指标	二级指标	指标描述
应用维 A	A.T 信息技术支持的教师教学	A.T4 信息技术支持的教学评价	教师利用信息技术对教学进行评价的情况,使用的评价方式及评价的内容是什么等
		A.T5 信息技术支持的学生能力培养	教师在课堂教学中利用信息技术培养学生能力的情况,是否有关注学生各种能力的培养,例如低阶思维能力、高阶思维能力及终身学习能力的培养等
	A.S 信息技术支持的学生学习	A.S1 学生利用信息技术进行学习的机会	学生是否能够经常使用信息技术进行学习
		A.S2 学生健康使用信息技术的自律性	学生是否能够健康使用信息技术
		A.S3 学生网络伦理、安全意识的培养	学校是否关注学生网络伦理、安全意识的培养
变革维 D	D.S 信息技术支持的学生能力	D.S1 学生使用信息技术的目的	学生使用信息技术做什么(包括获取信息、学习、互动交流等)
		D.S2 学生使用信息技术的态度	学生是否喜欢使用信息技术,包括学生是否喜欢教师使用信息技术进行授课
		D.S3 学生使用信息技术的能力	学生会使用的信息技术有哪些
	D.T 信息技术支持的教师专业发展	D.T1 教师参加实践社群(网络教研)的频率和比例	学校是否将信息技术支持的教师专业发展作为常态化的教研形式,是否做到"常态教研网络化"和"网络教研常态化"
		D.T2 信息技术支持教师专业发展的途径	如何发挥信息技术的优势充分促进教师的专业发展

附录四

调查问卷

（一）校长问卷

1. 学校基本信息

学校隶属：□部属 □省属 □市属 □其他_____		
在校学生总数：_____人	教职工总人数：_____人	专职教师人数：_____人
在编教师人数：_____人	代课教师人数：_____人	

2. 贵校教育信息化推进情况

（1）贵校是否专门设立了主管教育信息化建设的部门？ □有 □没有
（2）贵校从事教育信息化工作人员的总数有_____人，其中专职人员数量有_____人，兼职人员（同时监管其他教务教学工作）数量有_____人。
（3）贵校主管教育信息化建设的领导职务是_____。

3. 贵校是否制订了教育信息化发展规划？

□是 □否

（1）如果选择"是"，请问贵校制订的教育信息化发展规划是哪个年段的？

_____（如 2013—2017 年）

（2）如果选择"否"，请问贵校是否有制订教育信息化发展规划的计划？

□是（计划在几年内制订：_____） □否

4. 贵校是否有教师、学生信息技术应用能力标准？

□只有《教师信息技术应用能力标准》

□只有《学生信息技术应用能力标准》

□两者都有

□两者都没有

5. 贵校最近三年教育信息化建设经费的投入情况

2013 年投入_____万元;2014 年投入_____万元;2015 年(预计)投入_____万元。

6. 选出贵校教育信息化经费重点支持的建设内容,并按重要程度进行排序(限选 4 项)。

① 学校网络建设 ② 学校硬件建设 ③ 学校计算机正常运行维护 ④ 教师培训 ⑤ 教学资源建设 ⑥ 教育信息化管理系统建设 ⑦ 其他_____

您的排序:_____

7. 贵校筹措教育信息化经费的渠道有哪些?【可多选】

○ 国家政府 ○ 地方政府 ○ 私营企业 ○ 家长捐款 ○ 校友捐款

○ 公益机构 ○ 民间组织 ○ 本地社区 ○ 其他_____

8. 贵校校园网、多媒体教室建设情况

(1) 贵校硬件设施(交互式电子白板、触控一体机、电子书包等)的配置情况: □ 区/县统一配置 □ 学校基于需求申请配置 □ 企业赞助 □ 其他
(2) 贵校的校园网络接入互联网的总带宽是_____Mbps。
(3) 贵校总共有教室_____间,其中已接入互联网的教室_____间, 已配备多媒体设施的教室(注:电脑/笔记本+投影/大屏幕电视)_____间。
(4) 贵校无线网络覆盖的区域:【可多选】 ○ 覆盖校园的每个角落 ○ 覆盖主教学区 ○ 覆盖教师办公楼 ○ 其他_____
(5) 贵校有电子阅览室_____间;计算机房_____间;移动网络教室_____间;数字实验室_____间;听课教室_____间;录播教室_____间;校园数字电视台_____套;其他_____。
(6) 贵校是否有门户网站? □ 是(网址:_____) □ 否
(7) 贵校是否有利用移动设备(例如手机、平板电脑、电子书包等)支持的课堂教学? □ 是 □ 否 若选"是",请问移动设备是:_____,利用移动设备教学的有_____个班。
(8) 贵校是否允许学生带移动设备到学校? □ 允许 □ 不允许 若选"允许",请问学生带移动设备到学校的目的是:_____。
(9) 贵校有无关注培养学生的网络伦理、安全意识和技能? □ 有 □ 没有 若选"有",主要通过以下哪种途径培养:【可多选】 ○在专题讲座中讲授 ○在"信息技术"课程中讲授 ○制定网络安全的规章制度 ○开展计算机与网络安全的宣传与培训 ○其他_____

9. 贵校教师使用计算机的情况

（1）贵校可供教师使用的电脑共有_____台。

（2）电脑是否能够满足各学科教师需要？□ 能够 □ 不能够

若选"不能够"，哪个学科教师最急需电脑？_____

10. 贵校学生使用计算机的情况

（1）贵校有没有可供学生使用的电脑？□ 有,总共有_____台,□ 没有
（2）贵校学生用电脑主要做什么事情？【可多选】 □ 信息技术课学习 □ 其他学科的研究性学习（资料搜集等） □ 课外实践活动 □ 学校、课程等信息查询 □ 其他_____

11. 贵校接受过正规的（区/县级及以上）信息技术能力相关培训的教师数量：_____人。

12. 贵校对教育信息化的态度是

□ 赞成并积极支持建设 □ 赞成,会适当支持 □ 观望中

□ 不完全赞成,等待进一步商榷 □ 不赞成

13. 贵校在学校层面开展教师专业发展活动的主要方式和频率是:【可多选】

○ 购买期刊数据库（如中国知网、万方数据库、维普数据库等）

○ 学习在线培训课程（公开课、名师课程网），频率_____

○ 参加专业社区（专业论坛、博客群、网络教研社区等），频率_____

○ 其他_____

14. 贵校参与教育信息化课题研究的教师数量：_____人。

参与课题的级别为:□ 国家级 □ 省部级 □ 市级 □ 区/县级

15. 学校开设信息技术课程的情况

（1）贵校开设信息技术课程的周学时数（可以分不同年级填写并且注明）：

_____。

（2）贵校有信息技术专职教师的人数为_____人。

（3）除统一采购信息技术教材外,贵校是否有自编教材？

□ 是 □ 否

16. 贵校拥有以下哪些平台与系统？【可多选】

○ 招生管理系统 ○ 资产管理系统 ○ 学籍管理系统

○ 教学管理系统 ○ 教学质量分析系统 ○ 学校安全管理系统

○ 公文系统   ○ 人事管理系统   ○ 财务管理系统
○ 项目管理系统   ○ 数字视频摄录编系统   ○ 题库系统
○ 家校联系系统   ○ 其他＿＿＿＿＿＿＿＿＿＿＿

17. 贵校建设有以下哪些教学平台?【可多选】
○ Moodle 平台   ○ BlackBoard 平台   ○ Sakai 平台
○ Drupal 平台   ○ 其他＿＿＿＿＿＿＿＿＿＿＿   ○ 无

18. 贵校拥有家校交流网站及教学资源网站情况:

(1) 贵校有没有可用于与家长交流的网络平台?	□ 有,主要平台有:【可多选】 ○校讯通/家校通 ○Email 列表 ○QQ 群 ○微信公众平台 ○微信群 ○微博○其他	□ 没有
(2) 贵校所用数字化教学资源的来源是:【可多选】	○学校购买 ○教师自行开发 ○学校拥有自己的教学资源网站 ○专题学习网站 ○开放教育资源(如网易公开课、精品课程等) ○其他＿＿＿＿＿＿＿＿＿＿＿	
(3) 贵校有没有根据教学需要对教学资源进行整理?	□ 有,采用了哪些方式?【可多选】 ○存储在硬盘 ○存储在云盘 ○校内 ftp ○其他＿＿＿＿＿＿＿＿＿＿＿	□ 没有
(4) 贵校所在区域中有没有区域性教育网络资源可用?	□ 有	□ 没有
(5) 贵校有没有建设免费、公开的教育教学资源?	□ 有,公开方式有哪些?【可多选】 ○网络共享 ○公开出版物 ○可借阅的教学文本资料 ○其他＿＿＿＿＿＿＿＿＿＿＿	□ 没有
(6) 贵校是否有建设专门供学生使用的数字化资源?	□ 有	□ 没有

续表

| (7) 贵校建设的数字化资源种类有哪些?【可多选】 | ○ 视音频、文本、图像
○ 教学平台
○ 教学软件
○ 其他_____ | |

(8) 贵校所建设的数字化资源是否能够满足教师教学需要?

□ 是　□ 否

若选择"否",请问教师需要哪种类型的资源?　_____。

（二）管理人员

1. 您是否熟悉当前国家教育信息化十年发展规划?

□ 非常熟悉　□ 比较熟悉　□ 熟悉　□ 不太熟悉　□ 不熟悉

2. 贵校是否制订了本校教育信息化发展规划?

□ 是　□ 否

若选"是",您是否了解学校制订的教育信息化发展规划?

□ 非常了解　□ 比较了解　□ 了解　□ 部分了解　□ 不了解

3. 近三年中,您是否参加过与教育信息化相关的培训?

□ 是　□ 否

若选"有",请回答如下问题:

(1) 共参加过_____次。国家级培训_____次、省级培训_____次、区县级培训_____次。

(2) 请列举您参加培训的名称:

_____。

4. 您是否参加过与信息技术相关的研究课题?

□ 是　□ 否

若选"有",请回答如下问题:

共参加过研究课题_____项,其中国家级课题_____项、省部级课题_____项、市区级课题_____项。

（三）教师

1. 您是否熟悉当前国家教育信息化十年发展规划?

□ 非常熟悉　□ 比较熟悉　□ 熟悉　□ 不太熟悉　□ 不熟悉

2. 您是否了解本校教育信息化发展规划/中长期发展目标?

□ 非常了解　□ 比较了解　□ 了解　□ 部分了解　□ 不了解

3. 您在所有教学中都使用信息技术吗?

□ 是   □ 否

若选择"否",请问影响您使用信息技术开展教学的原因是:【可多选】

○ 不是所有教学内容都适合使用信息技术

○ 学校计算机设备陈旧

○ 缺乏教学软件和素材

○ 不能熟练应用信息化设备

○ 其他

4. 学校是否出台了鼓励教师应用信息技术教学的相关政策、措施?

□ 有,非常完善   □ 有,但不完善(请举例:_____)   □ 没有

5. 您在课堂教学中经常用的多媒体:【可多选】

○ 实物投影   ○ 多媒体计算机   ○ 交互式电子白板   ○ 触控一体机

○ 电子书包   ○ 平板电脑   ○ 其他_____

6. 您在教学中常用的软件:【可多选】

○ Office 软件   ○ QQ、微信等即时通信软件   ○ 邮箱

○ 学科教学软件(如几何画板、仿真物理/化学实验室等)

○ 思维导图(如 MindManager/Mind Mapper 等)

○ 其他_____

7. 您常用的教学平台:【可多选】

○ BlackBoard 平台   ○ Moodle 平台   ○ Sakai 平台   ○ Drupal 平台

○ 其他_____   ○ 无

8. 您应用信息技术开展教学评价的情况:【可多选】

○ 统计考试成绩   ○ 作业收发与批改   ○ 答疑辅导   ○ 在线测试

○ 引导学生互评   ○ 电子档案袋评价   ○ 其他_____

9. 您经常在课程教学中应用信息技术组织学生进行的学习方式:【可多选】

○ 接受式学习   ○ 自主学习   ○ 探究性学习   ○ 小组合作学习

○ 项目学习   ○ 混合学习   ○ 问题解决   ○ 知识建构

○ 网络学习社区   ○ 其他_____

10. 您的信息化教学能力:【限选 3 项】

○ 能够借助信息化手段选择恰当的教学策略

○ 能够创设信息化教学环境,激发学生学习动机

○ 能够遴选优质信息化教学资源

○ 能够利用信息化手段优化组织教学过程

○ 能够采用信息化手段进行教学评价

11. 您是否能够确定课堂教学过程中在合适的时间、合适的教学环节中应用信息技术以能够有效支持课堂教学？

□ 非常确定　□ 比较确定　□ 确定　□ 不确定　□ 非常不确定

12. 您能够基于教学方法选择合适的信息技术工具以支持您有效开展课堂教学吗？

□ 能　□ 基本能　□ 部分能　□ 完全不能

13. 您在教学中常用教学资源：【限选 3 项】

○ 专题学习网站　○ 教学资源库　○ 微课　○ 素材资源库

○ 网络课程　○ 数字图书馆　○ 其他＿＿＿＿＿＿＿＿＿＿＿

14. 您有在课外开展信息技术支持的教学活动吗？

□ 有（举例：＿＿＿＿＿＿＿＿＿＿＿）□ 没有

15. 您有开展与其他学校远程合作的教学和学习活动吗？例如远程合作项目学习等。

□ 有（举例：＿＿＿＿＿＿＿＿＿＿＿）□ 没有

16. 学生利用电脑开展学习活动的内容：【可多选】

○ 检索/搜集资料　○ 完成作业　○ 制作多媒体作品　○ 网络互动

○ 竞赛　○ 兴趣小组创作　○ 其他＿＿＿＿＿

17. 在促进个人专业发展方面，您经常使用的软件平台

□ 博客、微博、维基百科等教师网络交流平台

□ 区域（省、市、区/县）/校级教研平台

□ 教师继续教育平台

□ 其他＿＿＿＿＿＿＿＿＿＿＿

（四）技术人员

1. 您是否熟悉当前国家教育信息化十年发展规划？

□ 非常熟悉　□ 比较熟悉　□ 熟悉　□ 不太熟悉　□ 不熟悉

2. 您对贵校制订的教育信息化发展规划的了解程度：

□ 非常了解　□ 比较了解　□ 了解　□ 部分了解　□ 不了解

3. 近三年中，您是否参加过与教育信息化相关的培训？

□ 是　□ 否

若选"是"，请回答如下问题：

（1）共参加过＿＿＿＿＿次，其中国家级培训＿＿＿＿＿次、省级培训＿＿＿＿＿次、区县级培训＿＿＿＿＿次。

（2）请列举您参加培训的名称：＿＿＿＿＿＿＿＿＿＿＿＿＿＿＿＿＿＿＿。

4. 您是否参加过与信息技术相关的研究课题？

□ 是　□ 否

若选"是"，请回答如下问题：

共参加过研究课题＿＿＿＿＿＿项，其中国家级课题＿＿＿＿＿＿项、省部级课题＿＿＿＿＿＿项、市区级课题＿＿＿＿＿＿项。

5. 您在日常工作中辅助学科教师开展信息技术教学应用的情况：

	经常	偶尔	从不
辅助学科教师熟悉使用媒体设备	□	□	□
辅助学科教师上传下载教学资源	□	□	□
辅助学科教师加工整合信息技术支持的教学资源	□	□	□
辅助学科教师开发制作信息技术支持的教学资源（例如课件制作、微课等）	□	□	□

其他＿＿＿＿＿＿＿＿＿＿＿＿

（五）学生

1. 你的学校：＿＿＿＿＿＿＿

2. 你的年级：＿＿＿＿＿＿＿

3. 你家里有电脑吗，能上网吗？

□ 有电脑,能上网　□ 有电脑,不能上网　□ 没有电脑

4. 你经常使用家里电脑完成老师布置的作业吗？

□ 经常　□ 很少　□ 几乎没有

5. 在学校里,你使用电脑的机会多吗？

□ 非常多　□ 多　□ 不多　□ 非常少　□ 从来没有

6. 在学校里,你经常在哪些场合使用电脑？【可多选】

○ 教室　○ 计算机房　○ 电子阅览室　○ 老师办公室

○ 其他＿＿＿＿＿＿＿＿＿

7. 你经常使用电脑做什么？【可多选】

○ 上信息技术课　○ 检索/搜集资料　○ 完成作业

○ 制作多媒体作品　○ 网络互动　○ 竞赛　○ 兴趣小组创作

○ 查看课表等　○ 玩游戏　○ 听歌、看电影

○ 看新闻　　○ 其他_____

8. 你在哪些课程上经常使用电脑？

□ 信息技术课　　□ 其他课程_____

9. 你们班级组织过以下哪些有关信息技术应用方面的活动？【可多选】

○ 和其他学校的老师和学生在网上进行交流

○ 课外活动拍一些照片放到班级网站上或者群里

○ 其他_____

10. 你喜欢老师用多媒体上课吗？

□ 非常喜欢　　□ 喜欢　　□ 一般　　□ 不喜欢　　□ 非常不喜欢

11. 你们老师上课最常用的多媒体有哪些？【可多选】

○ 实物投影　　○ 多媒体计算机　　○ 交互式电子白板　　○ 触控一体机

○ 电子书包　　○ 平板电脑　　○ 其他_____

12. 你会使用的信息技术有哪些？【可多选】

○ 上网查找资料　　○ 收发电子邮件　　○ QQ/微信聊天

○ 编辑视频音频　　○ 使用 word、excel 编辑文档　　○ 网页设计

○ 通过网络论坛与其他学生交流　　○ 处理图片　　○ 做 PPT 课件

○ 使用学科辅助软件(例如思维导图等)

○ 操作交互式电子白板/触控一体机　　○ 操作一些学科教学软件(例如几何画板等)

○ 其他_____

参 考 文 献

中文参考文献

著作类

[1]　［美］罗纳德·扎加,约翰尼·布莱尔.抽样调查设计导论［M］.沈崇麟,译.重庆:重庆大学出版社,2007.

[2]　杜栋,庞庆华,吴炎编著.现代综合评价方法与案例精选［M］.北京:清华大学出版社,2008.

[3]　韩金仓,侯振兴主编.大学信息技术教程(Win 7+Office 2010)［M］.北京:清华大学出版社,2014.

[4]　李克东编著.教育技术学研究方法［M］.北京:北京师范大学出版社,2003.

[5]　杨宗凯,吴砥,刘清堂编著.网络教育标准与技术［M］.北京:清华大学出版社,2003.

[6]　叶柏林,陈志田.标准化［M］.北京:中国科学技术出版社,1988.

期刊类

[1]　蔡慧英,顾小清.21世纪学习者能力评测工具的框架设计研究［J］.中小学信息技术教育,2013(7).

[2]　蔡旻君,芦萍萍,黄慧娟.信息技术与教学缘何难以深度融合——兼论信息技术应用于课堂教学时需正确处理的几组重要关系［J］.电化教育研究,2014(10).

[3]　蔡苏,宋倩,唐瑶.增强现实学习环境的架构与实践［J］.中国电化教育,2011(8).

[4]　崔英玉,孙启林,陶莹.韩国基础教育信息化政策研究［J］.中国电化教育,2011(6).

[5]　邓慧,张新明.信息技术与课程整合的"度"的探究［J］.中小学电教,2010(6).

[6]　郭绍青,金彦红,赵霞霞.技术支持的教师学习研究综述［J］.现代教育技术,2012(4).

[7]　郭绍青.论信息技术与课程整合［J］.电化教育研究,2002(7).

[8]　何克抗.信息技术与课程深层次整合的理论与方法[J].电化教育研究,2005(1).

[9]　胡小勇.教育信息化政策执行偏差分析与对策研究[J].中国电化教育,2011(5).

[10]　雷钢.高校教育信息化评价指标体系的设计[J].教育技术资讯,2009(3).

[11]　黎加厚.美国第三个国家教育技术计划及其启示[J].远程教育杂志,2005(1).

[12]　李克东.信息技术与课程整合的目标和方法[J].中小学信息技术教育,2002(4).

[13]　李克东,邱玉辉,王珠珠等.《标准》制定的思路与意义[J].中国教师,2005(3).

[14]　李志涛,李震英.新加坡教育信息化二期规划的主要内容及战略[J].中小学信息技术教育,2004(7).

[15]　刘儒德.对信息技术与课程整合问题的思考[J].教育研究,2004(2).

[16]　刘宇,张连军.欧盟基础教育信息化的现状与行动计划[J].中小学信息技术教育,2006(12).

[17]　卢丹,解月光,魏国宁.UNESCO亚太地区教育信息化绩效指标体系的诠释与启示[J].外国教育研究,2013(5).

[18]　卢丹,谢亚南.信息化发展阶段论对教育信息化评估体系的启示——以联合国教科文组织亚太地区教育信息化评估体系为例[J].现代情报,2013(3).

[19]　卢双奇,赵建华.欧盟中小学教育信息化指标体系分析与启示[J].中国教育信息化,2013(21).

[20]　卢颖.数字图书馆信息服务绩效指标体系设计原则及构建[J].商业时代,2010(15).

[21]　苗逢春.概论信息技术与课程整合的教师专业发展[J].武汉市教育科学研究院学报,2006(4).

[22]　苗逢春.我国未来5年基础教育信息化的系统推进和实施关键[J].中国电化教育,2003(9).

[23]　秦炜炜.面向学生的美国国家教育技术标准新旧版对比研究[J].中国电化教育,2008(3).

[24]　任友群.美国《学生学习的信息素养标准》述评[J].全球教育展望,2001(5).

［25］ 汪琼,陈瑞江,刘娜等.STaR 评估与教育信息化研究[J].开放教育研究,
2004(4).

［26］ 王春雁,朱文英.以《标准》为依据,推进全国中小学教师教育技术能力
建设计划(TET)——访教育部师范教育司副司长宋永刚[J].中国教育
信息化,2005(12).

［27］ 王唯.中小学学校教育信息化指标构建及价值分析[J].中国教育学刊,
2004(6).

［28］ 王珠珠,刘雍潜,黄荣怀等.《中小学教育信息化建设与应用状况的调查
研究》报告(上)[J].中国电化教育,2005(10).

［29］ 王珠珠,刘雍潜,黄荣怀等.《中小学教育信息化建设与应用状况的调查
研究》报告(下)[J].中国电化教育,2005(11).

［30］ 魏捷.关于调查问卷中定性数据处理方法的探讨[J].统计与决策,2008
(20).

［31］ 吴砥,尉小荣,朱莎.韩国教育信息基础设施建设经验的启示[J].现代
远程教育研究,2014(5).

［32］ 吴永和,祝智庭.基础教育信息化标准建设蓝图与实用导航[J].中国教
育信息化,2013(3).

［33］ 新华社.习近平致信祝贺国际教育信息化大会开幕——让亿万孩子同
在蓝天下共享优质教育[J].中国教育网络,2015(6).

［34］ 熊才平,吴瑞华.基础教育信息化城乡均衡发展:问题与对策——浙江
省台州市的实证研究[J].教育研究,2006(3).

［35］ 熊建辉,蓝文婷,秦悦.追踪欧洲教育技术前沿 助推中国教育信息化发
展——访英国国家教育技术与标准中心高级研究员、博尔顿大学袁莉
博士[J].世界教育信息,2014(20).

［36］ 杨宗凯.解读教育信息化十年发展规划——兼论信息化与教育变革
[J].中国教育信息化,2014(11).

［37］ 张建伟.教育信息化的系统框架[J].电化教育研究,2003(1).

［38］ 张进宝,李松,邓文新等.《美国教育技术标准》概要[J].中国教师,2005
(3).

［39］ 张进宝,黄荣怀,吴砥.国际教育信息化发展报告:内容与结论[J].开放
教育研究,2014(4).

［40］ 张倩苇.国家教育信息化政策的发展及对策研究[J].中国电化教育,
2005(11).

［41］　张新明.网络学习社区的概念演变及构建［J］.比较教育研究,2003(5).

［42］　钟绍春.关于教育信息化一些关键问题的思考［J］.电化教育研究,2005
　　　　（10）.

［43］　钟志贤,汪维富.Web 2.0学习文化与信息素养2.0［J］.远程教育杂志,
　　　　2010(4).

［44］　祝智庭,贺斌.解析美国《国家教育技术规划2010》［J］.中国电化教育,
　　　　2011(6).

［45］　周洪宇,鲍成中.扑面而来的第三次教育革命［N］.中国教育报,2014-05-
　　　　02（7）.

学位论文类

［1］　艾雨兵.浙江省高校教育信息化评价指标体系的构建［D］.金华:浙江师
　　　　范大学硕士学位论文,2011.

［2］　丁婧.功能层面的教育信息化评价标准研究［D］.南京:南京师范大学博
　　　　士学位论文,2011.

［3］　郭旭凌.学校信息化领导力评价体系研究［D］.金华:浙江师范大学硕士
　　　　学位论文,2013.

［4］　芦丹丹.区域基础教育信息化指标体系研究［D］.金华:浙江师范大学硕
　　　　士学位论文,2006.

［5］　詹艺.培养师范生"整合技术的学科教学知识"（TPACK）的研究——以
　　　　上海市A高校数学专业师范生为例［D］.上海:华东师范大学硕士学位
　　　　论文,2011.

电子资源类

［1］　国家中长期教育改革和发展规划纲要工作小组办公室.国家中长期教育改
　　　　革和发展规划纲要(2010—2020年)［EB/OL］.http://www.moe.edu.cn/
　　　　publicfiles/business/htmlfiles/moe/moe_838/201008/93704.html.2015-
　　　　07-19.

［2］　教育部,财政部.教育部　财政部关于实施"中小学教师国家级培训计
　　　　划"的通知［EB/OL］.http://www.gov.cn/zwgk/2010-06/30/content_
　　　　1642031.htm.2015-07-19.

［3］　教育部.教育部关于实施全国中小学教师信息技术应用能力提升工程的
　　　　意见［EB/OL］.http://www.moe.edu.cn/publicfiles/business/htmlfiles/
　　　　moe/s7034/201311/159042.html.2015-07-19.

［4］　教育部.全国教育信息化工作专项督导报告［EB/OL］.http://www.moe.

edu. cn/publicfiles/business/htmlfiles/moe/s5987/201503/185165. html. 2015-07-19.

［5］ 教育部办公厅.教育部办公厅关于印发《2014 年教育信息化工作要点》的通知［EB/OL］.http://www.moe.edu.cn/publicfiles/business/htmlfiles/moe/s7062/201403/165870.html.2015-07-19.

［6］ 教育部办公厅.教育部办公厅关于印发《2015 年教育信息化工作要点》的通知［EB/OL］.http://www.moe.edu.cn/publicfiles/business/htmlfiles/moe/s3342/201503/184892.html.2015-07-19.

［7］ 教育部办公厅.教育部办公厅关于印发《中小学教师信息技术应用能力标准(试行)》的通知［EB/OL］.http://www.moe.edu.cn/publicfiles/business/htmlfiles/moe/s6991/201406/170123.html.2015-07-19.

［8］ 教育部教育信息化推进办公室、管理信息中心.教育管理信息化建设与应用指南［EB/OL］.http://www.moe.edu.cn/ewebeditor/uploadfile/2014/11/13/20141113104447859.pdf.2015-07-19.

［9］ 教育部科学技术司.关于建立教育信息化工作月报和月度视频调度会制度的通知［EB/OL］.http://www.moe.gov.cn/s78/A16/s5886/s5892/201308/t20130821_156100.html.2015-07-19.

［10］ 教育信息化推进办公室.教育部成立信息化领导小组及教育信息化推进办公室［EB/OL］.http://www.moe.edu.cn/publicfiles/business/htmlfiles/moe/s5889/201204/134102.html.2015-07-19.

英文参考文献

著作类

［1］ European Union,OECD.*Assessing the Effects of ICT in Education:Indicators, Criteria and Benchmarks for International Comparisons*［M］.Luxembourg: Publications Office of the European Union,2009.

［2］ UNESCO.*ICT in Education in the Asia-Pacific Region:Progress and Plans*［M］.Prakanong:UNESCO Asia and Pacific Regional Bureau for Education, 2007.

报告类

［1］ Johnson L.,Adams S.,and Cummins M.*NMC Horizon Report:2012 K-12 Edition*［R］.Austin,Texas:The New Media Consortium,2012.

［2］ Johnson L.,Adams S.,and Haywood K.*The NMC Horizon Report:2011 K-12 Edition*［R］.Austin,Texas:The New Media Consortium,2011.

[3]　Johnson L. , Becker A.S. , Cummins M. , Estrada V. , Freeman A. , and Ludgate H. *NMC Horizon Report*: *2013 K − 12 Edition* [R]. Austin, Texas: The New Media Consortium, 2013.

[4]　Johnson L. , Becker A.S. , Estrada V. , and Freeman A. *NMC Horizon Report*: *2014 K-12 Edition* [R]. Austin, Texas: The New Media Consortium, 2014.

[5]　Johnson L. , Levine A. , Smith R. , and Smythe T. *The 2009 Horizon Report*: *K-12 Edition* [R]. Austin, Texas: The New Media Consortium, 2009.

[6]　Johnson L. , Smith R. , Levine A. , and Haywood K. *The 2010 Horizon Report*: *K-12 Edition* [R]. Austin, Texas: The New Media Consortium, 2010.

电子资源类

[1]　*Australian and New Zealand Information Literacy Framework* [EB/OL]. http://www.anziil.org/resources.2009-10-29.

[2]　Carstens R. , Pelgrum W. J. *Second Information Technology in Education Study*: *SITES 2006 Technical Report* [EB/OL]. http://www. iea. nl/ fileadmin/user _ upload/Publications/Electronic _ versions/SITES _ 2006 _ Technical_Report.pdf.2015-03-12.

[3]　Innvoo P. *Korean Indicators for ICT Use in Education* [EB/OL]. http:// www. unescobkk. org/elib/publications/ICT _ Classroom/Country _ korea. pdf.2015-07-19.

[4]　International Telecommunication Union. *Measuring the Information Society* (*2013*) [EB/OL]. http://www. itu. int/en/ITU − D/Statistics/Documents/ publications/mis2013/MIS2013_without_Annex_4.pdf.2013-07-19.

[5]　ISTE. *Digital-Age Learning* [EB/OL]. http://www. iste. org/standards/nets − for-students.aspx.2012-01-12.

[6]　MSC Malaysia. *Smart School Qualification Standards* (*SSQS*) (2nd Edition) [EB/OL]. http://www. mscmalaysia. my/sites/default/files/pdf/publications _ references/SSQSNov2009BB.pdf.2015-06-20.

[7]　Partnership for 21st Century Learning. *Framework for 21st Century Learning* [EB/OL]. http://www.p21.org/about-us/p21-framework.2012-01-12.

[8]　Pettiward J. *University 2.0? Using Social Software to Enhance Learner Engage-ment* [EB/OL]. http://es. slideshare. net/jimson99/university − 20 − using − social-software-to-enhance-learner-engagement#btnNext.2013-10-15.

[9]　Seo, Jeong-Hee. *Monitoring and Assessment of ICT in Education in Korea* [EB/

OL]. http://info. worldbank. org/etools/docs/library/243132/day4Session%
2014JeongHeeSeo.pdf.2015-09-28.

[10]   U.S. Department of Education,Office of Educational Technology.*E- Learning*:
Putting A World- Class Education at the Fingertips of All Children[EB/OL].
http://files.eric.ed.gov/fulltext/ED444604.pdf.2000.2015-09-28.

[11]   U.S. Department of Education,Office of Educational Technology.*International
Experiences with Educational Technology*: *Final Report* [EB/OL]. https://
www.oerknowledgecloud.org/sites/oerknowledgecloud.org/files/iete-full-re-
port.pdf.2011.2015-03-13.

[12]   U.S.Department of Education,Office of Educational Technology.*Transforming
American Education Learning Powered by Technology*[EB/OL].http://files.
eric.ed.gov/fulltext/ED512681.pdf.2010.2015-09-28.

[13]   U.S. Department of Education,Office of Educational Technology.*Toward a
New Golden Age in American Education*:*How the Internet*,*the Law and To-
day's Students Are Revolutionizing Expectations*[EB/OL].http://files.eric.
ed.gov/fulltext/ED484046.pdf,2004.2015-09-28.

[14]   U.S. Department of Education.*Getting America's Students Ready for the 21st
Century*:*Meeting the Technology Literacy Challenge*[EB/OL].http://files.
eric.ed.gov/fulltext/ED398899.pdf.1996.2015-09-28.

[15]   UNESCO Institute for Statistics.*Guide to Measuring Information and Com-
munication Technologies (ICT) in Education* [EB/OL]. http://unesdoc.
unesco.org/images/0018/001865/186547e.pdf.2009.2015-09-28.

[16]   UNESCO,IFLA.*Beacons of the Information Society*:*The Alexandria Procla-
mation on Information Literacy and Lifelong Learning*[EB/OL].http://bib-
lioteca.asmn.re.it/allegati/AlexandriaProclamation.pdf.2005-11-09.

[17]   UNESCO.*The Prague Declaration*:*"Towards An Information Literacy Society"*
[EB/OL]. http://www. unesco. org/new/fileadmin/MULTIMEDIA/HQ/CI/
CI/pdf/PragueDeclaration.pdf.2003-09-20.

[18]   UNESCO.*Proposed Set of Indicators for ICT in Education*[EB/OL].http://
www.unescobkk.org/? id=999.2013-03-12.

索　引

（词条后页码系该词条在书中首次出现的页码）